U0590487

Criminal Definition

犯罪定义与刑事法治

Criminal Definition and Rule of Law

◆陈泽宪　主编◆

中国社会科学出版社

图书在版编目（CIP）数据

犯罪定义与刑事法治/陈泽宪主编 .—北京：中国社会科学出版社，
2008.8

ISBN 978-7-5004-7163-9

Ⅰ. 犯… Ⅱ. 陈… Ⅲ . ①定罪－研究－中国②刑法－研究－中国
Ⅳ. D924.04

中国版本图书馆 CIP 数据核字（2008）第 129197 号

选题策划　雁　声
责任编辑　骆　珊
责任校对　李　莉
封面设计　彩多设计
版式设计　戴　宽

出版发行　中国社会科学出版社
社　　址　北京鼓楼西大街甲 158 号　　邮　编　100720
电　　话　010－84029450（邮购）
网　　址　http：//www.csspw.cn
经　　销　新华书店
印　　刷　华审印刷厂　　　　　　　　装　订　广增装订厂
版　　次　2008 年 8 月第 1 版　　　　印　次　2008 年 8 月第 1 次印刷
开　　本　710×1000　1/16
印　　张　19.75　　　　　　　　　　插　页　2
字　　数　362 千字
定　　价　38.00 元

凡购买中国社会科学出版社图书，如有质量问题请与本社发行部联系调换

版权所有　侵权必究

中国社会科学院法学研究所

与联合国人权事务高级专员办公室合作项目

The cooperate project of the Institute of Law,

CASS and UNOHCHR

犯罪定义与刑事法治

Criminal Definition and Rule of Law

主　编　陈泽宪

撰稿人　(以姓氏拼音为序)

（中国香港）安德鲁·比尔内斯　陈兴良　陈泽宪　陈卫东

陈　晖　［美］奥布雷·福克斯　冯　军　高长见

高　莹　［奥］弗兰克·霍普菲尔　（中国香港）韩梅英

刘仁文　刘瑞平　卢建平　屈学武　［法］让·赛德哈

滕　炜　熊秋红　张建伟　张明楷　张绍彦　赵冬燕

Contributors

Zexian Chen (Chief editor): Professor with Centre for International Law Studies of Chinese Academy of Social Sciences (CASS)

Xuewu Qu: Professor with Institute of Law, CASS

Qiuhong Xiong: Professor with Institute of Law, CASS

Shaoyan Zhang: Professor with Institute of Law, CASS

Renwen Liu: Professor with Institute of Law, CASS

Wei Teng: Deputy Director of the Criminal Law Division, the Legal Working Committee of the Standing Committee of NPC of China

Xingliang Chen: Professor with Beijing University

Mingkai Zhang: Professor with Qinghua University

Jianwei Zhang: Professor with Qinghua University

Weidong Chen: Professor with Renmin University

Jun Feng: Professor with Renmin University

Jianping Lu: Professor with Beijing Normal University

Ying Gao: Professor with the Central Judicial Police Academy

Hui Chen: Associate Professor with the Shanghai Customs College

Ruiping Liu: Associate Professor with the Faculty of Law, Xuzhou Normal University

Dongyan Zhao: Officer of the Beijing Bureau of Justice

Jean Cédras: Professor with State ruled French University, France

Aubrey Fox: Project Director of Bronx Community Solutions, USA

Frank Höpfel: Professor with School of Law, University of Vienna, Austria

Andrew Byrnes: Professor with Faculty of Law, University of Hong Kong

Veron Mei-ying Hung: Assistant Professor with School of Law, City University of Hong Kong

Changjian Gao: Doctor Candidate with Institute of Law, CASS

Liu Yang: Doctor Candidate with Institute of Law, CASS

目　录

犯罪定义与刑法变革

犯罪定义与轻罪处罚

犯罪定义与人权保障

犯罪定义与刑事司法

附　录

CONTENT

IV. Criminal Definition and Criminal justice

V. Appendix

前言：犯罪定义的法治思考

陈泽宪[*]

犯罪是刑法学的一个基本范畴。犯罪之定义，既反映对犯罪本质的认识，亦关涉犯罪范围的界定。在中国刑法学研究领域，犯罪定义从未引起过大的争论，似乎是一个早已解决的问题。但随着当代中国刑事法治的发展进程，在探讨许多重大刑事法律问题及相关法律问题的解决之道时，往往殊途同归地指向和引发对犯罪定义的再思考。

首先，在实体法领域涉及刑法与治安行政法的界分与衔接问题。中国刑法及司法解释对犯罪行为的独具特色的界定，通常包含质（社会危害性）与量（犯罪数额、数量、危害程度）双重要素。因此，一些实质上的"轻罪"行为因未达到量的要求而（如盗窃数百元）可能被排除在刑法规制的范围之外；对这些种类众多的治安违法行为的处罚又因包括长时间剥夺人身自由的严厉措施（如劳动教养）而带有"刑罚"的性质；治安行政处罚措施与刑罚措施亦未能实现协调对接（如治安拘留与拘役的期限）。多年来，法学界和法律实务界对治安违法行为矫治处分和保安处分措施与刑法体系的关系进行广泛探讨而至今尚无定论，亦与在犯罪定义和犯罪范围的认识和研究上未有突破性进展密切相关。

其次，在程序法上涉及正当法律程序的适用原则和适用范围问题。严

---

* 中国社会科学院国际法研究中心主任，教授。

重治安违法行为和轻微犯罪行为因被排除于刑法规定的犯罪范围之外,只能作为治安案件不能成为刑事案件。这两类案件的处理在程序法上的差异是巨大的。刑事诉讼法对刑事案件的立案、侦查、起诉、审判、执行程序以及辩护、证据、强制措施等制度均有较为详尽的规定,而治安案件的处理至今尚无完整的严格意义上的程序法规定,案件当事人对劳动教养等行政处罚不服寻求司法救济而提起的行政诉讼,适用的也是行政诉讼法,被羁押的被处罚人甚至享受不到犯罪嫌疑人和刑事被告人可以享有的权利。其实,中外法律关于犯罪定义与犯罪范围规定的差异本身可能并无优劣对错之分,但是如果因此影响到案件的公正审理、正当程序的适用以及公民权利的有效保障等问题,那就会成为广泛争议的焦点。

再次,在国际法领域涉及人权公约与国内法的矛盾和国家承担的条约义务问题。我国政府于 1998 年签署了《公民权利与政治权利国际公约》,至今未获全国人大批准。这也是我国尚未加入的唯一的重要人权公约。相信批准只是个时间问题,若一旦获得批准,国家就应承担国际公约在国内实施的义务。之所以迟迟未能批准该公约,与国内有关法律制度和公约有关规定尚存差距乃至矛盾相关,其中包括国内外对犯罪与刑事制裁措施的不同理解和法律界定的差异性。一方面,如果一些实质上的"轻罪"行为不属于犯罪的范围,或者劳动教养之类可长时期剥夺人身自由的行政处罚不属于实质上的"刑事制裁",那么此类案件的当事人还能否享有公约规定的犯罪嫌疑人、被告人、被拘禁人、囚犯所享有的各项基本权利?另一方面,按照公约第 8 条的规定,任何人不得被强迫和强制劳动,除非依照由合格的法庭作出的刑罚判决或命令要求的苦役或工作。而劳动教养之类的处罚决定显然并非合格法庭作出的裁判或命令,那么劳教场所的强制劳动之合法性基础无疑将面临挑战。

最后,在刑事法制改革上应注重立法完善与司法改革同步前行。不论那些严重治安违法行为是否纳入轻罪范围、那些长时间剥夺人身自由权利的行政处罚是否应视为实质上的刑事制裁,这类严厉的处罚措施都应当通过正当法律程序并由合格法庭依法作出裁判,正逐渐成为一种改革共识。即使对犯罪定义进行改造,将劳动教养处罚对象的行为纳入轻罪范围,也需要辅以相关的法律制度保障。譬如，在有犯罪记录的人大量增加的同时，考虑建立适当的轻罪前科消灭制度以消减改革的负面因素。否则，纵然对禁止歧视原则作宽容的解释，仍然难以避免轻罪犯回归社会时在就业、上学、婚姻等方面面临困境。

犯罪定义研究课题，是在中华人民共和国外交部和联合国人权事务高级专员办公室合作框架下，由中国社会科学院法学研究所承担的一个国际合作项目。

2008 年 3 月 8—9 日，"犯罪定义与刑事法治国际研讨会"在北京举行。来自全国人大常委会法制工作委员会、外交部、北京市检察院、北京市司法局、中国社会科学院国际合作局、联合国人权高专办、北京大学法学院、清华大学法学院、中国人民大学法学院、中央司法警官学院、北京政法职业学院、上海海关学院、徐州师范大学法学院、中国社会科学院法学研究所和国际法研究中心等机构的 30 余位学者和专家出席会议。对犯罪定义和刑事法治进行专题研讨在国内尚属首次，与会代表对本次会议研讨主题的重要性给予了高度的评价。会议围绕犯罪定义与正当程序、刑法体系、权利保障和刑事法制改革等主题分别从国际法和国内法的角度进行了深入、广泛的讨论。在比较不同法系中的犯罪定义的基础上，美国、法国和我国的专家都指出，不同的国家由于其各自不同的文化背景、法律传统等因素的影响，对犯罪定义的内涵又各有差异，这进一步影响到各个国家的刑事法律制度和司法制度的发展及特色。要致力于建立和完善适合本国国情的刑事法律制度和司法制度，有效维护社会稳定和切实保护案件当事人的权利，才是刑事法治的根本目的。

2008 年 4 月 26 日于北京

犯罪定义与刑法变革

一体两支柱的中国刑事法体系构想

——侧重于废弃劳教制度后的中国刑事法体系探析

屈学武[*]

一 一体两支柱的刑事法体系概述

本文所谓"一体两支柱"的刑事法体系，是相对于刑罚与类似于保安处分的特殊司法处分在刑法体系中的地位而言。简言之，这里的"一体"是指整个刑事法体系；"两支柱"则是指统一于整个刑事法体系之下的"刑罚"与类似于保安处分的"特殊司法处分"。

关于保安处分制度，一般认为，它是指国家刑事法律所规定的、对实施了危害社会的违法行为的无责任能力人、限制责任能力人以及法律上特定的有相当社会危险性的有责任能力人等所施以的刑罚以外的医疗施治①、保护观察等特定措施，以预防和控制犯罪、确保社会平安和矫治行

---

* 中国社会科学院法学所教授。

① 所谓"刑罚"以外，是相对于旧派和中间论者而言。在新派那里，刑罚与保安处分并无实质上的差别，主张二者间最终融合。

为者本人的不良人格或病理身心的各类刑事制裁制度的总和。① 对保安处分与刑罚的关系，大陆法系刑法史上的刑事古典学派与社会学派所代表的旧派与新派间一直存在二元论与一元论之争。主要争论在于：

第一，在保安处分的法律性质上，刑事古典学派认为，刑罚与保安处分不同：刑罚是司法处分、保安处分属行政处分，只是因为保安处分和刑罚在社会防卫上有共同之处，二者才统一规制在刑法典之中（不排除一些保安处分可以规制在特别刑事法之中）。新派学者却认为，刑罚与保安处分只有处罚量上的不同，并无实质上的差异，二者都属司法处分，例如保安处分的奠基人之一意大利刑法学家菲利（Ferri）就主倡把刑罚和保安处分统一于一个社会政策，统一于一个防卫社会的目的，并将二者统称为"刑事制裁"或"社会保卫处分"。惟其如此，新派的诸此理论，又被称为一元化理论；与此相对立的旧派理论则被人称作二元化理论。

第二，在责任原则上，旧派学者基于客观主义的刑法观，主张道义责任论，又称行为责任论，即行为人基于自己的自由意思，实施了悖逆社会道德的、危害社会的行为，因而将受到国家法律的非难：其中之有责任能力者，自应接受刑罚的制裁；无责任能力人，因不发生"悖德"的道义责任，没有刑事责任可言。但因其悖常人格对社会构成威胁，因而应当受到保安处分的制裁，以防其社会危险性的"扩散"、危及社会安全。

新派学者持论相反，认为社会人没有真正的意志自由，主倡行为人责任论或社会责任论。新派认为：人类行为，无论是诚实的还是不诚实的，是社会性的还是反社会性的，都不是自己自由意志的结果，而是一个人的自然心理机制和生理状况及其周围环境交互作用的结果，因而任何行为都不是行为人主观"悖德"的结果，而是身不由己的、不由自主的；既而国家法律应当非难的不当是旧派"虚拟"的"违背道义的行为"，而是行为人

---

① 在理论上，保安处分的适用对象还可包括未曾犯罪，但恶性重大、很可能再犯罪者。但在法律规定上，多数国家刑法（除西班牙对流浪者的保安处分，意大利对幻觉犯、不能犯的保安处分外）所规定的保安处分仅仅适用于上述 3 种人。此外，由于新旧两派观点不一，对保安处分的概念也各异。因而这里概定的保安处分的概念，乃是掺有笔者个人倾向性的相对"中间"观点的抽象。

偏常的"性格"、"人格"以及未对其成员恪尽正常人伦濡染教育之责的"社会"。既然如此，在这种情况下，如对行为人还施以刑罚或保安处分，本为有损于行为人个人权益的不当之举，但国家为确保社会平安之计，不得不趋大利而损小害。

第三，在刑罚与保安处分的目的上，旧派强调特殊预防，认为刑罚的目的就是"报应"：是国家法律对危害了社会的犯罪人的"恶害"处罚；因而刑罚必以使受刑人感受到足以冲抵其犯罪所得到的"快乐"的"痛苦"的办法，预防其再犯。而保安处分的目的不在报应，仅在事前预防。为此适用刑罚，应当严守罪刑法定原则：罪多大、刑多重，且不得采用不定期刑或以保安处分代科；而适用保安处分则可根据行为人主观危险性的大小酌定执行时间的长短或应否撤销处分。

对此报应刑论，新派主张：刑罚与保安处分的目的，都是为了社会防卫和对行为人本身的人格矫治，因而，无论是适用刑罚还是保安处分，都不必斤斤计较罪刑等价，而应着眼于个体人身危险性的大小。故此适用刑罚或保安处分时，应缜密推求行为人对刑罚（痛苦）或保安处分的感应程度以及个体接受矫治、悔悔归正的难易程度，从而量定刑罚或保安处分的种类或时间长短。为达此目的，适用刑罚与保安处分时也不必拘泥于僵化的法律规条而应根据刑事制裁个别化原则，采用不定期刑制。特别对那些没有或很少有刑罚（痛苦）感应度的限制责任能力人、性格或人格悖常的犯罪人，在刑罚机能对其作用力甚微的场合，与其徒耗人力物力地施以刑罚，不如以更加注重矫治、感化和人伦道义教育的保安处分矫正感化之。①

对此，本文赞同的立场乃为：折中其间的二元制立法，即：一方面我们难以认同旧派的绝对罪刑法定主义思想，而赞同相对罪刑法定主义，认为刑罚的目的不仅仅在于嗣后的报应，也在事前、事中、事后的预防及其对犯罪人的矫治等；同时认为保安处分在性质上应为有别于刑罚的特殊司法处分而非行政处分。另一方面，又认为新派过于强调社会防卫的立论，

---

① 屈学武：《保安处分与中国刑法改革》，《法学研究》1996 年第 5 期。

也偏废了法律的规范性及其法律对社会成员的正当私权利的合理保护。这是因为，法律的公正性不仅表现在司法、执法公平上，更表现在立法特别是国家对公权力、公权利和私权利的合理配置上。特别是，从"民权主义"的刑法观出发，无论是刑法还是刑罚，其根本目的还在于确保社会每一成员的最大限度的权利、自由及其人生价值的实现。因而，以"权力"来主导"权利"的"国权主义"刑法观，终究会为"以人为本"的新型法治观所取代。此外，刑事人类学派和刑事社会学派所主张的一元制的刑法观，还从法律性质上泯灭了刑罚和保安处分的界限，全盘否定了个人意思的相对自由，从而否定了当个人意志与法律规范冲突时选择了"犯罪"的行为人的个人责任，因而也殊不可取。

总之，大约正是出于上述种种缘由，才使得保安处分问世以来的一百多年间，始终未能形成一元制或者二元制之"一家独霸天下"的格局。恰恰相反，当今设置了保安处分的国家，其立法例多是二元之中有统一，统一之中有二致的。① 例如德国学者汉斯·海因里希·耶赛克和托马斯·魏根特就在其著名的《德国刑法教科书》中特别指出"在现今的德国，通说均赞同刑罚的双轨制，但不是十分强调从理论上区分刑罚和处分，而是强调两者的互补性，现行法律正是体现了这一点"。②

基于上述立论，本文所主张的"一体两支柱"的刑事法体系，乃指从刑事法理及广义的刑事诉讼程序上，将刑罚与类似于保安处分的特殊司法处分，一并纳入整个刑事法体系之中的、折中于一元与二元之间，但偏重于二元制立法的刑事法体系。从而便于国家和社会能在充分保障每一公民（包括犯罪嫌疑人、被告人、犯罪人）基本人权的基础上，更加卓有成效地惩治、预防犯罪（及其相关违法行为），与此同时，还能达致从身心、生理

---

① 所谓一元之中有二元，二元之中有统一，是指二者的立论原本有区别也有交叉面。单纯的一元或绝对的二元均是不可行的。例如二元论者一面主张刑罚与保安处分性质有别：后者不是刑罚而是行政处分；另一方面又力倡应将保安处分纳入刑法典并只能由法官来宣告该"行政处分"，岂不自我矛盾？而一元论者一面认为二者应当融合；另一方面，也承认对有些刑罚感应性强的本应处以保安处分者，适用刑罚可能更有利于社会防卫及其本人的矫治。因而，一元并非完全的一元。

② ［德］汉斯·海因里希·耶赛克、托马斯·魏根特著，徐久生译：《德国刑法教科书》，中国法制出版社 2001 年版，第 104 页。

等多角度矫治（或医治）受刑人（或受处分人）的病理人格或身心等多重刑罚或者处分效果。

在立法体例上，"一体两支柱"的刑事法体系可按如下两种立法形式加以设置：

一是将刑罚与保安处分都规制于刑法典之中的立法例。如现行《德国刑法典》、《意大利刑法典》、中国《澳门刑法典》即是如此设置的。但是，在制订刑法典的过程中，无论是德国、意大利还是中国《澳门刑法典》，都是将"保安处分"专节（或专章）规制于"刑罚"专章或者专节之外的。据此可见，此类国家或地区基本上是秉持着更偏向于二元论的"一体两支柱"的刑罚与保安处分设置立场。但笔者也注意到，《德国刑法典》是将"刑罚"与"保安处分"分别作为该法典第三章之第一节、第六节而"并列"规制于该章的。而第三章题为"犯罪的法律后果"。这就意味着——"保安处分"在德国刑法中是作为犯罪的法律后果之一加以规制的。可见，德国的二元论确为二元之中有一统的二元论。惟其如此，有德国学者才称现今的德国，通说赞同"刑法的双轨制"，认为保安处分是置于刑法之中的、有别于刑罚但又可与刑罚功效互补的"刑事制裁"。①

二是将保安处分置于刑法典之外的"一体两支柱"形式。如 1929 年荷兰的《常习犯人法》、1930 年比利时的《社会防卫法》。显然，如此立法法，至少从外观上看，保安处分仅是特别的、广义的刑法，因而分设于刑法典之外的保安立法，其不同于"刑罚"的二元色彩也就更加浓厚。

二　中国现行劳教制度弊象梳理及对策反思

综上分析可见，要在中国构建一体两支柱的刑事法体系，有必要在刑法典或者刑法典之外设置类似于国外保安处分性质的新型刑事法规范。实际上，关于保安处分与刑法的关系、意义等，国际社会早在 1926 年的布

---

① 参见［德］汉斯·海因里希·耶赛克、托马斯·魏根特著，徐久生译：《德国刑法教科书》，中国法制出版社 2001 年版，第 103—104 页。

鲁塞尔"国际刑法协会会议"就已清楚阐明，当时的大会还通过了"将来的刑法典中须有保安处分的实体规定"的希望性条款。继后，保安处分不仅为越来越多的大陆法系国家刑法之普遍纳入，也为东亚不少国家之刑法诸如韩国、泰国等借鉴和沿用，并在相当程度上成为刑法规范化、现代化的标志。

然而，80多年过去了，而今的中国刑法中虽然的确含有不少类似于保安措施的惩处规定，例如中国现行《刑法》第17条关于"满16周岁不予刑事处罚的，责令他的家长或者监护人加以管教；在必要的时候，也可以由政府收容教养"的规定，《刑法》第18条关于"精神病人在不能辨认或者不能控制自己行为的时候造成危害结果，经法定程序鉴定确认的，不负刑事责任，但是应当责令他的家属或者监护人严加看管和医疗；在必要的时候，由政府强制医疗"的规定，全国人大常委会《关于禁毒决定》中含有的"强制戒毒处分"规定，《关于严禁卖淫嫖娼决定》中含有的"强制教育处分"规定，对明知自己有性病仍然卖淫嫖娼者的"强制治疗处分"规定等，都可谓类同于保安处分的规定。然而这当中：其一，中国现行《刑法》总则中并未对保安处分作出明确的设置，因而上述规定并非真正的保安处分规定；其二，按照中国刑法上述规定，裁决该保安措施者是"政府"而非人民法院，因而就其程序看，它也不合于保安处分须经法庭裁决的规定。

此外，《刑法》第17条还提到了针对刑事未成年人的"收容教养"问题，而中国刑法上的"收容教养"与中国现行"劳动教养"制度一样，都是存在诸多程序性、实质性弊病的，有悖于《公民权利与政治权利国际公约》第9条规定的不伦不类的行为规范，应予全盘革新或者废除。[①]　其主要

---

① 近年来，关于废弃还是改革现行劳教制度的呼声颇高。在此"废除论"与"改革论"之争中，我们赞同下述观点，即废弃与改革现行劳教制度，实际上并不是一对迥然矛盾的命题——二者其实都是既要从形式，又要从实质上改革现行劳教制度的程序与实质不正义问题。因为，多数改革论者所持改革观，绝非仅仅针对现行劳教制度的"立法化"而已，而包括对其处分性质、适用对象、处遇方式的全方位的革故鼎新，加之对其"处分的任务与目的"的革新，这样，改革论与废除论之间也就没有多少本质区别了。参见屈学武《"轻罪"之法价值取向与人身权利保护》，《河北法学》2005年第11期。

问题表现在：

（一）程序正义问题

众所周知，程序正义是实质正义的前提和保证。尽管就个案意义看，程序不正义者实质上未必不正义，但就一般意义看，没有程序正义就没有实质上的正义，特别是牵涉限制或剥夺人身自由的禁止性规范的设置，更须程序严谨而合法。

就中国现行劳教制度的执行处遇看，各类在教人员不是被限制了人身自由，就是被剥夺了人身自由，而众所周知，现行劳教制度的依据却多为"准法律"或"准行政法规性质"（刑法典中的个别依据除外）。[①] 由此可见，严格意义上，上述"依据"还待进一步法律化。特别是现行《中华人民共和国行政处罚法》、《中华人民共和国立法法》以及中国已经签署的《公民权利与政治权利国际公约》都已明文规定，唯有依照法律确定的根据和程序，才能限制和剥夺公民的人身自由。这里的"法律"，应为严格意义的法律而非广义之法。据此，严格意义看，《国务院关于劳动教养问题的决定》、《国务院劳动教养的补充规定》、《劳动教养试行办法》等，均无权设置限制或剥夺人身自由的行政罚或警察罚。虽然从实质正义角度看，限制或剥夺其中一些人的一定人身自由也许符合实质正义的蕴涵，但程序正义既然是实现和确保一般意义的实质正义的前提和保障，二者之间的关系即当"程序正义原则上优于实质正义"。有鉴于此，拟具一部定性合规而又适法的专门法律来规范此类处分的性质、对象、种类、范围、期限、裁决机关、宣告程序、执行处遇、执行机构等事宜，势在必行。

所谓定性"合规"，在此指符合有关国际公约的规定，例如符合我国已经签署、理当践行的《公民权利与政治权利国际公约》第9条的明文规定。该条第1款明确规定："……除非依照法律所确定的根据和程序，任何人不得被剥夺自由。"据此，中国多数学者主张应将劳教案的裁决机

---

① 中国现行劳教制度的主要依据是：全国人大常委会批发的《国务院关于劳动教养问题的决定》、《国务院关于劳动教养的补充规定》等，此外，国务院1982年批发的《劳动教养试行办法》等也可谓国内实行劳教的主要依据。

关改为人民法院而非公安机关或劳教委员会，这才能谓之审理和裁决的程序正当。

所谓定性"适法"，在此指该劳教法在法性质上应为全国人民代表大会通过的法律而非广义上的法。目前在中国学术界，有学者主张在保留现有劳教法规的基础上，对其加以改革；有学者主张另行设定专门的劳教法律，以规范劳教依据、程序及其实质内容，并认为"如此操作，与国外的保安处分的做法比较接近，在理论基础方面，也有许多值得借鉴和参考的地方"。① 还有学者主张设定一部专门的类似于国外的保安处分的《社会防治法》，并将改造后的现行劳教处分及其他含有保安性措施的处分纳入其中。对此，我们比较赞成这最后一种意见。至于"赞成"的主要理由，可从保安处分有别于一般行政处分及其刑罚的特点谈起：

第一，就保安处分的性质看，国内外刑法学者虽对此见仁见智——有称其为行政罚的，有视其为刑罚的，但通说意见看来还是认可保安处分应为介于行政罚与刑罚之间的刑事制裁——属一种特殊的司法处分，与刑罚既有区别又有联系。惟其如此，现今各国关于保安处分的规定，虽然多置于刑法典之中，但又都置于"刑罚"章节之外，大多特设专门的"保安处分"章。此外，对保安处分的裁决，各国几乎均经由法庭审决而非行政机关裁决，足见其绝非一般的行政处分。惟其如此，如将我国各类治安的、戒毒的、卖淫嫖娼的、轻微刑事犯罪的在教人员均纳入专门的法律规定，并通过法庭审决送诸有关场所教养，就不会发生所谓"未经法律审判而限制或剥夺公民人身自由"的违背公约规定并遭受国际人权非议的问题。

第二，适用保安处分的前提与适用刑罚前提不同。刑罚的前提是行为人须具有罪责；保安处分则不以罪责为前提。因而在责任非难未被认可的场合，社会为了避免行为人实行犯罪的危险性，可对其科以保安处分。例如对精神病人的医疗监护处分即如此。

---

① 中国个别学者主张将改革后的劳动教养处分定性为非行政处分的、类似保安处分性质的"治安处分"。我们认为此种观点值得商榷。因为中国有专门的《治安管理处罚法》，该法属治安行政法规范，其中规定了多项对违反治安管理行为的处分方式，而该类"治安处分"均属行政处罚性质。因而我们认为，一方面，将改革后的劳教定性为非行政处罚是正确的；另一方面，将其名为"治安处分"，很容易致人曲解其罚则性质，因而此类称谓不可取。

第三，保安处分的适用对象是：（1）尚未犯罪、但很可能危及社会公共秩序的违法人员；（2）已经犯罪、有较大人身危险性但不可归责者；（3）虽已经犯罪且可归责、再犯罪倾向明显的犯罪人。此三者的共同点是：被处分的对象均具有很可能危及社会秩序的"公共危险性"。须知，这一共同点，实际上也是现今我国对许多已经违法、尚未犯罪但有犯罪倾向者适用"劳教"的要件。

第四，保安处分的适用目的有二：（1）危险性预防。对此，当代著名德国刑法学者汉斯·海因里希·耶赛克曾明确指出，德国现行刑法典中的保安处分与刑罚一起构成了"刑法的双轨制"，其中，刑罚的目的在于"罪责报应"；保安处分的目的则在"危险预防"。（2）对被处分人的特殊矫治，即通过社会矫治机构或医疗机构，来达到其对违法者的偏常人格、性格、嗜好或异常心理、生理疾患的教育、医学治疗目的。如此看来，在我国适用特殊司法处分的目的也无外乎此两点，即其一，矫治违法犯罪人员；其二，确保社会治安。

第五，在处分期限上，保安处分具有更大的弹性。由于保安处分的目的不在"报应"而在危险性预防与个人矫治，因而一些国家将某些特殊的保安处分的期限设定为：根据被处分人的公共危险性的消除及个人矫治成效状况酌定。例如将受处分人安置于社会矫治机构、安置于戒毒场所、安置于精神病院，其期限不必固定，而是依其矫治情况酌定。我们认为，这种不定期性，对特殊人员是必要的。例如对于须行强制戒毒的人员，须行强制治疗性病、精神病的人员即如此。尽管在此问题上，还应从法律规定及道义角度设定其期限长短把握的基本原则及限制自由时间的最高上限等。①

第六，相对于犯罪后果而言，刑罚是"事后罚"；保安处分则不一定是事后罚，因为除犯罪人员外，保安处分还可适用于严重违法但尚未达致犯

---

① 例如国外学者提出的必要性原则、相当性原则等，值得考虑。必要性原则是指接受处分与否及其期限的长短均取决于社会防卫及其矫治的有效性。如没有防范必要或其根本不可能矫治，则无须科以有关处分；如矫治仅须半年，则无须收容一年。相当性原则，是指处分的种类、期限须与受处分人行为的危险性及其社会保安的必要性相当。

罪程度者，因而保安处分也可能是"事前罚"。① 从犯罪学意义看，一般而言，"事后罚"主要是杀一儆百的消极预防；"事前罚"则属事前积极预防。特别对那些心理严重畸形的违法人员、醉酒驾车人员而言，这种事前罚，不仅能够确保社会平安，也利于有效防范行为人自己最终走向那既毁灭他人，又毁灭自己的罪恶深渊。

第七，在处罚基础上，刑罚可谓"行为罚"，非难的主要基础是行为人的"犯罪行为"；保安处分的非难基础主要不是行为人的违法犯罪行为，而是其异常的"人格"或是畸形的心理、生理因素。因而与"刑罚"相比，"保安处分"更加讲究因人而异的处分"个别化"。

综上可见，保安处分确以其事前积极预防的保安措施与因人施治的刑事政策弥补了刑罚事后补救的、对社会安全和个人矫治的局限。基于此，此类保安立法，无论是形式上还是内容上，均有相当可资我国立法借鉴的因素。具体而言，我们主张：

废除现有的劳教法规形式，保留其合理的惩处种类内核，如将现有的对轻微违法犯罪人员的劳教处分、戒毒处分、性病治疗处分、无责任年龄人的收容处分及刑法中的医疗监护处分等，统纳入专门的保安性立法之中，以首先从形式，即法律依据和程序上赋予其合法性、正当性。但考虑到中国刑法典刚刚全面修改不久，再行大幅度修改，恐有悖于刑法典的稳定性原则，同时虑及立法程序上的便捷与成本投入上的效益性，因而我们主张：与其大幅度修改刑法典，不如对其实行专门的单行立法更具现实性和可行性。② 有鉴于此，我们设想，将来的保安立法中，可将原来的劳教法规及现行刑法典中的强制戒毒处分、强制教育处分、强制治疗处分、收容教养处

① 所谓"事前罚"，在此仅仅相对于"犯罪"后果而言；相对于"违法"仍属"事后罚"，因而并非罚之无据；也非单纯地处罚"思想"或"倾向"。

② 关于该类单行立法的称谓，中国国内也有多种主张。多数学者主张废弃原来的《劳动教养处分》的提法，特别是《公民权利和政治权利国际公约》第 8 条已明文规定"任何人不得被要求从事强迫或强制劳动"，多数学者因而不同意《劳动教养法》的定名方案；个别学者主张将其定名为《治安处分法》；另有学者主张名为《社会保安法》或《社会防卫法》；还有人主张名之为《教育矫治法》、《矫治处分法》、《教养处遇法》、《教导处分法》、《收容教养法》等，本人比较赞同《司法矫治处分法》的主张。认为这一名称，既突出了此一处分法的性质在于特殊的司法处分，又强调了对行为人本人的矫治目的"优位"的法治立场。

分、医疗监护处分等悉数包容进去。然而，鉴于《公民权利与政治权利国际公约》第8条第3款所规定的除特定的刑罚以外的"任何人不得被要求从事强迫或强制劳动"的规定，作为非刑罚的原来的"强制劳动教养"的处分应当革新，例如改为"强制收容矫治处分"。此外，对被收容者，除强制教育外，可采取给付一定报酬、自愿（而非强制）劳动教养的办法来矫治此类人等。

（二）实质正义问题

这里所谓"实质正义"，核心在于对被处罚人应否处罚及其处罚度的公平把握问题。这当中既存在一个对"分配的正义（Distributive justice）"的权限掌握问题，也存在一个权力与权利之配"量度"乃至孰为"本位"的问题。与私法上的"平均正义（Corrective justice）"不同的是，分配的正义一般认为是所有公法包括刑事法、保安法的指导原则。基于此，分配的正义往往倍加关注公法的社会防卫机能，同时相对轻忽公法的个人权利保护机能。一定程度上，中国现行劳动教养制度的实体规定就表现出这种公权力与私权利配置上的严重失衡甚至国家权力与个人权利的倒置。

我们知道，新中国成立以来相当长的历史时期中，劳教制度主要适用于那些实施了违法行为但还不足以科处刑罚的人。为了教育改造他们，中国政府本意是要通过对这些人采取较刑罚相对更轻的处分——劳动教养来矫治他们。然而，由于立法指导思想上的失误以及执行中的错误，实践中反而出现了不少问题。例如，从遭受劳动教养的人被限制其人身自由的期限及严厉程度可看出，这种惩罚实际上比之被判处两年管制刑罚或被判拘役刑罚者更加严厉。中国的管制刑上限为2年，下限仅3个月；拘役刑上限6个月，下限仅1个月；而劳动教养的期限可达1—3年，必要时，还可以再增加1年。

由此可见，这种不合理的规定不仅仅在于其倒置了作为非刑事处罚的劳教处分与刑罚的严厉程度，还在其公权力与私权利孰为"本位"关系上的"倒置"。所谓"以人为本"就是要以公民权利为根本而非"国家本位"、"社会本位"。有鉴于此，从社会防卫角度讲，对一个犯情虽然轻微，但人身危险性较大的人施以较长时期的社会隔绝，固然可能有利于社会防卫，例如对一个屡屡卖淫的人限制其较长时期的人身自由，也许比之短期自由限制更有利于社会防卫，但此举显然倒置了国家与个人的权力与权利关系。更何况，对于一个行为尚不足以科处刑罚的人科以高于最低刑罚之自由限制期好多倍的处罚法，不免显失法律的公平与正义。因而，当其"分配的正义"面临国家权力与个人权利的两难选择时，我们认为，正义的价值取向之砝码应当基于"人本位"的原则去考量有关处分之轻重配置，即：在不损及国家和社会的根本利益的前提下，国家应最大限度地保护公民个人的权利和自由。

三 构建"一体两支柱"的中国刑事法体系思考

如上所述，就当前立法环境的条件看，本文所主张的"一体两支柱"的中国刑事法体系，是指在刑法典之外，另行设置可隶属于"大刑法"的特殊司法处分法。具体而言，我国立法机关可先行设置一部《司法矫治处分法》，以初步确立起上述"一体两支柱"的刑事法体系框架，[1] 俟条件成熟时，宜专门针对此类《司法矫治处分法》的操作程序，配套设置起《刑事制裁程序法》等。针对《司法矫治处分法》的拟具与出台，我们的基本思路如下：

首先宜当废除现行劳教制度，仅仅保留其在处遇对象上的某些合理因素，并在此基础上创设类似于西方保安处分性质的《司法矫治处分法》。总体而言，在处遇方法上，我们既不主张用纯刑罚方法来调控现行劳教在教人员涉案的诸种行为，例如小偷小摸、小额诈骗、深度吸毒、卖淫、长期赌博等；也不赞成以纯行政处罚的方法来处置此类行为；同时不赞成将此类行为分流为一半犯罪、一半行政违法，抑或一半犯罪、一半保安措施来

---

[1] 今后待条件成熟时，我们仍主张将此特殊的司法处分移诸刑法典之中，以便在进一步规范保安处分制度的同时，强化其一体性；同时便于司法操作和广大民众知晓有关刑事法律体系的基本内容。

处理。而是主张全面设计、推出一种特殊的司法处分来调控现存的某些由劳教体制处理的国家、社会与公民个人间的冲突关系。

据此，该一特殊司法处分的特殊点在于：（1）中国现行的法律处分不外乎民事处分、刑事处分或行政处分三大类。而此类处分既不是民事处分，也非（严格意义的）刑事处分，更非行政处分，因而，它很特殊。（2）其适用对象主要是有轻微刑事违法、又够不上严格意义的"犯罪"之人，抑或实施了较为严重的治安违法行为者以及其他需要强制施以心理矫治、人格矫治、戒毒治疗、戒赌治疗、性病治疗、精神病治疗等人员。（3）在处分期限上，对一些特殊的适用对象可在一定期限内有其弹性。例如对深度吸毒者，被强制治疗的精神病人、性病病人，可视其戒毒和治疗的需要来酌定限制其人身自由的长短。但之所以须同时拟具一部《刑事制裁程序法》，是因为"作为纯行为调查程序"的"刑事诉讼法还未被按照行为人个性研究的任务来处理。一旦可能科处剥夺自由的保安处分，就有必要聘请专家"……因而，"还应当考虑将刑事诉讼划分为判决程序和制裁程序"，前者乃针对刑罚适用而言；后者则针对适用此类特殊的司法处分而言。①

如此一来，所谓"劳动教养"的概念就会随着《司法矫治处分法》的出台而在现行法治运作中消失。这样，就其表象或就其名称上看，既然这一部分人员已经不复存在，似乎就不再发生解决"劳动教养"的法律依据以及程序的问题。但就其实质看，由于某些违法行为包括嗜赌成癖、深度吸毒、长期卖淫嫖娼等行为与国家既定的法治规范的冲突关系依然存在，相应地，对此类人等的人格矫治乃至生理、心理施治的任务，依然存在。由是，我们可以说，如此立法实际上正好解决了调控此类冲突关系的法律依据及其程序问题，这是因为：（1）此类冲突关系将划属全国人大（或其常委会）通过的"法律"来调控，从而致使此类处分有其法律上的依据。（2）限制人身自由必须通过人民法院的法庭裁决，因而从程序上看，它也是经由司法裁决程序而非行政程序决定的。（3）从法律性质上讲，特殊的司法处分法，既不是严格意义的刑法，也非民法、行政法，而是特殊的司

① 参见［德］汉斯·海因里希·耶赛克、托马斯·魏根特著，徐久生译：《德国刑法教科书》，中国法制出版社 2001 年版，第 108 页。

法处分，因而其限制人身自由的期限可以超过行政处罚期限；但被处分人等又并没有被标签为刑事犯罪人，从而有利于对此类人等的矫治改造；此外对某些特殊人等在一定期限内的弹性期限设定，也有利于对其本人的矫治和社会防卫。同时，该一弹性期限也是有其上限规定的（例如最长不得超过 1 年，精神病治疗者可例外，等等），以免有关处分执行人等滥用职权。（4）此一立法法，符合国际惯例，因而它绝不会发生悖逆我国已经加入或签署的国际公约中的人权规范的问题。

总之，笔者认为，在中国现行刑法体系中，增设特殊的司法矫治处分的立法法，不但可以解决当前劳动教养处分有违国际公约规范的难题，还可将当前散置于刑法或其他法中的、适用于轻微刑事违法人员的非刑罚处分集中统一起来，便于通过人民法院的简易裁决，确保其从实体内容到程序上的正当。

综上可见，本文所主张的特殊司法矫治处分法，既有其借鉴西方包括中国澳门特别行政区保安处分规定的本质成分，也有其自身特色。这当中，类似于国外保安处分之处主要表现在：在法律性质上，其都属独立于民事、行政处分之外的司法处分。在法律体系上，其均可划属广义的刑法体系，在处分程序上，都需要启动司法程序来完成；而且，我们也可将此类法官为适用《司法矫治处分法》而启动的司法程序统称为刑事裁决程序，以区别于法院审决罪犯时所启用的刑事审判程序。在适用对象上，还可部分地适用于轻度触犯刑律者。与此相对应，法官启动刑事审判程序时，在程序法上都适用《刑事诉讼法》；而在启动刑事制裁程序时，程序法上适用《刑事制裁程序法》、实体法上则适用《司法矫治处分法》。

两者的主要区别表现在：

其一，西方社会的保安处分大多适用于下述三种人：（1）无刑事责任年龄人和无责任能力人，通常指实施了重大犯情（如杀人、放火）的不满 14 周岁或实施了一般犯情而不满 16 周岁的人以及作案时精神不正常的精神病人；（2）限制责任能力人，指又聋又哑的人、盲人或智力痴愚的人；（3）有特种危险性的有责任能力人，通常指本该刑满释放但尚未改其恶习的人、被宣告缓刑或假释的人，等等。本文所主张的司法矫治处分者，却不包括上述"本该刑满释放但尚未改其恶习的人";同时它应另行包括深度吸毒、卖淫嫖娼、参赌、小偷小摸者以及屡屡实施治安违法、多处小偷小摸、小敲小骗者,等等。

其二,在处遇方式上,在身体条件许可的情况下,我们主张以更多的社区矫治来替代而今通行的隔离矫治甚至强制劳动改造等。而对被集中于特定的隔离区者,根据上述公约规定精神,也应逐步实行自愿参加劳动,并酌量发给一定报酬,以确保其依法行使他(她)们自愿参加或不参加隔离区劳动的权利。

其三,在法律后果上,由于被实行司法矫治处分的人,不属于刑事犯罪分子,因而当其再犯时,不属有前科者。

最后,在处分的目的、任务上,西方社会的保安处分往往以被处分人有其"人身危险性"为实行处遇的前提条件,因而"社会防卫"乃其启动该一处分的主旨和目标,而本文主倡的司法矫治处分,乃以矫治本人为其第一任,"社会防卫"则只是伴随受处分人"新生"之同时俱生的目标而已。

结语　一体两支柱的中国刑事法体系的构成

一般而言,所谓"刑事法"理所当然地包括刑事实体法与刑事程序法两大部分。基于此,虽然基于重点分析现行劳教制度之弊害的角度,本文之议论重心本在刑事实体法。但是,作为"一体两支柱"的中国刑事法体系,还不能或缺或偏废了对诉讼法之支柱作用的充分评价与高度重视。

据此,概括起来看,本文所企望的一体两支柱的中国刑事法体系,至少应包括:(1)中国现行刑法典;(2)国内其他单行刑事立法;(3)附属刑法;(4)《刑事诉讼法》;(5)本文设想的《司法矫治处分法》;(6)本文构想的《刑事制裁程序法》,等等。

继后,在条件更成熟时,国家宜进一步配套出台《刑罚执行法》、《司法处分执行法》,等等。如此,一体两支柱的中国刑事法体系将基本告成。

而刑罚与保安处分这两大支柱的"台柱"作用也才能在既定的刑事法治框架下依法得以充分发挥。进而，我国之刑事法方才能在全面落实《公民权利与政治权利国际公约》相关规定的基础上，在有效维系国家、社会秩序的同时，进一步推促与保障"以人为本"的法治终极目标的实现。

Conceived Criminal Law System of
One Body with Two Backbones

【Abstract】 This article begins with a general introduction of conceived criminal law system of one body with two backbones, which refer to criminal penalty and a kind of different and special judicial sanction—security measure. Then, it continues to analyze negative influences of existing system of rehabilitation through labor in China and suggests that it should be substituted with a special judicial sanction. On the basis of above discussion, it points out that fundamental constituents of the criminal law system of one body with two backbones should include the existing Criminal Code, special and supplementary criminal legislations, Criminal Procedure Code and Judicial Rehabilitation Law and Criminal Sanction Procedure Law the author proposes. Within the suggested framework, when initiating criminal trial process and sentencing, a judge applies criminal penalty in Criminal Code when substantial issues are concerned and Criminal Procedure Code when Procedural issues concerned. Correspondingly, when starting criminal sanction process, he should respectively apply Judicial Rehabilitation Law and Criminal Sanction Procedure Law. Moreover, this literature advices legislature to enact Implementation Law on Criminal Penalty and Implementation Law on Judicial Sanction when conditions are mature in order to establish an overall criminal law system of one body with two backbones at both substantial and procedural levels, furthermore, to promote and guarantee the realization of the utmost people-oriented cause, which criminal rule of law should strive for.

【Keywords】 One Body with Two Backbones　　Rehabilitation through Labor　Judicial Sanction

论中国刑法结构之改进

刘仁文[*]

一　刑法结构的概念与研究视角

通行的刑法教程或论著，将刑法定义为规定犯罪和刑罚的法律规范，指出了刑法的成分之后即径直分列犯罪和刑罚两大部分予以论述，而没有涉及犯罪与刑罚之间的组合关系。储槐植教授敏锐地察觉到了这一点，他从"成分不等于结构"出发，指出成分相同而成分之间比重（结构）不同会造成事物的不同性质，如同样有死刑、监禁刑和罚金刑等几种刑罚方法（成分）存在，但彼此所占比例不同，会形成重刑结构与轻刑结构的重大差别。[①]

那么，何谓刑法结构呢？储槐植先生曾将刑法结构界定为"定罪面与刑罚量的组合形式"。[②] 后来，他又进一步指出：刑法结构其实就是刑法系统内诸要素的组合形式，即罪与刑的组合，也就是不同数量的搭配。罪的数量即为犯罪圈的大小，刑的数量则是刑罚量的轻重。犯罪圈

---

[*]　中国社会科学院法学所研究员、法学博士。

①　参见储槐植等著《刑法机制》，法律出版社 2004 年版，第 7 页。

②　参见储槐植《罪刑矛盾与刑法改革》，《中国法学》1994 年第 5 期。

大小体现为刑事法网的严密程度，刑罚量轻重体现为法定刑的苛厉程度。①

从罪与刑相应严与厉的关系上，储先生将罪刑配置分为四种组合，即四种刑法结构：一是不严不厉，二是又严又厉，三是严而不厉，四是厉而不严。他认为，又严又厉的刑法结构在当今世界并不存在，典型的不严不厉似乎也不存在，多数经济发达国家和法治程度较高的国家大体上属于严而不厉的结构类型，而我国当前的刑法结构基本上算是厉而不严。"严而不厉"的刑法结构表现为"刑罚轻缓"和"法网严密"，"厉而不严"的刑法结构则表现为"刑罚苛厉"和"法网不严"，后者是刑法机制不畅的内生性原因，我国刑法改革的方向应从"厉而不严"转向"严而不厉"。②

储先生关于刑法结构的"严而不厉"和"厉而不严"的提法，是他在刑法学界的标志性产品之一，确实带给人不少启发。但笔者认为，储先生对刑法结构的概念界定和分类还有以下进一步探讨的必要：一是他将刑法系统内的诸要素等同于罪与刑两个要素，使刑法结构过于简化，事实上，尽管罪与刑是刑法结构中的两个关键要素，但刑法结构绝不只是二者的相互关系和组合形式，它还应当包括刑法典与单行刑法、附属刑法的协调，以及刑法与治安管理处罚法、违法行为矫治法（劳动教养法）等的协调，乃至刑法内部各条文之间的协调，这些都是结构的应有之意。二是他将刑法结构分为四类，而实际上他又否认另两类的存在，结果只剩下"严而不厉"和"厉而不严"两类，但问题是，何谓"严"？何谓"厉"？这本身是相对的，难道那些经济发达国家和法治程度较高的国家的刑法结构就都属"严而不厉"型的吗？它们彼此之间的刑法结构差异又作何解释呢？三是他将刑法结构主要视为一个宏观的东西，即是"严而不厉"还是"厉而不严"，但这似有不够，还应当从微观上对刑法结构进行深入研究，如所谓的我国的"厉而不严"结构，会不会存在刑罚总的来说偏"厉"，但个别地方却存在偏轻（特别是罪与罪之间的刑罚不协调）呢？

---

① 前引储槐植等著《刑法机制》，法律出版社 2004 年版，第 8 页。

② 同上书，第 8 页以下。

又会不会存在法网总的来说"不严",但个别罪的定罪面又偏严(不该设置为犯罪的设置成了犯罪)呢?对我国刑法结构的微观考察将会发现这些问题确实是存在的。

另外,对刑法结构的研究也不必限于储先生提出的这一个视角,事实上,它可以有多个视角,如德国学者耶赛克对刑法结构的剖析如下:(1)处罚之先决条件(主要指总则之"犯罪论"部分);(2)刑罚和处分;(3)具体的构成要件(主要指分则内容);(4)国际刑法(如德国 2002 年颁布的《执行国际刑事法院罗马规约的法律》);(5)附属刑法(如《麻醉品法》)。①

笔者曾经在几年前的一次刑法学科建设笔谈中提出过"立体刑法学"的构想,即刑法学研究要瞻前望后(前瞻犯罪学,后望行刑学)、左看右盼(左看刑事诉讼法,右盼民法、行政法等部门法)、上下兼顾(上对宪法和国际公约,下对治安管理处罚和劳动教养),内外结合(对内加强法的适用解释,对外给解释设立必要的边界),② 其实这也可以作为研究刑法结构的一种思路,即以刑法典为轴心,辐射至:(1)"瞻前",包括实然上的《未成年人犯罪预防法》和应然上的《犯罪预防法》、《证人保护法》、《被害人保护法》等;"望后",包括实然上的《监狱法》和应然上的《刑罚执行法》。(2)"左看",包括刑事诉讼法牵涉的刑法内容;"右盼",包括各部门法中的附属刑法规范。(3)"上对宪法和国际公约",在一些国家,罪刑法定、废除死刑等重要的刑法问题都被上升到宪法层面,③ 我国虽然没有如此做,但对这些问题的阐释和理解需要借助于宪法精神;对于我国批准的国际公约,其中涉及国际罪行的,我国刑法总则已规定"在所承担条约义务的范围内行使刑事管辖权的,适用本法",因而也需要有此视野;至于"下对治安管理处罚和劳动教养",则如下文所要说明,这本身就是国外刑法中的内容。(4)"内外结合",在此适宜解读为"内"为刑法典,"外"

---

① 参见[德]耶赛克著,徐久生译:《为德意志联邦共和国刑法典序》,载《德国刑法典》,中国方正出版社 2004 年版。

② 参见刘仁文《提倡立体刑法学》,《法商研究》2003 年第 3 期。

③ 这种做法并不只具有形式意义,如废除死刑,写进宪法后,由于修宪比修改刑法要难,所以不容易受民意、个案的影响而恢复死刑。

为刑法典以外的所有刑法规范，如单行刑法（特别刑法）乃至刑法的立法与司法解释等"准刑法"。

如果我们把上述储槐植先生的研究视角视为实质的刑法结构，那么耶赛克教授和笔者的这类研究视角就可称为形式的刑法结构。当然，实质的刑法结构和形式的刑法结构并不能截然分开，二者有着内在的联系，如治安管理处罚法和劳动教养法与刑法典的关系，表面看是刑法结构的外在形式，但其实也牵涉"定罪面"和"刑罚量"的界定。不过它们毕竟不是一回事，如某一种法定犯（行政犯）的罪刑相同，但是规定在刑法典里还是规定在刑法典以外的附属刑法中，这纯粹是一个形式的选择问题。以下论述旨在阐明，刑法结构的形式建设对于理顺刑法机制、优化刑法效益，有不可替代的作用。

二　从小刑法典到大刑法典
——刑法结构的调整之一

当前，我国民法学界正在致力于制定一部统一的民法典，也许刑法学界的人会略带几分自豪地说：我们的刑法典早在 1979 年就制定出来了，1997 年又出台了修订后的新刑法典。但笔者要说的是，其实我国的刑法典并不是一部真正意义上的完整刑法典，因此制定一部统一的刑法典的任务还没有完成。

让我们先看几部外国刑法典对犯罪的分类和处罚：

美国模范刑法典第 1.04 条将犯罪分为四类：重罪（felony）、轻罪（misdemeanor）、微罪（petty misdemeanor）和违警罪（violation），其中前三类被称为"实质犯罪"（crime），其处罚后果均可能涉及剥夺人身自由（微罪可处以最高不超过 1 年的监禁刑），第四类"违警罪"只能被处以罚金或其他民事制裁，而且"不产生有罪认定所引起的限制能力或者法律上的不利"。①

法国刑法自 1791 年以来，一直按照犯罪的严重性，把犯罪分为重罪、轻罪和违警罪。1992 年颁布、1994 年开始实行的新刑法仍然维持了这种"三分法"。它规定："刑事犯罪，依其严重程度，分为重罪、轻罪及违警罪。"（第 1 条）"法律规定重罪与轻罪，并确定对罪犯适用之刑罚。条例规定违警罪，并依法律所定限度与区别，确定对犯违警罪者适用之刑罚。"（第 2 条）② 根据该法第 12 条等的规定，违警罪只能被判处罚金、吊销驾驶执照、收回打猎执照等刑罚，不得处剥夺或限制人身自由的刑罚。③

德国早在 1871 年的《帝国刑法典》（现行刑法典的渊源）中就采用重罪、轻罪和违警罪的三分法，当时对违警罪的规定是"指应科处拘役或 150 个帝国马克以下罚金的犯罪行为"。李斯特认为：这种二分法"使得立法者在法律中的许多地方，对其表述方式作出从容的简述成为可能"。④ 德国现行刑法典（2002 年修订）将犯罪分为重罪与轻罪两类，⑤ 其中重罪是指

---

① 参见刘仁文等译《美国模范刑法典及其评注》，法律出版社 2005 年版，第 8—9 页。

② 参见罗结珍译《法国刑法典》，中国人民公安大学出版社 1995 年版，第 2 页。

③ 同上书，第 15—17 页。

④ 参见［德］李斯特著，徐久生译：《德国刑法教科书》（施密特 1931 年修订版），法律出版社 2006 年版，第 173—174 页。

⑤ 西德在战后的 1951 年开始刑法修改工作，考虑社会诸因素，提出：违警罪自刑法中独立出来，而不再规定于新刑法中；违警行为中有必要升格为犯罪行为的，则仍规定在新刑法中，其余的违警行为则规定于"违反秩序法"中。直至 1975 年 1 月 1 日生效的西德新刑法，根据上述原则，将旧刑法分则中的"违警罪"全部删除，并将原有性质轻微的各种犯罪，连同违警罪重加整理，分别情形，再作归类，对于一部分不宜用刑法调整的，全部纳入"违反秩序法"之中。同时《违反秩序法》开始制定，并于 1992 年颁布。（参见李春华《刑法与治安管理处罚法协调的思考》，载中国人民大学刑事法律研究中心：《和谐社会语境下刑法机制的协调论论文集》，2007 年 4 月，北京。）值得注意的是，德国刑法典虽然从形式上取消了违警罪，但纵观其内容，许多类似我国治安处罚的行为都是规定在刑法典中的。另据德国马普外国与国际刑法研究所高级研究员 Michael Kilchling 博士告诉笔者，《违反秩序法》中的所有违法行为都只能处以罚款，而绝不能处以剥夺或限制人身自由，而且罚款一旦被处罚人有异议，警方就必须停止执行，将案件转交法院处理。这与笔者在美、英等国所了解的情况类似：如果警察处以交通罚款，被罚款人不服，可申诉至法院，法院再通知警方于某天出庭对质，如果警方不来，则直接判被处罚人胜诉，不必交罚款。当然，大部分此类处罚都是证据简明确凿（如非法停车、超速驾驶等），当事人也都服із，真正诉至法院的是极少数。但笔者的确听说过这样的案例：笔者的一位英籍华人朋友被通知去交交通罚款，理由是她的车被电子眼拍下属非法停车。她觉得冤枉，就诉至法院，说警方的"提示牌"不明显，按正常情况，她的车停在那里不能算非法停车，法院觉得她说得有理，就撤销了警方对她的处罚。

"最低刑为 1 年或 1 年以上自由刑的违法行为",轻罪是指"最高刑为 1 年以下自由刑或科处罚金刑的违法行为"(第 12 条)。① 此外,德国现行刑法还在总则第三章"行为的法律后果"中将"矫正与保安处分"与"刑罚"并列,据此,其矫正与保安处分措施包括:收容于精神病院;收容于戒除瘾癖的机构;保安监督;行为监督;吊销驾驶证;职业禁止。

由上可见,重罪、轻罪和违警罪的范围大抵是当今世界各国刑法的涵盖范围,而保安处分被系统纳入刑法典也是不少国家的做法。② 与之相对比,我国的刑法典大约只包括了西方刑法典的重罪部分,③ 而缺违警罪、轻罪和保安处分三大块内容。在我国,刑法中的犯罪由于大都在定性之外还有定量(如要求数量较大、情节严重等),因此刑法之外尚有治安管理处罚和劳动教养两大块;另外,保安处分措施尚没有在我国刑法中得到比较系统的体现。

从现在的立法看,1997 年刑法修订时曾有人主张一并解决劳动教养问题,但没有成功,最后仍只是就狭义上的刑法作出修订;《治安管理处罚法》于 2005 年 8 月在原来的《治安管理处罚条例》基础上修订而成,并于 2006 年 3 月正式施行;针对劳动教养问题目前立法机关正在准备制定《违法行为矫治法》。如此看来,从实然角度看,三法分立的局面仍将继续存在。但本文站在应然的角度,想要说明将此三法统一到刑法典中,并加进保安处分措施,有利于构建一个更加科学的刑法结构。④

---

① 参见徐久生、庄敬华译《德国刑法典》,中国方正出版社 2004 年版,第 8 页。

② 前述美国模范刑法典和法国刑法典虽然没有像德国等国一样设专节规定保安处分,但都包含了内容丰富的保安处分措施,如法国刑法学者认为:"无论是在 1992 年的法律之前,还是其颁布之后,法国法律中的保安处分措施都是分散的,零零碎碎的。正因为如此,对法国法律中的保安处分措施进行真正完整的逐一列举是不太容易的。"参见〔法〕卡斯东·斯特法尼等著,罗结珍译:《法国刑法总论精义》,中国政法大学出版社 1998 年版,第 502 页。

③ 当然,我国将军人违反职责罪纳入刑法典,而不像西方一些国家制定单独的军事刑法,也值得商榷,因为军事刑法毕竟与普通刑法在犯罪主体、管辖的司法机构等方面有相当的差异,将其单独立法可以在不妨碍普通刑法的体系化前提下,减少刑法典的臃肿,这对面向大众普及刑法知识而言,有其经济上的积极意义。

④ 三法合一,另加保安处分,可以先作为一种理念,在这种理念指导下先依次立法,最后再编纂统一的刑法典,这就像民法典颁布之前先依次制定统一合同法、物权法、侵权法,另加婚姻家庭法、知识产权法等,最后再编纂统一的民法典。

先来看相对独立的保安处分措施，它包括"矫正措施"和"保安措施"两类，前者着重"矫正"，如戒除毒瘾；后者着重"保安"，如对通过行为表现出对公众有危险的精神病人，将其收容于精神病医院。保安处分措施的存在价值在于：（1）保卫社会的安全始终是刑法的第一位任务，但狭义的刑法不能完全完成这一任务，如对没有责任能力的危害社会的精神病人和没有达到刑事责任能力的危害社会的人，刑法不能施加刑罚于他们，但从保卫社会来说必须要有相应的措施；（2）刑罚需要保安处分措施来弥补，有的犯罪人单靠判处普通的刑罚还不能达到改造和助其回归社会的目的，还需要矫正等措施来加以辅助（如对有毒瘾的犯罪人可以在执行刑罚前先执行戒除毒瘾的矫正措施），抑或在执行完定期刑罚后，经过评估，觉得其人身危险性还较大，因而需要继续羁押或释放后采取必要的监督措施。

但保安处分措施由于涉及剥夺或限制人身自由，因而从法律后果的严厉性来讲，可以等同于刑法的后果。故此需要法律规范以防止对执法对象造成人权侵害。我国目前在此一领域的法治状况还不理想，试举几例：（1）收容教养。我国刑法规定：对那些因不满16岁不予刑事处罚的犯罪人，在必要的时候，可以由政府收容教养。根据有关文件，收容教养的期限为一年至三年，有权作出收容教养决定的是公安机关。本来立法原意是要保护青少年，但实际呢？让我们看一个案例：几年前，北京海淀区发生过一个有名的"蓝极速"网吧纵火案，纵火者是两名青少年，其中一个达到了刑事责任年龄，就被法庭定罪量刑，另一个由于没有达到刑事责任年龄，则被公安机关决定收容教养，后者反而被剥夺了公开听证、律师辩护、上诉等权利。（2）强制医疗。根据刑法第十八条的规定，对因精神病而不承担刑事责任的人，政府在必要的时候可以强制医疗。实践中作出这一决定的也是公安机关。目前的问题是相关配套措施和建设没有跟上，要么平时有些需要予以强制医疗的人流散在社会上，对他们本人的人身安全特别是社会上其他人的人身安全造成危害；要么就是重大节日或重大活动时期，将强制医疗的范围随意扩大，等这一时期一过就因经济压力而放人。还没有建立起对需要强制医疗的精神病人实行免费生理和心理治疗的制度，也没有对需要强制医疗以及可以释放回社会的精神病人建立起由相应的生理和心理医生提供意见、由法庭来裁决的制度。（3）强制戒毒。根据国家有关规定，公安机关可以对吸毒者作出三个月到六个月的强制戒毒决定，复吸者，送往劳动教养，并在劳教中戒毒。两者均具有一定的随意性，且实践证明这种通过片面强调剥夺人身自由的戒毒措施甚至是惩罚措施效果并不理想。（4）收容教育。其对象是卖淫嫖娼者，期限为六个月至两年，也是由公安机关决定。收容教育释放后又卖淫嫖娼的，送往劳动教养。这里面的随意性也很明显。

因此，无论从保卫社会的需要看，还是从保障行为人的人权考虑，都有必要将有关的矫正和保安措施体系化，纳入刑法典，作为其有机组成部分。基本的考虑是，这些措施的适用要通过司法裁决，而不能让有关执法机关既当运动员又当裁判员来自己作出决定。① 当然，这样做肯定会增加一定的司法成本，但这是法治的底线要求。通过这样的改革，就可以使各类矫正和保安措施的适用更加规范，其社会保护机能和人权保障机能都能得到更好的实现。

现在，让我们重点来考察一下将劳动教养和治安处罚并入刑法的有关问题。应当看到，我国目前的三法分立（刑法、劳动教养法规、治安管理处罚法）局面严重影响了刑法结构的科学性，是妨碍刑法机制畅通的一个根源性原因。这一局面造成的消极后果可列举如下：

一是立法的不协调。2006 年颁布实施的《治安管理处罚法》第 2 条规定："扰乱公共秩序，妨害公共安全，侵犯人身权利、财产权利，妨害社会管理，具有社会危害性，依照《中华人民共和国刑法》的规定构成犯罪的，依法追究刑事责任；尚不够刑事处罚的，由公安机关依照本法给予治安管理处罚。"从这条规定可以看出，治安管理处罚与刑法二者紧密衔接，但实际中我们还有一个劳动教养制度，且其剥夺人身自由的时间最长可达 3 年（必要时还可延长 1 年）。一般认为，劳动教养立足于行为人的人身危险性，侧重于对未然犯罪的预防，而刑法和治安处罚立足于行为人的行为，侧重于对已然犯罪的惩罚。这种说法即使符合现实，也不符合现代刑法的理念，因为现代刑法主

---

① 参见刘仁文《限制人身自由的法律措施的完善》，《检察日报》2005 年 11 月 17 日。

张将行为和行为人、将已然的惩罚和未然的预防有机地结合起来。应当说，强调劳动教养对行为人恶习和人格的关注，有意无意地加剧了我国刑法惟结果论、对行为人的人格特征考虑不够的状况。除了劳动教养在立法上与刑法和治安管理处罚法的难以协调外，后两者本身亦存在一些"模糊"处，如《治安管理处罚法》第40条规定"非法侵入他人住宅或者非法搜查他人身体的"是属于"侵犯他人人身权利"的治安违法行为之一，但《刑法》第245条规定"非法搜查他人身体、住宅，或者非法侵入他人住宅的"构成"非法搜查罪"和"非法侵入住宅罪"。两个条文内容一样，却规定在性质不同的两部法里，自然为法解释和适用的歧义留下了隐患。

二是执法的不协调。现行的劳动教养制度的适用条件之一就是"不够刑事处罚的"，而治安管理处罚的适用条件恰恰也是"不够刑事处罚"，因此，造成了劳动教养与治安管理处罚的冲突，也造成了劳动教养、治安管理处罚以及刑法三者之间的不协调。① 另一方面，实际中有的构成犯罪的又没有按照犯罪去追诉，而是直接劳教甚至治安处罚。这势必造成法律适用的混乱。试看两例：2006年10月，位于深圳市N区的"温碧"发廊的老板李某（女），开始实施容留妇女卖淫的行为，十六天后被抓获。该区人民法院根据《刑法》第359条的规定，以容留卖淫罪判处被告李某有期徒刑五年。被告不服，提出上诉，深圳市中级人民法院作出维持原判的裁定。同年12月，位于深圳市L区的另一家发廊的老板姜某（女），实施容留卖淫行为，十八天后被抓获。该区公安局根据《治安管理处罚法》第67条的规定，对姜某处以十五日拘留、五千元罚款的行政处罚。为什么性质完全相同的行为，却得出迥异的结论呢？造成这种裁决的根源在于《治安管理处罚法》和《刑法》对同一行为的相同规定。《治安管理处罚法》第67条与《刑法》第359条对引诱、容留、介绍卖淫罪的基本规定是完全一样的。更为难的是，根据《刑法》第359条的规定，情节严重的引诱、容留、介绍他人卖淫的，处五年以上有期徒刑。对于只是一般情节或较轻情节的引诱、容留、介绍卖淫行为，判处五年以下有期

---

① 参见郑霞泽、张桂荣《关于违法行为教育矫治法的几点思考——兼谈与刑法及治安管理处罚法的协调》，载中国人民大学刑事法律研究中心：《和谐社会语境下刑法机制的协调论文集》，2007年4月，北京。

徒刑；而根据《治安管理处罚法》第 67 条的规定，情节较轻的引诱、容留、介绍他人卖淫的，处以五日以下的拘留或五百元以下的罚款；情节严重的上述行为，应该处以十日以上拘留十五日以下的罚款，可以并处五千元以下的罚款。也就是说，引诱、容留、介绍卖淫情节严重的，《治安管理处罚法》也作了规定。① 治安管理处罚法和刑罚如此深度竞合的规定，即便是完全出于公心办案，也难以达到执法的协调。

执法不协调造成多方面的危害，首先是动摇人们对法律的信仰。相同的行为得不到相同或相似的处理，在当下司法机关公信力不高的情况下，很容易被人想象成司法腐败（事实上，有一部分案子也确实存在这种现象）。其次，影响执法效率，徒增司法成本。实践中有这样的案子：两家吵架，一家纠集几个亲戚到对方家闹了一阵。刚开始当地公安机关作为治安案子来处理。但后来受害方不服，说这应当作为刑事案子来处理，反复上告、找关系、找媒体，最后在各种因素影响下，公安机关又被迫作为刑事案件来重新办理。再次，不利于执法对象的人权保障。有的案件，刚开始，公安机关是作为刑事案件来办理的，但后来由于证据不足，被检察机关退回，本来此时应释放犯罪嫌疑人，但公安机关又拿起劳教这个武器。更不公平的是，由法院判，即使犯罪成立，也可能判个缓刑或很短的自由刑，但劳教却反而数年。②

---

① 转引自吴学斌《同种行为不同语境下的客观解读——寻找治安管理处罚法与刑法的模糊边界》，载中国人民大学刑事法律研究中心：《和谐社会语境下刑法机制的协调论文集》，2007 年 4 月，北京。

② 笔者认为这是一种变相的"一事再理"，违反了"一事不再理"的原则。对于我国司法实践中的这种倒流现象，学界似乎还没有引起足够的注意，如有的被告人被法院宣判无罪后，原办案机关却抓住某个辫子，将本应退还给被告人的财物予以罚没，这归根到底还是一个处分权没有集中到法院的问题。为避免这种现象，笔者认为应确立以下原则：一是绝不能将被告人推向更不利的境地，法院宣判无罪后就不能再由公安机关决定对被告人适用劳教这类不是刑罚、胜似刑罚的措施；二是要求检察机关在起诉犯罪时，明确按照法律的相关规定提出定罪量刑之外的罚没财物等请求，如果定罪量刑不成立，但财物仍该被罚没，则可由法院判处罚没财物等"轻（微）罚"［如后所述，此类轻（微）罪可不按犯罪记录］；三是作为前一原则的替代，也就是说，如果定罪量刑不成立，案件自动返回原办案机关，原办案机关仍然决定给被告人以罚没等处分时，必须给被告人以选择权，如果他认为依法该受此处理，就可以；如果他认为要交由法院来决定，则办案机关不得擅自处理，只能移交法院来处理。

三是理论研究的不协调。由于整体意义上的刑法被肢解为数块，造成刑法学者只关注狭义上的刑法，而对治安管理处罚法、劳动教养和有关保安处分措施不熟悉、不关心，[①] 使后者的理论研究严重滞后，相应也就造成执法中的问题更多。这方面的另一个问题是，由于我们犯罪成立的平台与国外大不同，造成犯罪统计数字的比较毫无意义，而我们有时在从事比较研究或对外宣传时，往往容易因忽略此点而犯如下错误：说我们的犯罪率、重新犯罪率比国外低多少。[②] 而其实，在我国，大量的治安案件和劳动教养案件是没有统计在内的。[③] 对比别的一些国家的刑罚结构和体系，我们可以发现，其自由刑的下限不要说比我们的劳动教养低，有时甚至比治安拘留还要低，如韩国刑法中的拘留幅度为 1 日以上 30 日以下；瑞士刑法中的监禁刑，最低为 3 天，最高为 3 年，除此之外，还有拘役刑的规定，拘役的最低期限为 1 天，最高为 3 个月。

基于上述分析，笔者认为，实现刑法结构的统一化应是我国刑法未来发展的一个方向。也就是说，将治安处罚、劳动教养连同其他保安处分措施一并纳入刑法（当然，其中的治安处罚也可借鉴德国等国家的做法，即将某些轻微的违法行为分出设立"违反秩序法"，其处罚不能包含有剥夺或限制人身自由的措施，只能是低额的罚款等，而且将处罚选择权交给当事人本人，即他要是不服警方的处罚，则案子不能由警方来

---

① 笔者曾在一次有关限制人身自由的调研会上，亲耳听见一位某大学的刑法学博士生导师"请教"别人有关强制戒毒的期限、收容教育与收容教养的区别及其各自期限等问题，当时就颇有感触：一个刑法学博士生导师居然对涉及人身自由时间如此之长的法律措施不知道。但这似乎也不好全怪他。笔者个人也有过如下经历：一次在美国纽约大学法学院参加柯恩教授的中国法课，讨论到治安管理处罚时，他当着学生问我几个问题，我就说：由于我主要是研究刑法的，对治安管理处罚不是很熟悉。这时，他提高嗓门对学生说：你们看，一个中国的刑法教授，却不熟悉可以剥夺人身自由的治安处罚，可见他们对刑法的定义。

② 参见刘仁文《比较的风险》，《人民检察》2001 年第 10 期。

③ 我国每年发生的治安案件比犯罪案件要多得多，例如，1986 年全国治安案件为 111 万多起，立案率为 104 起/10 万人，分别比犯罪案件和犯罪率高 1 倍。所以，有学者指出："如果参照国外很多国家的做法把治安案件作为轻罪案件纳入犯罪统计中，那么我国的犯罪问题将更为严重。"参见胡联合《转型与犯罪：中国转型期犯罪问题的实证研究》，中共中央党校出版社 2006 年版，第 4 页。

结案，而必须由法院决定），分别组成违警罪、轻罪、重罪和保安处分等几块内容，后三者都必须由法院判处（可以在法庭组成方式和审判程序上有繁简之分），这样就能理顺各块内容之间的关系，防止一行为受多个机关的不同方式的追诉。在形成这样一个综合型的刑法典的基础上，再考虑就某部分内容单独制定"实施细则"，或"少年司法法"之类的补充性法律（如德国《少年法院法》第2条规定：本法未作其他规定的，适用普通刑法）。

有人担心这样改造的结果会扩大犯罪圈，造成更多的人被贴上"犯罪人"的标签，这种担心完全可以通过相应的制度设计来消除，如法律直接规定：对适用违警罪、部分轻罪和某些保安处分的人不以"犯罪人"称；或法律根据罪行轻重分别设立长短不一的前科消灭期，期限一过就不再保存犯罪记录，其有关权利也自动恢复，如《律师法》规定："受过刑事处罚的"（过失犯罪除外），不予颁发律师执业证书，确立了前科消灭制度后，就可以将此改成前科消灭后，可以颁发律师执业证书。另外可能还会有人担心，目前司法机关已经不堪重负，若再将治安处罚、劳动教养和保安处分引入刑法，岂不更加不堪重负？对此，笔者认为：第一，治安处罚纳入刑法后，大部分行为可归属违警罪，仍由警方负责处理，只不过处罚仅为警告、罚款（也可增加诸如在交通违章案件中的吊销驾驶证等非剥夺或限制人身自由的措施），且允许被处罚人在有异议时提交法院裁决，如前所述，真正不服要提交法院裁决的很少（如交通罚款，如果真是超速被罚，提交法院也没用），因此这部分只会因为机制更顺、惩罚力度降低而从总体上节省成本。第二，可通过改良我国现有的刑事追诉程序和审判制度来大量地实现非罪化和轻刑化。例如，德国现在有超过50%的刑事案件是通过非正式的"转处"途径来处理的，真正通过正式的刑罚途径来处理的只有一小半（这其中又有高达80%的是罚金处理）。另据资料显示，德国1997年通过检察机关裁量起诉的方式，在起诉阶段分流掉了大约1/3的案件，而且分流案件的方式也较多，如附带条件不起诉、依刑事处罚令程序处理等。① 相比之下，我国目前刑事追诉过程中的"转处"途径还不够多，案件一旦进入追诉程序，除非很不光彩地通过"关系"等非正常手段分流，光明正大的分流手段很少，如我国法律对"酌定不起诉"的范围限制太严，② 对刑事被害人—加害人的调解仅限于部分自诉案件，而且要到法庭审理阶段，而暂缓起诉制度则根本没有规定。又如，在美国，90% 以上的刑事案件采取辩诉交易制度实现，英国适用简易程序处理的案件占到全部刑事案件的95% 以上。③ 而我国目前还没有类似辩诉交易这样的制度，1996 年修订后的刑事诉讼法虽然规定了简易程序，但其适用范围还偏窄。

三 从单轨制向双轨制
——刑法结构的调整之二

所谓刑法立法单轨制，是指罪与刑的法律规范只存在于刑法典和单行刑法（或称特别刑法）中，而其他法律即刑法以外的行政管理和经济运行

---

① 参见 http://www.jcrb.com/200708/ca628795.htm。刑事处罚令程序，或者叫处刑命令程序，是一种代替正式审判的书面定罪程序，其目的是为了处理大量的证据确凿、被告人一般都会认罪的轻罪案件。根据这个程序定罪后所判处的刑罚包括罚金、保留处罚的警告、禁止驾驶、追缴、没收、以在不超过两年的时间内禁止颁发驾驶执照的形式剥夺驾驶权利、一年以下的监禁缓期执行等。通常由检察官起草处罚令文书，写明案件事实，并提出具体的处理方案，连同案卷材料一并移送法院。法官可以通过三种方式来处理：如果他确信被告人有罪，就按检察官提出的草案签发处罚令（绝大多数案件都是这样）；如果他认为存在足够的怀疑，可以拒绝签发处罚令并对案件进行审判；如果他发现没有足够的理由要求被告人接受审判，可以直接驳回检察官的申请（此种情形下检察官可以向地区法院提出立即抗告）。被告人如果不服，可以在收到处罚令的两个星期内向初级法院提出异议书并要求进行审判，此时刑事处罚令就失去了法律效力而只能在将要进行的审判中充当起诉书。由于刑事处罚令"不仅节省了司法系统的时间和精力，而且由于它避免了公开审判所引起的麻烦和影响名誉的后果，而吸引了许多被告人"，现在，该程序已成为德国法律制度中处理轻微案件不可缺少的途径，实践中检察官提出适用刑事处罚令的申请已多于提起公诉，如1998 年，检察官提起538807 起公诉，提起659368 起刑事处罚令的申请。参见 ［德］托马斯·魏根特著，岳礼玲、温小洁译：《德国刑事诉讼程序》，中国政法大学出版社2004 年版，第209—213 页。

② 一方面是限制范围太严，另一方面在作出不起诉的决定时又缺乏公开听证等"阳光"措施，致使公信力不足。

③ 参见陈光中主编《辩诉交易在中国》，中国检察出版社2003 年版，第8、80 页。

等领域的法律都不能有独立的罪刑条款。储槐植教授曾观察指出："这种立法体制惟独我国（港澳台除外）存在。其他国家和地区，刑法均由两大部类构成，刑法以外的法律如果需要都可以规定独立的罪刑条款，统称附属刑法规范或称行政刑法，是刑法立法双轨制。"① 关于我国刑法立法单轨制的弊端和实行双轨制的好处，笔者在 2002 年的一篇关于完善破坏村委会选举行为的立法的文章中也曾有过初步探讨，当时提出一种新的立法思路，"即通过修改《村民委员会组织法》第 15 条，将该条中的'依法处理'明确化，直接在该条中规定'破坏村委会选举罪'的罪名及其刑事责任，以及相应的治安处罚内容。最后一种方式可能还有一定的观念上的障碍，因为迄今为止还没有通过附属刑法直接创制新罪名的先例，但我们认为，为了避免'依法处理'、'依法追究刑事责任'这类'口惠而实不至'的立法缺陷，今后在有关经济、行政、民事立法中直接规定相关罪名，不失为一种既经济又具可操作性的立法思路。"② 2007 年 3 月，在北京的一次学术会议上，储槐植教授又提出此问题，促使笔者进一步思考。

从刑法立法史来看，最初的刑法立法主要是针对自然犯的，但随着人类社会的发展，法定犯越来越多地被纳入刑法视野。③ 对于法定犯，各国刑

---

① 参见前引储槐植等著《刑法机制》，法律出版社 2004 年版，第 24 页。

② 参见刘仁文、石经海《破坏村委会选举行为的定性与立法完善》，《法律应用研究》2002 年第 4 辑。

③ 自然犯（罪）和法定犯（罪）的最初区分来源于加罗法洛在《犯罪学》一书中的见解。其中的自然犯罪是指"在一个行为被公众认为是犯罪前所必需的不道德因素是对道德的伤害，而这种伤害又绝对表现为对怜悯和正直这两种基本利他情感的伤害。而且，对这些情感的伤害不是在较高级和较优良的层次上，而是在全社会都具有的平常程度上，而这种程度对于个人适应社会来说是必不可少的。我们可以确切地把伤害以上两种情感之一的行为称为'自然犯罪'"。加罗法洛在《犯罪学》中并没有明确给出法定犯罪的定义，只是指出："这里的'自然'一词并不具有通常意义，而是存在于人类社会之中，并独立于某个时代的环境、事件或立法者的特定观点之外。我借用'自然犯罪'一词是因为我相信，对于指明那些被所有文明国家都毫不困难地确定为犯罪并用刑罚加以镇压的行为，它是最清楚和不准成成分最少——我并未说最准确——的一个词。""那些未被我们列入的犯罪不属于社会学研究的犯罪范围。它们与特定国家的特定环境有关，它们并不说明行为人的异常，即不证明他们缺少社会进化几乎普遍为人们提供的道德感。"由此，可以将加罗法洛的法定犯罪定义为：没有侵害怜悯和正直这两种基本利他情感，仅仅与特定时代的环境、事件相关的或者由立法者的特定观点所决定的、与行为人的道德异常无关的、不能表明行为人道德异常的行为。参见米传勇《自然犯罪·法定犯罪区分之于刑罚轻缓化实现》，载中国人民大学刑事法律研究中心：《和谐社会语境下刑法机制的协调论文集》，2007 年 4 月，北京。

法一般分三种立法方法：第一种方法是对于某些犯罪特征明显，或者说不需要借助相关行政法律的内容就能理解，或者说在现代社会，某些最初属于法定犯的已被视为自然犯（至少是在法定犯和自然犯之间不好截然区分①）的犯罪，如伪造货币等，直接规定在刑法典里。第二种方法是在刑法典修改时，将某些最初分散在行政法里的法定犯，经过一定的整理作为一章或一节纳入刑法典（如德国刑法典中的"危害环境罪"一章），这种立法需要一些前提条件，如经过长期积累，此类犯罪已不是一个或两个，而是一大类；正好赶上刑法典修改，国家需要借此宣示某一方面的刑事政策。第三种方法就是对于大量的法定犯，不采取直接规定到刑法典里的做法，而是规定到相关的行政或经济法律里。据有学者考察，现代各国，规定在刑法之外的法定犯（行政犯），数量无例外地超过规定在刑法典里的自然犯（刑事犯），因此世界已由自然犯进入法定犯时代。"从世界范围看，除了中华人民共和国刑法以外，其他国家的刑法和我们港澳台的刑法，规定在刑法典中的典型的自然犯只占这个国家全部犯罪总量的一小部分，不达四分之一。……我们国家刑法典里规定的一些犯罪实际上在其他国家是不规定在刑法典里的，比如说走私、商标犯罪、著作权犯罪、专利犯罪等等，都是法定犯而不认为是自然犯，所以都规定在普通的以自然犯为基础的刑法典之外的各种各样法律里。"②

反观我国，刑事立法不注意区分法定犯和自然犯，而是将二者混为一谈，无一例外地归属于刑法典和单行刑法（特别刑法），而在大量的附属刑法里，往往只用"依法追究刑事责任"等含糊用语，这种立法模式带来诸多弊端：

首先，增加立法与执法成本。对于一个新的法定犯，往往在新的经济法律或行政法律里不直接规定，而是在随后或同时另外通过一个刑法修正案来单独规定罪与刑，这从立法上就既耗时又费力。而落实到执法中，由

---

① 法定犯与自然犯的关系有点像公法与私法的关系，虽然从理念上区分有重要意义，但具体到某一罪（某一法），有些则不好明确地说非此即彼，或者说是此而不是彼，前者如组织、参与恐怖组织罪，后者如劳动法。

② 储槐植教授在2007年3月中国政法大学刑事司法学院主办的"中国犯罪学基础理论高峰论坛"上的发言，即将刊载于《刑事法评论》。

于对其罪状理解又必须借助于相关的经济或行政法律，致使学法、普法和执法增添困难。

其次，容易导致立法留下空白，使执法无法可依，或者造成对行为人的肆意执法。有时，"依法追究刑事责任"并没有相应的刑事立法跟上，使民众要么因害怕触犯不可知的刑事责任而不敢行动，要么因以为自己的行动是法律允许而随后却被追究刑事责任，前者不利于建设一个创新、充满活力的社会，后者不利于建设一个对自己行为有可预见性的法治社会。①

再次，给实现刑罚轻缓化带来困难。刑法理论界认为，对自然犯的处罚一般要重，而对法定犯的处罚则相对要轻。② 正因此，我国有学者指出："以刑罚轻缓化为理论背景，在自然犯罪与法定犯罪区分的维度内，我们看到了法定犯罪较之于自然犯罪在刑罚轻缓化的伟大过程中所具有的更大的价值，它可以成为刑罚轻缓化的前沿阵地；进一步的，刑罚轻缓化的许多伟大的设想，都可以率先在法定犯罪领域实现。"③ 而实现这一目标的前提在于将大量的法定犯从刑法典中的自然犯话语体系中剥离出来。

最后，也不利于保持刑法典的稳定。"在违法性上，法定犯经常处于变动之中，缺乏像自然犯那样的稳定性。"④ 换一种说法，在社会生活中，自然犯的法律规范变动较小，而法定犯的法律规范则变动较大，且常常随相应的行政或经济法律的变动而变动，如果实行双轨制，即在行政或经济法律里直接规定罪与刑，则修改此类附属刑法也比较容易，还不影响刑法典的稳定。

综上，"刑法以外的其他法律一概不许有罚则规定"的刑事立法单轨制局面亟待改变，将新的法定犯直接规定在与之形同皮毛关系的行政或经济法律里，这样罪状描述可以更加详尽具体，法定刑也能更与之相贴切，其结果虽然表面看使刑法典的统一性受到某种程度的破坏，但其实必将大大

---

① 参见刘仁文《相应的法律责任是什么责任》，《法制早报》2006 年 6 月 12 日。

② 参见（中国台湾）高仰止：《刑罚总则之理论与实用》，五南图书出版公司 1986 年版，第 140—141 页。

③ 米传勇：《自然犯罪·法定犯罪区分之于刑罚轻缓化实现》，载中国人民大学刑事法律研究中心：《和谐社会语境下刑法机制的协调论文集》，2007 年 4 月，北京。

④ 苏惠渔主编：《刑法学》，中国政法大学出版社 1999 年版，第 82 页。

方便司法操作。正如有学者所指出的："当前，我国司法实践中感到刑法适用困难的案件主要是在经济犯罪领域（均属行政犯）。如果这类犯罪行为的罪刑条款直接规定在有关法律中，则皮与毛相连附着结合为一体，易于对号入座。"① 几乎可以确定无疑，随着我国经济与社会的发展，法定犯还将不断涌现和增加，在此背景下，确立刑事立法的双轨制是一件迟早的事情。

Improvement of the Structure of
China's Criminal Law

【Abstract】The structure of criminal law can be divided into substantial criminal law structure and formal criminal law structure, which are closely connected. The construction of formal criminal law structure is important to smooth criminal law mechanism. The criminal law structure should be adjusted in two aspects: on the one hand, from small criminal law to big criminal law which is to incorporate other correction measures public security measures; on the other hand, the legislation of criminal law should be developed from one-course system to tow-course system. One-course system can not adapt to current situation that stipulated crimes increase dramatically. It's necessary to establish two-course system which means to stipulate crimes and punishment directly in administrative law and economic law.

【Keywords】Structure of criminal law　Security measures

---

① 前引储槐植等著《刑法机制》，法律出版社 2004 年版，第 24 页。

法国的犯罪定义与刑事法治

［法］让·赛德哈[*]

一 刑法的当代发展

一如许多西方国家，法国的刑法演变速度非常快，反映了易变和常变的社会常态，与社会治安方面（人们认为维护和谐社会秩序所需的核心价值）的改变存在反差。也可以说是个多事的时代。这许多的改变，特别是受《欧洲人权公约》影响使得人权和维权越来越受人们尊重。随着社会道德价值的演变，有些刑罚减轻了；另一方面，有些犯罪（暴力、强奸等）的处罚明显加重了。

（一）刑事化和去刑事化

刑事化是指把以往不被禁止的行为变成罪行，这是对新型罪案的社会反应；去刑事化则相反。两者都必须以法例的形式由国会投票决定，对轻微的违法罪名（较轻罪名），则由政府决定。某些范畴的刑事化与某些范畴的去刑事化共存。

刑事化必须遵循最后手段原则（ *ultima ratio* ），是社会对防止和惩罚不

---

* Jean Cédras，法国国立大学教授。

正常行为别无他选下的最后方法。"*La Loi n'a le droit de défendre que les actions nuisibles à la société*"（法律只可禁止损害社会的行为）；"*La Loi ne doit établir que des peines strictement et évidemment nécessaires*"（法律只可订立绝对和明显必要的制裁）（《人权与公民权宣言》第五条和第八条，1789 年 8 月 26 日，包纳在所有法国宪法中）。

对社会和谐而言，"绝对和明显必要的"是指除非是全国人民的共同价值观，否则不会把那些价值观加诸国民身上。此原则应可防止过分刑事化。可惜，立法委员往往着眼方便，因而产生所谓的"刑事膨胀"：20 世纪 50 年代以后只有寥寥可数的法例有一套最后处置权如"任何对现在的处置权有所违反的会被判处……"（企业法、交通法、公共卫生法、城市化、电脑、建筑物、环境安全等。）另一种形式的刑事化是加重已确立的罪行的处罚。

《1994 年刑法》（取代《1810 年刑法》）的刑事化例子：企业的刑责（如贪污或过失致人死亡）；故意使他人生命受威胁（如在城里以时速 100 公里飙车），即使没有造成任何人的身体伤害。以加重刑罚形式的刑事化的例子：强奸、造假等。

去刑事化是指刻意软化社会对不正常行为的反应，一如人们心里知道刑事镇压并不是唯一和有效的解决方法。进行去刑事化的方式可以是摒弃（abandonment）刑事镇压、宽减罚则（disqualification）、作出监禁以外的另类处置，通过转处方案或仅仅事实地（de facto）处理。

摒弃刑事镇压的例子：遵守宗教律例（自 1789 年革命后）、行乞、游荡、通奸、堕胎已被视为与现代社会价值脱节；另见 1975 年的立法：非故意骗财而开出空头支票的行为。通奸可以但不一定是离婚的原因，空头支票或许是涉及禁止使用支票本（除非是银行监管），但这两个行为都不再是刑事罪行了。再者，自 1975 年起，法官可判定被告有罪却不判处任何刑罚，只要被定罪的人即将接受改造或重投社会，而被害人获足够赔偿，那么，他对社会造成的不利就会一笔勾销。抽大麻的人虽然是违法了，不过只要他们愿意接受治疗就不会被起诉。目前，有两个范畴被认真考虑进行去刑事化：携有大麻及个人抽大麻去刑事化，以及一大部分的商业违法行为。

宽减罚则的例子（以较轻的刑罚代替重刑）：1923年时的堕胎罪和1933年时的重婚罪已不再是重罪而变成中等程度的罪行。

监禁以外的另类处置的例子：在审判法律上可判处最高达十年监禁的罪名时，法官可判令剥夺其某些权利、充公、吊销驾照，遇到某人的职业使其易于犯案时作出专业上的禁制、为公共机构或非营利机构无酬劳动一段时间（不超过240个小时，而且必须是被告人愿意接受此办法）等。

转处方案的例子：镇压是以行政代替刑事形式。一个行政主体获授权判定行政处分如罚款或专业上禁制。公民如受到行政主体无理或不合法的对待时有权请求作出司法复核。行政处罚程序要遵守一些规定，如合法性原则、无罪推定、辩方权利和抗辩制程序。

事实（*de facto*）去刑事化的例子：涉及某些具体的罪名（如海滩上不雅地露体，即裸体主义或极暴露的比基尼），警察不会太认真查办，检察官多不倾向起诉，如案件真上法庭，也只会作出象征性的判罚。

（二）刑法单一制和刑法二元制

1. 刑罚与保安措施

所谓判刑，在刑法的意义上就是刑罚。判刑是由主审法官判决的。判刑执行即使也许存在减刑（监禁、权利剥夺、废除专业资格等）的可能，但通常是定则的，是在所有上诉结束后作出的。

保安措施是向其行为对别人构成危险的人施行的。判刑的目的是惩处某人的罪行，保安措施与判刑不同，目的是为了竭力防止某人犯罪或重犯。保安措施的性质通常是医疗性或教育性的，而且一般结合禁制、监管或援助令。其时限与当事人的危险情况挂钩，一般是不确定和可更改的。保安措施本身与道德无关、无是非对错。

自第二次世界大战起至今的刑法演变趋向重保安措施轻刑罚。参见《1945年少年犯罪法》，其中倾向改造多于惩罚。值得注意的是，上文已提到，自20世纪70年代开始，法官可利用"另类处置"代替刑罚，那其实就是保安措施。

2. 司法和行政的保安措施

视建立的情况而定，保安措施有时由法官决定，有时由行政主体决定。但任何决定都可向法庭上诉或由法官复核。在国家法和《欧洲人权公约》中，免受保安措施的保护与免受刑事处罚的保护相同：保安措施和刑事处罚在《欧洲人权公约》中同属"刑事事宜"处理类别。

司法办法：主要针对少年犯、危险的酗酒者、瘾君子，还有若干门类的勒令企业关闭、暂时吊销或撤销执照、充公或禁止留在法国（只对外国人实施）等。

行政办法：主要是针对强制危险的精神病人住院、驱逐外国人出法国、强制治疗性病、若干门类的勒令企业关闭、税务罚款、财务、视听活动等。

（三）轻刑和非监禁刑处罚

总的来说，轻刑适用于轻微的罪行（较轻罪名），如非公开的诽谤、轻微非故意的人身伤害、放任大体形危险动物、威胁使用暴力、夜深或侮辱性噪音、轻微而故意的人身伤害、鲁莽的轻微暴力、煽动种族歧视或仇恨或暴力、拉客（法国法律下娼妓不是非法的）、在公共地方弃置废物或危险物品、威胁毁坏物品、虐待动物等。法国法律对轻刑规定的范围很广泛。（1）*De facto* 事实的，轻刑也适用于较严重的罪行，即中等严重罪行类别中较轻的那些罪行（*the délits*）。（2）这些罪行的罚则是监禁刑，但法官往往选择另类刑罚。

1. 法律规定的主要轻刑罚范围

罚金由 38 欧元起到 1500 欧元（如重犯同一罪行罚 3000 欧元），按照所涉较轻罪名而定（共五类）。

吊销驾照最长达三年，或只限进行专业活动所需的驾驶行为。

禁止携带危险武器最长达三年。

充公犯罪的用具、工具和犯罪所得。

充公一台以上的车辆。

禁止使用借贷卡（维萨信用卡）。

除开支票给自己提现金外，禁止向别人开出支票最长达一年。

为公共机构或非营利团体无酬劳动 20 小时至 120 小时（如所涉及的罪行超过"较轻罪名"最高为 240 小时）。

2. 较严重罪行的非监禁制裁

长久以来，法国立法委员尽量克制，如非必要不使用监禁的惩罚。监禁，除在最严重的罪行外，被视为是社会最后的手段。法国人口 6300 万人，有约 45000 名被定罪的囚犯（另有 18000 名审前被拘留者）。人们认为监狱（广义而言的监禁设施）使人"坐牢越坐越坏""school of recidivism"，而整个西欧的刑事政策都侧重替代牢狱的另类处置。因此，有许多法律规定容许法官作出代替监禁判刑的不同的非监禁制裁。

与囚犯身体有关的非监禁制裁。这些办法当中有称为保安措施（"*mesures de sûreté*"）的包括危险的酗酒者的戒酒勒令（他们并不曾犯罪但很有犯罪倾向）、瘾君子戒毒勒令（在此情况中，当事人已犯罪但若他接受戒毒检察官则不会对他起诉）以及那些犯了性罪行的人的司法或医疗后续行动。

与囚犯自由有关的非监禁制裁主要是在 18 个月内为公共机构或非营利团体无酬劳动最多 240 小时（见 *supra*）。此惩罚的目的是改造罪犯（让他保住工作）而且适合轻微的违法行为（如盗窃或收赃）。罪犯必须接受这种惩罚来代替监禁（他们绝大多数都愿意）。

与囚犯家财有关的非监禁制裁。罚金是主要的手段。对于情节轻微的罪行或较轻罪名，罚金从 38 欧元至 3000 欧元，对 *délit* 门类的罪则最高可达 150000 欧元。罚金可按日计算（如每天 20 欧元，为期 50 天）。法官会评估犯罪人日常可负担的数目。这里要提及的是法院也会充公和关闭协助犯罪的企业。

与囚犯权利有关的非监禁制裁。当中包括剥夺某些政治、民事和家庭权利（投票、选举、出任任何公共行政或司法职务以及当监护人的权利等。）不超过五年。另有些禁制，如不许进行某些专业活动、不可以执照开车或开枪，及使用信用卡或开支票。

二 刑事定义和民法制度的对比研究

从大陆法律师的视点，罪恶或罪行的定义清晰精确。要断定某行为是不是罪行，取决于三个必要的要素：合法性要素、关键要件和道德要素。这是最典型的说法，但受到现代学者批评，因为法律不可以是构成罪案的要素。有人则认为这种批评只是玩弄字眼。这里我们仍使用此现实的三点要素的观点。

（一）合法性要素

1. 合法性原则

此原则是西方大陆法的主要基础。正如 Beccaria 所说（"关于罪与罚"，1764 年），*Nullum crimen, nulla poena sine lege*（法无明文规定不为罪，不处罚）。这就是说，若没有法律明文规定禁止的行为的定义及其刑事制裁，那么罪行就不成立。这是保护公民自由的关键手段。

刑法要经国会投票，但较轻罪名可由政府的判令作出规定。

刑法（或判令）不可以是追溯既往的（*ex post facto*），不可以追究法律颁布前发生的行为，较轻的法律则除外（有溯及效力 *retroactivity in mitius*）。

刑法必须符合宪法的规定。法律在颁布前得由宪法委员会审批。这个独立的主体有权否决。而且，法律也必须符合国家的国际条约，特别是《欧洲人权公约》，否则，法官就不会执行此法例（他没权否决法例）。

刑法必须清晰、精确，足以警告和威慑公民不要违法。法官对刑法的释义必须是严谨的，甚至是限制性的。此原则不容许法官以类比形式释法，否则他可能作出超过法律规定的判处。

2. 折中的合法性要素（违法性阻却事由）

在某些情况下，合法性要素会消失，那罪行也变得不存在。这就是说，"罪行"有了"理据"。法律清楚规定合法理由共有四种情况：

法律容许：如警察以暴力逮捕罪犯没有犯殴打罪，医生动手术切除肢体或运动员按照规则比赛而造成在运动场上他人受伤都是这一道理。

正当防卫：当有人为了自保或保护别人迫不得已伤害他人，甚至杀人，均不构成罪行。社会秩序并没有被破坏，所以实行处罚不公平。首先，攻击必须是违法的，其次，反击是出于必需的。反击是出于找不到其他保护的方法。对袭击作出的反击也不能过了头。防卫可用于自己身体或别人身体及物品（但在后者中，不容许谋杀）。当有人的居所午夜被闯或受暴力盗窃时，可作出防卫的假设：被害人被假设进入防卫状态（被害人不必证明攻击属违法，或反击是出于必需和成比例的）。

紧急避险：当某人身陷险境而作出必需和适度的行为保护人命或物品时没有犯罪。例如，某人为了救火而闯进一间暂时空置无人的屋子不会被告以非法入侵罪。

被害人的同意：若被害人事前是同意的，当然就不构成罪行，例如，如果性行为是事先同意的，那就不会有强奸罪，如果一个人同意把东西给另一个人，就不会出现盗窃罪。不过，当被害人无权处分某些权利时，如处置自己的躯体，见安乐死、决斗、售卖身体器官等，就会按谋杀、严重伤人罪或动乱处理。

（二）实质要素

若要把某行为刑事化，每条法例都必须确切描述其实质要素（犯罪行为 *actus reus*）。因此，每个罪名的要素都很不相同。下文会谈谈未遂犯罪、共谋及"为别人行为而负的刑责"。

1. 未遂犯罪

法律只会惩罚严重罪行的未遂犯罪。当某人开始进行（而没有完成），没有及时退出非法勾当，这样就构成（足以惩罚的）未遂犯罪。（1）执行开始那刻（不是之前）就触发惩罚了。"执行开始"的行为直接导致故意参与犯罪。（2）如当事人在犯罪未发生前自愿（而非被逼）退出犯罪行动就没有罪了。法律对未遂犯罪规定的处罚与已遂犯罪相同。

2. 共谋

法律只会惩罚严重罪行的共谋犯罪。当某人故意帮助他人犯罪或仔细地教别人犯罪（唆使），这样就构成（足以受到惩罚的）共谋犯罪。法律对共谋犯罪的人规定的处罚与亲手犯罪的人相同。

3. "为别人行为而负的刑责"与共谋相似

像共谋一样，某人可以因别人犯罪而遭受惩罚。技术上而言，此名目是在法律强制雇主监控雇员某些行为的前提下，雇主对雇员所犯罪行应负的刑责。比方说，如果某雇员开着公司的货车因刹车系统失灵而撞死路人，雇主会被控失误杀人（鲁莽杀人）：老板有责任确保刹车系统正常。但雇主若事前已书面委任一位胜任的雇员监管其他员工遵守安全规定，则他的辩护理由可以被接受。

（三）道德要素

道德要素（犯意 mens rea）是主观和涉及心理素质的。它不同于罪行的实质。

最严重的罪行是指故意犯下的，意在争取非法的结果。我向某人开枪，想他死。意图是抽象的，必须与实在的动机作出区分（我为了偷钱或因嫉妒、仇恨等原因而杀人）。不管动机为何，甚至动机是有情义的（安乐死），也都是谋杀。如果非法行为的结果出乎意料又如何，本来想被害人身体受少许伤害，但结果却重伤？通常结果会成为惩罚的标准。

不太严重的罪行可以不考虑意图，因此，惩罚也从宽。例如，某人非故意、非存心对他人造成了刑事伤害；单纯的不小心、疏忽、不在意、天真莽撞的态度……而造成他人身体受伤，如飙车使路人死亡，或酒后驾驶。这里有个重要的概念："有意识地但缺乏对后果的预见""conscious lack of foresight"，即使某具体行为没有造成伤害，但如当事人刻意使他人生命或身体陷入危险而违反法律规定要具备的谨慎责任（如疯狂飙车、船长容许超载等），都将被控告。

折中的道德要素（责任能力等）。法律对于局部或全面中和道德要素的处置是减轻刑罚或不认为构成犯罪。四种中和包括：精神残疾、强制、不能克服的法律错误和年少。

精神残疾是指发生犯罪行为（关键要件）时失去自主（因精神或神经/

心理病）行为的能力。精神残疾可以是局部的或全面的。

强制：涉及不可抗力（*force majeure*）的意思，是人力不可违、意料之外的事件，使当事人根本无法遵守法律。限制使本来错误的作为变成不是错误的。限制可以是实质的（如暴雪或患病使士兵未能准时到达兵营，这就不算是逃兵）或道德选择（出纳员把银行的钱交给持械劫匪，出纳员不会被责怪为偷窃）。值得注意的是个人的道德限制不是辩护理由（被判有罪的人歇斯底里地大骂法官）。

这里笔者以例子阐明不能克服的法律错误是什么。我把一大笔钱带出国外，在某些情况下，这是对银行法的违反。但根据财政部对银行法的释义容许我这样做，那么，我就不可以被定非法汇出资金的罪名，因为我不可能知道那法例是什么、如何遵从。

年少是指未满十八周岁（犯案时）。年龄在十三周岁到十八周岁之间的少年人，法律规定以教育处罚代替刑事处罚。若是刑事处罚，最高刑罚减半（十六周岁到十八周岁的人有可能除外）。十周岁到十三周岁的少年人只可判教育处罚。

三　刑事定义和权利保护

（一）罪行的定义和罪行的分类

罪行广义上（*lato sensu*）的意思是指刑法禁止的行为或不作为，刑法对该行为构成的要素和涉及刑罚作出了清楚界定。

《刑法》第 111—1 条对其最概括的分类："罪行按严重程度分为 *crimes*（严重犯罪）、*délits*（较重犯罪）和 *contraventions*（轻罪）"。罪行的严重程度反映在其法律处罚的轻重。这是简单的准则。*Crimes* 可处十年以上至终身监禁（1981 年废除了死刑）。*Délits* 可处最高十年的监禁和罚金超过 3750 欧元。*Contraventions* 的处罚是 3000 欧元以下的罚金。值得注意的是除了 *crimes*，法官可以而且往往会判定另类或替代的刑罚办法（如上文所述）。不过以上的处罚都是法律上限，法官可以从宽发落。

这种分类对实体刑法有重要影响。*Crime* 门类的未遂犯罪肯定会被判罚，*délit* 门类的未遂犯罪要法律明文规定才会判罚，*contravention* 门类的未遂犯罪不会被判罚。*crimes* 和 *délits* 门类的共谋会被判罚，但 *contraventions* 门类的只有教唆共犯才会被判罚。起诉时效（检控的受理时效），*crimes* 门类从犯罪发生起十年（*crimes* 门类中的反人类罪、恐怖活动罪和贩毒罪除外），*délits* 门类三年、*contraventions* 门类一年。*crimes* 罪的司法及程序后果的管辖权归属大审法院。这些法庭由三名法官和九名平民组成（一审时）。*délits* 罪由 *tribunaux correctionnels* 主审，可以由一名或三名法官组成。*contraventions* 罪由 *tribunaux de police* 主审（一名法官）。这些法庭的程序按不同罪行的分类而长短细致不一。

还有两个较次要的分类：普通罪行和政治罪行。案件数量不多。

作为普通罪行的罕有例外，政治罪行都是损害国家的。一方面，此罪威胁社会秩序，因此非常严重；但另一方面，那些犯此罪的人往往是无私的，甚至是理想主义的，因此值得从宽处理。政治罪行的死刑在 1848 年已被废除，于 1939 —1981 年间曾恢复。政治罪行主要有叛国、间谍、侵犯法国共和国政府或法国领土完整……把罪案定性为政治的主要原因涉及引渡：外国政治罪犯不可被引渡。欧洲的公约不将伤人罪和恐怖活动罪作为政治罪行。结果是大部分与政治有关的罪行都作普通罪行处理。政治罪行由普通法庭以非公开程序审理。特别的军事法庭只可在战争时召开。

军事罪行和普通罪行。作为普通罪行的罕有例外，军事罪行都是军队内的违纪行为，如逃兵罪、军事密谋、违抗上级，甚至在军营外进行军事任务时犯的普通罪行。军事罪行由普通法庭审理，除非是战争时才由军事法庭审理。

（二）保护轻罪被告人的权利

轻罪被告人的权利，根据基本原则与任何严重罪行被告人的权利相同。这些权利包括在法国宪法、法律和国际公约中，特别是《欧洲人权公约》。其权利包括：

由真正独立和胜任的律师代表的权利；

被独立不受任何压力（即由公开筛选的考试或由多政党参选的选举选出、由法官团体决定提升或多政党的选民选出）的法官审理的权利；

抗辩制程序的权利，即自由使用任何论据去推翻或削弱控方的论证；

取得卷宗（dossier）的权利。卷宗是一个含每一个程序的文书正本的整体档案。任何不记录在卷宗内的行为都属无效的，可视为不存在处理。此外，任何不作为可引发起诉不作为的当事人或造成遗失的人。只有法官、检察官和辩护律师，可以取得卷宗，被告人不可以。但被告人可以复印整个卷宗。起诉阶段时卷宗可供取阅。

以所谓的权利"平等武装"对抗控方。控辩双方之间必须保持严谨的平衡。请参见欧洲人权法院判法国败诉的几个判例：

1997 年 3 月 18 日，Foucher v. France 案：被告人仅被控 contravention 罪行却因没有律师而被拒取阅卷宗。

2001 年 6 月 7 日，Kress v. France 案：所谓的"检察官"（并非真的）在法院审议时不可在场，即使不做声也不可。

2002 年 7 月 26 日，Meftah v. France 案：最高法院（Cour de cassation）没有遵守欧洲公约的规定，在公开审讯前，检察长没有让被告人知道其立场，以致被告人不能及时预备他的答辩。

2006 年 4 月 12 日，Martinie v. France 案：所有法院都必须遵守公平审判的原则。

法国法律的轻罪中属于 contraventions 的比 délits 为多。

警方侦查期间人们是没有辩护的权利的。不过公民的权利享有保障确保不会遭受警方不当压迫，警方在采取搜身、查封、逮捕、警方扣押、询问、供状、证言、辨认嫌疑人、电子窃听等行为时都必须遵守特别保护规则。嫌疑人在被起诉前不算被告人。

在审判期间，程序一概是抗辩制的，审判是公开、口头形式的，法庭会公平听取控辩双方的证据。

上诉的性质是重新的（de novo）开审，意思是在上级法院（cour d'appel）只有新的审判而非司法复核。最轻的罪行不可能引起上诉，最多可要求最高法院（Cour de cassation）作出司法复核。对于较轻的罪行，可向最高法院作再次上诉。

　　至于行政罪行，对行政主体判处的处罚可以向司法法官（通常主要是巴黎上诉法院）提出上诉。此类的上诉事宜的有关规则如前述。二次上诉可向最高法院提出。

犯罪定义的横向考察和纵向分析

刘瑞平*

一 语境与问题的缘起

近年来，中国行政机关限制人身自由的问题受到了国内外理论界、实务界、媒体和社会公众的广泛关注，越来越多的学者开始认识到问题的严重性。行政性限制人身自由的法律处分制度的改革与完善，成为我国当前法制建设中的一项突出、重大而迫切的任务。特别是随着《立法法》、《行政处罚法》等法律的出台和收容审查、收容遣送制度的废除，包括劳动教养、强制戒毒、收容教育、收容教养、强制医疗等制度在内的剩余的行政性限制人身自由的法律处分制度继续存在的合理性、合法性受到了前所未有的广泛质疑。

这些历史上形成的制度安排所暴露出的问题的严重性，不仅表现为法律依据与国内上位法的冲突，更大的问题是这些制度设计与联合国公约及其确立的司法准则相冲突。这些制度不改革，中国将无法履行相关国际义务。中国政府于 1997 年 10 月和 1998 年 10 月分别签署了《经济、社会和文化权利国际公约》和《公民权利和政治权利国际公约》，2001 年 2 月，

---

* 徐州师范大学政法学院副教授。

第九届全国人大常委会正式批准加入《经济、社会和文化权利国际公约》，正式加入《公民权利和政治权利公约》也将提上议事日程。这是一个大的背景。

在这样的一个国际背景下，我国现存的行政机关限制人身自由的制度所暴露出来的问题显得尤为突出。根据我国现行法律法规，劳动教养的期限为1—3年，在执行中还可以延长1年；强制戒毒的期限为3—6个月，最长为1年；收容教育的期限为6个月到2年；收容教养的期限一般为1—3年，最长为4年。这些可以长期或较长时间限制公民人身自由的措施，长期以来都是由行政机关依照行政程序一手操作，没有司法介入。这种做法与国际社会和联合国有关公约确定的司法准则相去甚远。

每一个国家都存在大量的失范行为，中国通过行政渠道处置的在我国应当劳动教养、收容教育的行为，在外国也大量存在。在每一个国家，轻微的违法行为在数量上总是远远大于严重犯罪，这是一个不争的事实。世界国家都有采取强制措施来矫治轻微违法犯罪行为的法律制度和措施，但是对于其中涉及对公民人身自由限制和剥夺的部分，大都只能通过司法程序来判断。这已成为文明各国的一般做法和国际公约确立的基本司法准则。在这方面，中国依然游离于主流社会之外。

我国行政机关限制人身自由的问题，表面上看是行政机关自身的问题，但深入思考就不难发现，由司法机关处置"犯罪"、由行政机关处置"犯罪"以外的需要处置的其他失范行为这样的犯罪处置格局与我国刑事法上的"犯罪"基本概念有关。

"犯罪定义"这个问题过去一般认为是个纯理论问题，无论在教科书上还是学术研究方面都没有引起太多的重视，现在，这个看上去很"形式"的问题忽然有了许多重要而深刻的"内容"，甚至和一个国家基本的犯罪治理模式、司法体系、人权保护等重要的命题紧密联系起来了。在当前的中国，它至少还关乎五六种社会控制的重要行政法律制度的前途命运，其意义显得尤为重大。造成犯罪定义这个形式问题忽然实质化的原因是：我国行政程序和司法程序的巨大差异性。由于现存行政程序在立法上依据不足、在执行中缺少监控、存在严重侵犯人权的现实可能，如果行政程序可以剥除对于人身自由的限制，或者虽然保留对人身自由的限制但须经过司法审查，则"犯罪定义"的问题则可归于解决，不再成为问题。

笔者认为，在考察犯罪定义的时候，特别是考察国外犯罪定义及分类处置制度的时候，我们应该有一定的"同质观念"，即我们通常所认为的违法行为和犯罪行为是同质的，起码在逻辑上是同质的。这样有助于我们能以一个平和的心态看待国外把一些在我们看来甚至根本就不是犯罪也不是违法而是道德问题的一些行为也纳入犯罪的框架的事实。当然，国外非犯罪化的运动已经导致违警罪不再被认为是"罪"，违警罪被认为是与轻罪和重罪异质的行为，这是另外一个层面的问题。

从行为的角度看，各种严重的和不严重的乃至最轻微的违法行为，在"违法"这一点上具有同质性，即都是违反了法律规定的行为，闯红灯和交通肇事在"违反交通法规"这一点上没有区别，区别在于前者没有造成后果而后者造成了严重后果，区别在于两者对社会造成的危害的"量"不同。

从法律后果的角度看，我国行政机关对尚未构成犯罪行为作出的限制人身自由的行政处罚与法院判决的刑罚并无本质区别。如 15 天的拘留与 1 个月的拘役，都是剥夺被处罚人的自由，两者除时间长短所体现的轻重程度不同的量的差别外，并无质的区别。我国刑法学界所通常认为的关于刑罚与行政处罚的几点区别，实际上都是人为的区别，而不是刑罚与行政处罚本质上所固有的区别。如"两者的严厉程度不同"这只不过是量的差别换了个说法。再比如"两者的适用对象不同"，这是因立法人为地将本来同质的行为依照中国观念人为划分成犯罪（姑且形象地称其为"司法组"）和一般违法行为（"行政组"），其实质是人为地将一个适用对象划分为两个适用对象。又比如"两者适用根据不同"，这是人为地将司法切出来一块交给行政，将本应由刑法规定并由审判机关适用的 A 罚——刑罚，人为切出一块，交由行政机关依行政法规适用的 B 罚——行政处罚而已。在笔者看来，两种处罚都是国家按一定规则给予公民的制裁。

犯罪概念由立法定性，司法定量，这是世界通例。而我国刑事立法中，犯罪概念既定性又定量。这种犯罪定义上的差异性造成了中国和外国在犯罪分类和犯罪分类治理上的不同路径抉择。因此，考察犯罪定义，实质上是考察犯罪分类，更进一步讲是考察犯罪的分类治理，或者说，是考察各国的刑事法结构。本文拟对世界主要国家的犯罪分类及分类治理情况，特别是轻罪治理状况基于已知的信息做一梳理。

二 犯罪定义的横向考察

（一）法国

法国刑法自 1791 年以来，一直是按照应当判处的刑罚，把犯罪分为重罪、轻罪和违警罪。如 1810 年《法国刑法典》第 1 条规定："法律以违警刑所处罚之犯罪，称违警罪。法律以惩治刑所处罚之犯罪，称轻罪。法律以身体刑或名誉刑所处罚之犯罪，称重罪。"1994 年新刑法仍然维持了这种"三分法"，把违警罪维持在刑事制裁体系中。该法典第 111—1 条规定"刑事犯罪，依其严重程度，分为重罪、轻罪和违警罪。"第 131—1 条至第 131—49 条则规定了重罪、轻罪和违警罪应适用的各种刑罚。针对重罪、轻罪和违警罪的分类，法国新刑法在第三编"刑罚"中"刑的性质"一章分别规定了重罪刑罚、轻罪刑罚、违警罪刑罚。根据这些条文规定，重罪是指应当判处无期徒刑或终身拘押，或者 30 年、20 年或 15 年有期徒刑或拘押刑罚的犯罪。轻罪是指科处最高刑为 10 年监禁，罚金至少为 25000 法郎的矫正刑的刑罚的犯罪。违警罪是指除累犯之情形外，对某一犯罪仅科处不超过 10000 法郎罚金的犯罪。对违警罪废除了自由刑，对违警罪只能被判处罚金、吊销驾驶执照、收回打猎执照等刑罚，不得处剥夺或限制人身自由的刑罚。

根据《法国刑法典》规定："法律规定重罪与轻罪，并确定对罪犯适用之刑罚。条例规定违警罪，并依法律所定限度与区别，确定对犯违警罪者适用之刑罚。"对处罚金刑的违警罪不由法律来规定，而是由行政规则来规定。对违警罪按照刑的轻重具体又可分为一至五级。

法国的罪分三类的做法完全与其法院系统的设置相适应。目前法国刑事法院分为违警罪法院（治安法院）、轻罪法院和重罪法院（巡回法院）三级，违警罪、轻罪和重罪三个等级的案件，分别由违警罪法院、轻罪法院、重罪法院进行第一审。

违警罪法院与轻罪法院实际上与审判第一审民事案件的法院是合二为一的，都是常设性法院，而且有固定的法官。（应注意的是，大部分违警罪案件并不必然提交违警罪法院开庭审理，而是在行政简易程序中就得到消化解决。）重罪法院则仅受理最高刑为 15 年以上有期徒刑、无期徒刑的案件，不受理其他指控的刑事案件和任何民事案件，因而是纯粹的刑事法院。它是一种非常设性法院，没有固定的法官，其法官分别来自上诉法院和轻罪法院。

刑事程序方面，一般的违警罪和轻罪案件，检察官可不经预审程序而直接起诉到有管辖权的法院，只有极少数的违警罪和轻罪案件，才须经预审法官审理后，检察官才能起诉到相应的管辖法院。但所有的重罪案件，必须经二级预审后才能由检察官起诉到重罪法院，即首先由预审法官进行初级预审，确定构成重罪的，裁定将案件移送上诉法院检察长并由后者移交上诉法院刑事审查庭。

违警罪法院和轻罪法院对违警罪和轻罪案件的审理无须采用陪审制，重罪法院对重罪案件的审判必须实行陪审制。刑事案件因罪行轻重不同由不同法庭一审，违警罪案件由违警罪法庭 1 名法官独审，轻罪案件由轻罪法庭法官独审或由 3 名法官组成合议庭审理，重罪案件由重罪法庭 3 名法官和 9 名陪审员组成合议庭审理，与英美法系国家陪审制度不同的是，陪审员既参与对法庭事实的审理，又参与对法律的适用，并参与对刑事案件的裁决。

重罪与轻罪案件依法应当开庭审理，由控辩双方互相辩论，之后才由审判法院作出判决，而违警罪案件则可适用简单程序审理，无须控辩双方辩论，法官即可作出刑事判决。违警罪法院作出的刑事裁定，或者单处罚金的决定，或者免予起诉的判决，无须法官说明理由。第四级以下的违警罪，甚至无须法官介入，即可按照行政程序规定，处以一定数额的罚金或其他处罚。

轻罪和违警罪案件实行两审终审，2000 年之前，重罪案件实行一审终审。2000 年法国对《刑事诉讼法典》进行了较大规模的修改，其中包括规

定了重罪案件上诉程序。2000 年以前，两审终审原则不适用于对重罪案件
的审判。对重罪法庭的判决不得向上诉法院提出上诉，仅能向最高法院提
出特别上诉。理由是这些案件受理之前已经经过预审法官和上诉法院预审
庭两级预审，受理之后由法官及有自主裁判权的陪审团共同做出判决，上
诉法院无权管辖。2000 年 6 月 15 日的法律颁布后，这一规则有新的改变。
虽然上诉法院仍然没有对重罪案件的上诉管辖权，但不服重罪法庭一审判
决，可以向最高法院指定的另一重罪法庭提出上诉，后者可以根据法律规
定的方式和条件对案件重新审理。因此，两审终审原则目前不仅适用于轻
罪和违警罪案件，也适用于重罪案件。[①]

　　法国是最早把犯罪分为重罪、轻罪和违警罪的国家，这种对犯罪的分
类处置模式，影响极为深远。其罪的分类方法和立法体例被许多国家的刑
法典所效仿，如 1852 年《奥地利刑法典》、1871 年《墨西哥刑法典》、1871
年《德国刑法典》、1880 年《日本旧刑法》、1879 年《匈牙利刑法典》、
1881 年《荷兰刑法典》、1889 年《意大利刑法典》、1896 年《保加利亚刑
法典》及 1902 年《挪威刑法典等》。迄今为止，仍有不少大陆法系国家保
留这一分法。如 2003 年修订的《瑞士联邦刑法典》，该法总则分两编，第
一编名为重罪和轻罪，第二编名为越轨。由此可见，该法典采用了法国罪
分三类的做法。德国原来也是沿袭法国的做法，在刑事立法上也是罪分三
类，但 1975 年以后刑法取消了违警罪，开始采用罪分两类的做法。2002 年
修订的《德国刑法典》仍然维持这一新的做法，将犯罪分为重罪和轻罪，
并于刑法典之外，另立《违反秩序法》。法国的犯罪分类模式，还影响到了
亚洲的日本，并通过日本进一步影响了清末中国法律改革以及后来的中华
民国及台湾地区。

（二）德国

　　德国历来注重政府行政权，强调警察维持治安秩序的权力，在此观念
下，警察机关拥有处罚权。

---

　　① 刘新魁:《法国刑事诉讼制度的主要特点》，中国法院网：http://www.chinacourt.org/html/article/200307/21/69435.shtml。

由于深受法国的影响，德国在 1871 年的《帝国刑法典》（现行刑法典的渊源）中采用了重罪、轻罪和违警罪的三分法。1871 年《德国刑法典》第 1 条规定："（一）重罪，指处死刑、重惩役或超过五年城堡监禁的行为。（二）轻罪，指处五年以下城堡监禁、轻惩役、超过 150 马克罚金或任何数额罚金的行为。（三）违警罪，指处拘留或 150 马克以下罚金的行为。"

1871 年德国刑法将违警罚归入刑法典，使之成为普通刑罚的一部分，从而取消了警察机关的处罚权。但这一做法一直遭受不少学者的指责和反对。在 1902 年召开的德国第 26 届法学家大会上，有人明确认为违警罪是秩序违反行为，并建议应从刑法法典中独立出来而特别为其制定一部独立的法典加以规定。在 1909 年第 29 届会议上此类观点再度被提出。在 1911 年部分法学家提出的刑法修改草案，对违警罪的行为作了质的判断，将涉及法益与危险的行为升格为重罪和轻罪，其余的违警罪不再规定在刑法中。此后的许多刑法修改草案均持此种观点。1919 年德国租税条例规定，租税主管官署依职权可对租税违反行为处以秩序罚，使得秩序罚开始从刑罚中独立出来。此后为了减轻法院审理轻罪案件的超重负担，对违法者科处行政罚的立法趋势日渐增强。"二战"期间希特勒利用这一立法趋势，授权行政机关大量运用毫无限制之秩序罚，以配合其发动侵略战争所需要的经济管制，造成行政权侵越司法权的局势及侵犯人权的严重后果。①

战后德国吸取历史教训，1952 年制定《秩序违反法》，限制了行政机关对违反秩序行为处以秩序罚的权力（秩序罚限于小额罚款一种形式），并实现了行政处罚程序的司法化，将秩序罚置于法院的严格控制之下。

有研究表明，西德在战后的 1951 年开始刑法修改工作，考虑社会诸因素，提出：违警罪自刑法中独立出来，而不再规定于新刑法中；违警行为中有必要升格为犯罪行为的，则仍规定在新刑法中，其余的违警行为则规定于秩序违反法中。直至 1975 年 1 月 1 日生效的西德新刑法，根据上述原则，将旧刑法分则中的"违警罪"全部删除，并将原有性质轻微的各种犯罪，连同违警罪重加整理，分别情形，再作归类，对于一部分不宜用刑法

---

① 熊一新：《略谈我国治安管理处罚的性质和特点》，《福建法学》2007 年第 3 期。

调整的，全部纳入后来1992年颁布的《违反秩序法》之中。①

德国沿袭法国的罪分三类的做法大约100年，直到1975年以后刑法才取消了违警罪，开始采用罪分两类的做法。

2002年修订的《德国刑法典》仍然维持罪分两类的做法，将犯罪分为重罪和轻罪。根据该法典第12条的规定，重罪是指最低刑为1年或1年以上自由刑的违法行为；轻罪是指最高刑为1年以下自由刑或科处罚金刑的违法行为。值得注意的是，德国现行刑法还在总则第三章"行为的法律后果"中将"矫正与保安处分"与"刑罚"并列，其矫正与保安处分措施包括：收容于精神病院；收容于戒除瘾癖的机构；保安监督；行为监督；吊销驾驶证；职业禁止。现行《意大利刑法典》等也在其刑法典之中、在其"刑罚"章节之外，设置了此类名为"保安处分"的特殊司法处分。

可见德国现行刑事法是将违警罪单独拿出来放在《违反秩序法》规定的，德国1992年颁布的《违反秩序法》就是将《德国刑法》中的违警罪分离出来独立而成。德国在1974年以前将违反秩序的这一类行为纳入刑法中作为违警罪独立成章。20世纪70年代以后，开展"除罪化"运动：一方面将普通刑法中的犯罪简化，只保留重罪与轻罪；一方面制定统一的《违反秩序法》，将原先性质轻微的各种犯罪和违警罪重新检讨，分别情形，重作归类，将一部分不宜以刑罚制裁的都纳入违反秩序法中科以处罚。

但是需要指出，《违反秩序法》最高处罚只能是罚金而不能剥夺人身自由；而且即便是罚金，只要被处罚人有异议，警方就得停止执行，将案子移交给法院来裁断，而不是像我国的治安罚款，不管你同意不同意，罚了再说，至于你要到法院去告，那是以后的事。②

德国的分类治理模式有着广泛的影响，不仅影响到了周边国家，如奥地利模仿德国模式，也开始采用罪分两类的做法。根据2002年修订的《奥地利联邦共和国刑法典》第17条的规定，犯罪分为重罪和轻罪。重罪是指

① 李春华：《刑法与治安管理处罚法协调的思考》，中国人民大学刑事法律研究中心：《和谐社会语境下刑法机制的协调论文集》，2007年4月。

② 杨子云：《劳教制度如何终结——专访中国社科院法学所刘仁文研究员》，《中国改革》2008年第1期。

应当科处终身自由或 3 年以上自由刑的故意行为；轻罪是指所有其他应受刑罚处罚的行为。德国模式还影响到了亚洲的日本等国。

（三）意大利

意大利刑法将犯罪划分为两大类：重罪（delitti）和违警罪（contravvenzioni）。关于重罪和违警罪的区分标准，意大利学者们意见分歧较大。但在立法上，意大利刑法对重罪和违警罪作了形式上的区分。根据《意大利刑法》第 39 条的规定，一切应当依法被判处无期徒刑、有期徒刑和罚金的行为属于"重罪"的范围；而应当依法被判处拘役或罚款的行为则属于"违警罪"的范畴。[①]

（四）英国

以诉讼程序为标准，英国把犯罪分为可起诉罪与简易审判罪，前者由职业法官在王室法院进行陪审审判，后者由治安法官在治安法院进行非陪审的审判。简易审判罪相当于一些国家的轻罪和违警罪。在英国，简易罪占所有刑事案件的主体，其中简易交通罪就占了所有犯罪的一半，加上其他简易罪则占所有犯罪的 80%。

（五）美国

美国是个联邦制国家，联邦政府和 50 个州均有各自的刑法典，但是，2/3 的州刑法典都以美国法学会的《模范刑法典》为蓝本。绝大多数州法律的制定都受到了《模范刑法典》所采取立场的影响。

美国模范刑法典将犯罪分为四类：重罪（felony）、轻罪（misdemeanor）、微罪（petty misdemeanor）和违警罪（violation），其中前三类被称为"实质犯罪"（crime），其处罚后果均可能涉及剥夺人身自由，微罪可处以最高不超过 1 年的监禁刑，第四类"违警罪"只能被处以罚金或其他民事制裁，而且"不产生有罪认定所引起的限制能力或者法律上的不利"。[②]

---

① 黄风译：《意大利刑法典》，中国政法大学出版社 1998 年版。
② 刘仁文等译：《美国模范刑法典及其评注》，法律出版社 2005 年版，第 8—9 页。

美国刑法有州刑法和联邦刑法两个体系，现代刑法主要是制定法。1909年颁布的《联邦刑法典》至今仍然有效，在犯罪分类方面：一般将罪行分为重罪和轻罪两大类，重罪是指判处死刑或 1 年以上监禁的犯罪，包括谋杀、强奸、抢劫、严重行凶、侵入住宅、偷窃、偷窃汽车 7 种；轻罪即是指被判处罚金或 1 年以下监禁的犯罪。一个很重要的特色是不仅罪分轻重，还进一步把重罪和轻罪分为不同的级，以进一步提高罪刑相适应的精确度。

（六）俄罗斯

在 20 世纪 50—60 年代，苏联行政处罚由行政机关依行政程序决定和执行。但到 20 世纪 70 年代以后，行政处罚体制由行政机关独揽处罚权的一元制转变为行政机关和法院均依法享有行政处罚权的二元制。苏联俄罗斯联邦制定的《行政违法行为法典》规定，限制人身自由的行政处罚只能由区（市）人民法院裁定。此外，苏联俄罗斯联邦行政处罚还采用准诉讼程序处理，即规定行政违法行为的检控机关与行政处罚的决定机关分离，并实行公开的言辞审理，以保障被告人的申辩权。

（七）澳大利亚

与其他联邦国家一样，在澳大利亚，大部分犯罪都是违反州法律的犯罪。以新南威尔士州的法律为例，犯罪分为三类：简易罪、可选择审判方式的犯罪和可诉罪。

简易罪是性质轻微的犯罪。根据新州 1986 年刑事程序法的规定，简易罪只能以简易方式审判，即在治安法院由治安法官独任审判，包括：（1）根据该法或其他法律要求以简易方式审判的犯罪；（2）该法或其他法律规定为简易罪的犯罪；（3）最高刑罚低于 2 年监禁的犯罪。一般来说，对于简易罪的追诉时效为 6 个月。治安法院对单个犯罪最高只能判处两年监禁，数罪并罚不超过 5 年。

可选择审判方式的犯罪是犯罪的主要形式，从犯罪的严重程度来看，这类罪属于中等程度，即 1986 年《刑事程序法》附录列表一和列表二规定的犯罪，如：列表一规定的普通伤害等，最高刑罚为两年监禁或 11000 澳元罚金，这些犯罪既可以由起诉方也可以由被告人选择审判方式。

可诉罪是性质最为严重的犯罪，如谋杀、严重伤害、性侵犯等。这类罪由地区法院或高等法院审判。

在刑事程序方面，对于重罪，由法官和陪审团共同审理，陪审团负责认定事实，法官负责适用法律。对于轻罪，由治安法官独任审理，定罪与判刑均由法官负责。这就是重罪和轻罪审判程序上的最大区别。

就轻罪的法庭审理程序而言，依被告人是否作有罪答辩而不同。被告人有1周时间考虑是否作有罪答辩。如果被告人作有罪答辩，治安法官可以径行判决。如果被告人不作有罪答辩，则要开庭审理。对于轻罪而言，定罪程序相对简单。由于大多数被告人都选择作有罪答辩，治安法官把更多的精力放在判刑程序上。

在刑罚适用上，罚金是最常用的，其次是良好行为保证，监禁刑（全监禁）是最后的选择。全监禁的替代刑有三种：缓期执行、阶段性监禁和居家监禁。

澳大利亚的犯罪分类属于典型的程序性分类。澳大利亚的刑事案件实际上包括适用不同审理程序的两类案件，一类是有陪审团审理的案件，可以理解为重罪；另一类就是适用简易程序审理的案件，可以理解为轻罪。司法实践中真正适用陪审团审理的案件并不多，因为刑事案件发生后，首先通过引导犯罪人远离正式的刑事司法系统的项目过滤，进入正式的法庭审理程序后，由于被告人拥有程序选择权，大部分案件通过简易程序审理。即使是应当有陪审团审理的重罪案件，被告人还可选择作有罪答辩，直接进入判刑程序。①

（八）日本

1880年日本颁布了由法国巴黎大学教授保阿索那特起草，直接拷贝法国罪分三类模式的日本刑法（旧刑法），这是日本近代第一部西方式的刑法典。该法典第1条明确规定，应罚之罪分为重罪、轻罪、违警罪三

---

① 薛淑兰、罗国良：《澳大利亚轻罪案件的审理及刑罚适用》，《人民司法》2005年第7期。

种，并在刑法典中专编（第4编）规定了"违警罪"（第425条至第430条），列举了各种违警罪及其应科处的刑罚。明治维新初期的日本，法国法是其近代法律改革的主要借鉴对象，在这样的环境下，旧刑法采纳这种体例是必然的选择，而且，这一法典本身就是由法国法律专家保阿索那特亲自执笔的。

但是，日本旧刑法出台后，因其内容和体例的过分法国化而受到了日本各界的批评。为此，1907年日本颁布了新刑法，它在体例上抛弃了法国模式，转而效仿德国，但不同的是刑法中根本没有规定违警罪，而是将其从刑法典中剔除，由1908年颁布的《警察犯处罚令》对此加以规范。对此，日本刑法学界曾有人作过激烈的抨击，学者认为，该法律的立法精神过分重视行政效率，疏忽自由和人权之保障。

日本之所以在选择借鉴模式上发生这样的转变，一方面固然是受明治后期日本政府转而以德国法为主要效仿对象这一大环境的影响；另一方面，也是因为日本法学界已经认识到旧刑法采取的将违警律列于刑法典中所存在的弊端所致。①

违警罪的管辖，日本原来采取的也是法国模式。与旧刑法同时公布的日本《治罪法》规定，专设违警罪裁判所管辖违警事件。1890年《法院构成法》则废止违警罪裁判所，改由区法院管辖违警案件。同年颁布的《刑事诉讼法》的有关规定又发生了变化，该法第49条规定，违警罪可以不进行正式审判，由地方警察官吏即决。此后，由于学者对旧刑法将违警罪列于其中的体例的非难不断，致使1907年新刑法将违警罪从刑法典中剔除，从此违警处罚专属于行政处分，名正言顺由警察官署管辖。

---

① 这从当时在日本学界已渐有影响的牧野英一的有关论述中就可以了解到。牧野英一认为，区别违警与犯罪"非根于学理适于实际也"，旧刑法把罪分为重罪、轻罪、违警罪，并规定对于犯重罪者适用死刑、无期或有期之徒刑、流刑等9罚，对于犯轻罪者适用重禁锢及轻禁锢、罚金3种刑罚，适用违警罪之刑为拘留、科料2种等的做法"并无实用之利，徒多纷杂之患"。他还认为，日本新刑法采用人格主义，其结果自然是应当扩大刑罚范围，赋予裁判官以自由裁断权，如果仍采用旧制，将罪划分为重罪、轻罪及违警罪，那裁判官就难以行使其自由裁断权，这也与新刑法的立法宗旨不能相容。参见［日］牧野英一著，陈承泽译：《日本刑法通义》，商务印书馆1913年版，第4—5页。

日本在"二战"之前制定了《行政执行法》、《警察犯（违警罪）处罚令》和《违警罪即决条例》。但警察权在战前被用于搜捕犯罪或作为镇压社会政治运动的特殊工具而被滥用。因此，根据日本宪法，从尊重人权原则以及为保障人权只能对国民予以司法上的强制这一观点出发，战后这些法律法令条例均被废除，1884 年、1907 年分别制定的《违警罪即决条例》、《警察犯处罚条例》被视为违宪，日本在 1949 年另行订立了《轻犯罪法》，对于违警罪等轻微犯罪行为，警察只有取缔、告发权，而处罚权归于法院。无论是行政刑罚还是秩序罚均由法院裁处。行政机关依法有权采取通告处分、交通反则金通告、缴罪处分等处罚措施，但这些措施没有强制力，当事人不服，行政机关仍然必须请求法院予以处罚。

由此可见，日本明治维新后最初采用了法国一元制模式，即统一法院司法审查模式，刑法中设置专章规定违警罪。1907 年刑法发生了变化，体例上抛弃了法国模式，转而效仿德国，但不同的是刑法中根本没有规定违警罪，而是将其从刑法典中剔除，另由 1908 年颁布的《警察犯处罚令》对此加以规范。日本在"二战"之前制定的扩张行政权力的《行政执行法》、《警察犯（违警罪）处罚令》和《违警罪即决条例》在战后均被废除，无论是行政刑罚还是秩序罚均由法院裁处。日本又恢复了无论是行政刑罚还是秩序罚均由法院裁处的制裁体系。

（九）清末以来的中国

对犯罪的横向考察，不可忽略中国清末法律改革以来的法制建设，毕竟这段历史是中华文明史包括法律文明史离我们最近的一段。当我们考察西方的轻罪制度，特别是违警罪制度变迁的时候，我们发现，正好是在 100 年以前，中国法律中就有了违警罪的名称和制度。这是一段不可以被忽略的历史。

清末立法深受日本影响，1906 年清政府制定的新刑法中曾有"违警罪"一章，但两年后即 1908 年，清政府亦跟随日本改弦更张，采用刑法典之外的立法模式，制定了专门的违警法。主要为调整和处罚关于政务、公众危害、交通、通信、秩序、风俗、身体及卫生和财产等 8 类违警罪，对行为人最长只能处 30 天的拘留、最多只能处 30 元的罚金。[1]

从 1908 年颁布的《大清违警律》算起，到今年正好是 100 年了。我们惊奇地发现，100 年前我们的先人就在遍察东西方各国立法（注：指法国、德国、意大利、日本、澳大利亚、墨西哥、匈牙利、荷兰、保加利亚、芬兰、挪威等国）的基础上，颁布了《大清违警律》。清廷立法者认为"违警之性质与犯罪不同，故违警律不得不由刑律而独立，此法理论之所主持也"，进而提出"违警律不独立，行政权易为司法权所蹂躏也"。[2]

关于这个立法，有两点需要说明：第一，清政府认为，违警罪与普通犯罪性质不同——这是一种相当先进的理念。相比之下，直到今天我们仍然担心，违警罪如果纳入中国刑法，将给太多人扣上犯罪的帽子，将会天下大乱。我们的先人早在 100 年前就明确了违警罪不是"罪"，所以，违警法的名称改变了"违警罪"的说法，而改称"违警律"。相形之下，我们太惭愧了。第二，与我们今天司法过程中担心"行政权干涉司法权"不同，清政府担心的是，如果不把违警法从刑法典中拉出来单独规定，恐怕"行政权易为司法权所蹂躏也"。观察我们和清政府的两种截然相反的担忧的事，我们可以饶有趣味地发现很多潜藏的文化。

清末《大清违警律》是我国近代第一部完整意义上的违警罚法规。它标志着违警处罚（包括整个行政处罚）与刑罚的分离（违警处罚与刑罚两位一体的体制解体），以及我国近现代意义上的违警处罚制度（包括行政处罚制度）的诞生。同时，也在近现代意义上的法院产生后奠定了我国由行政机关单独行使行政处罚权的传统。

清末经过法律改革，把刑事案件分为违警罪、轻罪、重罪三种。违警罪案件由警察机关审理，轻罪、重罪案件由审判机关审理。对于违警案件，

---

① 卢均晓：《我国行政刑法性质辨析——以历史发展为视角》，北大法律信息网，http://article. chinalawinfo. com/article/user/article_ display_ spid. asp？ArticleID＝35618。

② 汤化龙：《大清违警律释义·前加编》。转引熊一新《略谈我国治安管理处罚的性质和特点》，《福建法学》2007 年第 3 期。

依照《各省巡警道官制并分课细则》规定，巡警局有审查处理权，而对其他现行犯只有预审权，但无处理权。《吉林全省巡警章程》规定："关于违警罪犯有判决执行之权，起非违警罪犯及其他民事案件不得受理处决。"（对于违警案件，警察机关的"预审"实际上审查处理。对于暂时拘押的其他刑事嫌犯，清末警察机关的"预审"实际上是在送交审理前所进行的审讯活动。）

《大清违警律》制定之时，关于违警罪的审判管辖，各国基本分为两种：一种是属于普通法院管辖；一种是属于警察官署管辖。法国实施的就是由法院管辖违警罪的制度。但违警罪由普通法院管辖也存在一定的弊端，如审理能力有限会延搁案件的审理等。正是因为如此，一些国家转而开始在法律中承认由警察官署行使违警罪的管辖权。比如，1877 年的德国《刑事诉讼法》，违警罪不另设裁判官，而是把在一定范围内的关于违警事件的即决权赋予警察，该施行法第 6 条更是明确规定，警察在其权限范围之内对于违警罪刑罚处分之宣告，不必遵刑事诉讼法之成规。单行法的《大清违警律》也效仿规定了由警察官署行使管辖违警罪的权力。

100 年前，世界上制定类似法典的国家并不多，《大清违警律》在当时处于世界先进地位。

沈家本所创设之近代法律体系，包括《违警律》、《大清新刑律》在内，后来最终被南京临时政府所沿用。清帝国的基本法律略加删改后继续为新政权服务，而且大体上沿用到 1928 年国民党取得全国政权以后。

1915 年，北洋政府改称《违警罚法》。1928 年，"国民政府"对其进行了修改并公布实施，名称仍为《违警罚法》。1943 年"国民政府"再次修改，名称仍为《违警罚法》。1949 年以后台湾地区仍沿用原来的《违警罚法》，直至 1991 年重新整理修改为《社会秩序维护法》。1980 年台湾"大法官会议"第 166 号和 1990 年第 251 号解释，两度指出违警罚法部分条文"违宪"。为此，1991 年 6 月由新通过的《社会秩序维护法》取代了原有的《违警罚法》，违警罚法也在公告废止后结束了自清末以来修修补补适用共 83 年的历史。

这是对清末以来违警罪立法的一个粗线条的梳理。

许多人错误地认为，自清以降，中国就衰落了，法制文明更是不值一提。其实，清前期的《大清律例》包括西方在内的世界范围，都享有极高的声誉，如法国启蒙学者伏尔泰就曾这样评价中国法律："关于中国，只要听到这种法律，我不得不主张中国是世界上最公正、最仁爱的民族了。"① 西方人眼中的中国还是一个相当先进的国家。1906 年，中国聘请日本法学博士冈田朝太郎帮助修订新刑律，当时日本也在制定新刑律。1907 年，中国和日本几乎同时完成新刑律的起草工作。对于当时的中国立法工作，即使不能说领先，最起码也不落后。从世界范围讲，中国的刑法并不比西方落后多少，起码与日本刑法的水平是同步的。1949 年中华人民共和国成立前后，出现了彻底的以革命的名义对公认的现代性的否定，真正的落伍是在 1949 年之后发生的。②

对于清末以来的这一段违警罪立法，不仅是法律史学者关注的事，而且也应该是刑法学者关注的事。违警罪的概念在我国刑法中早已有之，违警罪之制度和实践从 1906 年开始一直按"清政府—北洋政府—南京政府—台湾地方政府"的轨迹在运行，只是在大陆中断了。

通过以上粗略的考察基本可以看到，对犯罪作出重罪、轻罪、违警罪等不同等级的划分，是国外刑事立法的普遍做法。重罪、轻罪和违警罪三分法大抵是当今世界各国刑法的涵盖范围，相比于我国刑法而言，这个范围是相当大的，不仅包括了我国刑法上的犯罪（即"严重的危害社会的行为"），还包括了大量在我国刑法上不纳入犯罪体系而转交治安管理处罚、劳动教养等通过行政渠道处置的"次严重的危害社会行为"和"不严重的危害社会的行为"。可以说，我国刑法所称之犯罪只是个狭义的犯罪概念，而国外刑法上的犯罪概念是个广义的犯罪概念。已有学者论及，

---

① 原引朱谦之著《中国哲学对欧洲的影响》，转引自王涛著《中国近代法律的变迁》，法律出版社 1995 年版，第 28 页。王涛在同书同页中还引用了巴尔夫著《一个哲学家的旅行》说："若是中国的法律变成各民族的法律，地球上就成为光辉灿烂的世界。"参见王宏治《清末修刑律的再认识》，中国政法大学法律史学研究院网，http：//www. legalhistory. com. cn/docc/xzzx＿ detail. asp？id ＝74&sortid ＝2。

② 袁伟时：《〈刑法〉的变迁与 20 世纪中国文化的若干问题》，见袁伟时博客，http：//www. tecn. cn/homepage/yuanweishi/wendang1/w5. htm。

我国的刑法典只是解决了西方国家刑法典里的重罪这一部分，因为我们的刑法规定要数额较大或者情节比较严重才能构成相关的犯罪，而缺违警罪、轻罪和保安处分三大块内容。因此，我国刑法体系存在结构性的缺陷，我国刑法应当进行结构性的改革，建立包括重罪、轻罪、违警罪和保安处分四大块内容的结构完备的大刑法典。①

三 犯罪定义的纵向分析

（一）中外犯罪概念的差异性

中外犯罪概念的差异性可以用一句话概括：中国刑法上犯罪概念小，而外国刑法上犯罪概念大。

"犯罪"这一概念的内涵和外延在中国和外国不同的语境中存在着重大的差异。在我国，犯罪是指具有严重的社会危害性、根据刑法的规定应当受刑罚处罚的行为。我国严格区分犯罪与一般违法行为的界限。"犯罪"这个词语，在法律的语境中，经常是与"违法"相对称的。

我国刑法上的犯罪概念，内涵比外国犯罪概念大，即增加了量的规定性；而外延比外国犯罪概念小，即只包括了外国刑法上"重罪"部分。我国对犯罪行为和一般违法行为予以严格区分，在法律上分别以不同的规范予以调整，对犯罪行为用刑法规范予以调整，而对一般违法行为用行政法规范等非刑事法律规范进行调整。从我国刑法的规定来看，除了杀人、放火、抢劫、强奸、爆炸等严重危害社会的行为，其本身的社会危害性程度往往即足以构成犯罪外，多数危害社会的行为，必须其社会危害性达到一定的严重程度才能构成犯罪，否则只作为一般违法行为处理。我国在民族心理上对于犯罪和违法亦有完全不同的评价，我国民众对于犯罪行为有着

---

① 如刘仁文教授认为：实现刑法结构的统一化应是我国刑法未来发展的一个方向。也就是说，将治安处罚、劳动教养连同其他保安处分措施一并纳入刑法，分别组成违警罪、轻罪、重罪和保安处分等几块内容，这样就能理顺各块内容之间的关系，形成这样一个综合型的刑法典。参见刘仁文《关于调整我国刑法结构的思考》，《法商研究》2007 年第 5 期。

普遍而强烈的排斥乃至"仇罪"心理，而对于一般违法行为，则表现出异常宽松平和与接纳的心态。

外国刑法上的犯罪概念，内涵比中国犯罪概念小，即缺少了量的规定性；而外延相应比中国犯罪概念大，不仅包括了我国刑法上的犯罪行为，而且包括了大量在我国刑法上不作为犯罪处理而只是一般违法行为应受行政处罚的行为，也包括了一些在中国法律上违法都谈不上的行为，甚至包括了在中国只是道德范畴的行为。由于体系的差异，以及由法律体系不断培育的法律观念的差异，中国和外国的"犯罪"概念是不对等的。在荷兰，使用不合标准的旧轮胎可以处两个月以下监禁，在我国则不能。在香港刑法中，也存在着行乞罪、醉酒罪、游荡罪等。如果说小偷小摸、深夜喧嚣、醉酒驾车、无证养狗等这样的行为还够得上中国的违法，那么从菜市场购买活鸡回家途中，倒拎其爪（头朝下）的行为构成虐待动物罪的说法以中国人的思维简直是拿法律开玩笑了，不头朝下拎着，难道要头朝上捧着它不成？在英国，把活蹦乱跳的活虾直接倒进开水中煮是犯罪，而在中国死虾只能降价处理，中国人就爱吃鲜活的东西。

厘清这一基本概念，对于有关司法改革有重要意义。比如一段时期以来法学界热议的"非犯罪化"的问题，如果缺乏对西方犯罪概念的基本知识和文化考察，就不能正确领会"非犯罪化"的真实含义。国外的"非犯罪化"运动主要是针对违警罪而言的，如德国在1975年进行的刑法改革中就排除了违警罪的刑事犯罪性质，把违警罪只视为一般的违反法规行为。由于外国予以非犯罪化的行为在我国大多数本来就没有规定为犯罪，所以我国不存在进行类似于上述国家的"非犯罪化"运动的空间。[①]

（二）中外犯罪概念的差异性的技术性原因

造成"中国刑法上犯罪概念小，而外国刑法上犯罪概念大"这一现象的真正原因，正如越来越多的学者共同认识到的那样，在于中国刑法上的

---

① 赵秉志：《解析犯罪化与非犯罪化之争》，人民法院网，http://www.chinacourt.org/html/article/200403/25/108872.shtml。

犯罪概念不仅包含定性的因素，而且包含定量的因素。

储槐植教授认为，世界上大致有两种界定犯罪概念的模式，即"单纯的定性分析模式"和"定性＋定量分析模式"。定性分析模式，是指立法者在规定犯罪的概念时，只对行为性质进行考察，不做任何量的分析，犯罪构成中不含数量成分。这种模式是目前世界上多数国家通行的界定犯罪概念模式。定性＋定量分析，是指在界定犯罪概念时，既对行为的性质进行考察，又对行为中所包含的"数量"进行评价，是否达到一定的数量对决定某些行为是否构成犯罪具有重要意义。目前只有中国、俄罗斯等少数国家的刑法典采取这种模式。[①]

但也有学者认为，俄罗斯的犯罪概念中也不包含定量因素，因此，当今世界，只有中国在刑法犯罪概念中规定了定量因素。[②] 无论中国的犯罪定义是"独一无二"，还是"独一有二"，都无法回避一个事实，那就是中国刑法上的犯罪概念的确是很特殊的。

这种特殊性表现在，在中国刑法上，一个行为成立犯罪必须首先是有社会危害性的行为，其次这种危害性必须足够严重才足以使其进入刑事司法的庄严视野，否则这一行为将被默认为处于"刑法外"，即"行政内"的状态。

我国刑法中犯罪概念的定量因素在刑法总则和分则中都有具体体现。刑法总则第 13 条在概括规定犯罪的一般概念之后，紧接着用"但书"规定："情节显著轻微，危害不大的，不认为是犯罪。"这一"但书"规定可以理解为是对刑法分则诸多具体犯罪构成数量要件直接规定的和实际内含的量方面要求的总概括。在刑法分则中，可以看到大量的对于"量"的规定，除了规定杀人罪、强奸罪、抢劫罪、放火罪、投毒罪等少部分条文没有明显的字面的"量"的规定外，绝大部分的条文直接在字面上使用了"数额"、"情节严重的"、"情节特别恶劣的"或"造成严重后果的"等明示"量"的语词。

中国犯罪概念中定量因素的存在，是造成中外犯罪概念的差异性的技

---

① 储槐植、汪永乐：《再论我国刑法中犯罪概念的定量因素》，《法学研究》2000 年第 2 期。

② 李居全：《也论我国刑法中犯罪概念的定量因素》，《法律科学》2001 年第 1 期。

术性原因。

由于我国犯罪定义中存在定量因素，一个行为要成立犯罪并进而进入司法的领域，必须首先是个"质"上有害，而且是一个"量"上足够严重的行为。如果一个行为只具备"质"上的有害性，而缺乏"量"上的严重性，则从概念上即不被认为是犯罪，相应地，也就不能进入司法领域，而自动落入行政的范畴。从这个意义上讲，中国犯罪概念中"量"的规定性，相当于一个犯罪控制的总"阀门"，一个总的"分流装置"。当一个社会的全部失范行为在社会控制这个流水线上流经犯罪概念这个阀门的时候，被自动按 1∶9 的比例分流：10% 的行为被引入司法领域，进行高成本的慢处理；90% 的行为被引入行政领域，进行低成本的快处理。

（三）中外犯罪概念的差异性的深层原因

以犯罪概念为社会控制的总阀门而调整全社会失范行为这股洪流的总流量按一定比例在行政渠道和司法渠道的流量，在中国并非是一种偶然现象。

通过梳理中国清末以来的法律变革，笔者发现一个有趣的现象。

事实一：清末法律变革时，违警律施行在刑律之前。大清新刑律直至 1911 年才被颁布，而颁布之后还来不及实施清政府就告垮台。而大清违警律颁布于新刑律之前，1908 年颁布后不久即在全国实施，比刑律颁布早 3 年。

事实二：新中国成立以后，由于历史的原因，在 1949—1979 年的 30 年间我国没有刑法，刑法颁布于 1979 年，而作为新中国最早的法律之一的《中华人民共和国治安管理处罚条例》，颁布于 1957 年，比刑法的颁布早 22 年。

这是个很有趣的现象，无论是清末还是共和国之初，都是先有的违警法后有刑法。当刑法出台的时候，违警法已经在执行了。都是治理犯罪的工具，在产生和投入使用的时间上，行政的方式使用在先，而司法的方式使用在后。这个谁先谁后的事实表明，在中国，正如和其他处于社会变革和奋发图强的国家和民族一样，在治理犯罪的问题上，偏重效率的行政处置模式在偏重公平的司法处置模式建立之前就已经在运行了。在这种先有行政后有司法的情况下，司法模式作为后来者，国家实际上是从正在运行的行政模式的"本体"中切出来一块案件——通过犯罪化的方式——交给新搭建的司法模式来处理，而不是从司法模式中切出来一块案件——通过非罪化的方式——交给行政模式去处理。是从刑法中产生违警法，还是从违警法中产生刑法？两种机制谁先谁后？谁主谁从？这也是一种基本国情。理解这一史实，有助于理解犯罪治理的中国模式。

揭示中外犯罪概念的差异性的深层原因，需要跳出刑法看刑法，需要站在更高的高度审视中国犯罪概念中定量因素的本质及实际功能。具体而言，研究犯罪概念，我们不能从概念到概念，就概念论概念，而应当把犯罪概念放在更大的视野中考察，放在"立法—司法—行政三种权力的关系"这样的涉及国家深层制度安排的语境中，乃至更深刻的经济生活和生产力发展水平的语境中研究。

笔者认为，犯罪定义问题是一个层次性问题，可以分为由浅到深六个层次。从最表层看，这只是个概念问题，是个形式问题。从第二个层次看，犯罪概念问题其实是犯罪分类问题，是如何对一国所有犯罪进行分类治理的问题，仍然是个形式问题。从第三个层次看，犯罪的分类其实是个司法制度层面的问题，问题带有了实质内容，涉及国家的司法制度这样的宏观的带有全局性的制度安排。从第四个层次看，我们可以发现，司法制度其实是与立法和行政制度相关联的，在现代社会，如果离开对立法权和行政权的考察而孤立地去看司法权，就无法理解司法制度之所以然。中国之所以有这样的犯罪概念，与中国立法、司法和行政，特别是司法权和行政权的配置关系有关。从第五个层次看，我们又可以发现，"立法—司法—行政三种权力的关系"涉及我们国家的基本制度，涉及政治、民主和人权这样基础性的范畴。从第六个层次看，所有这些权力关系和制度安排，按照马克思主义的基本原理，是由国家的经济水平和生产力发展状况决定的。对犯罪定义的这种层次性思考，可以用下图表示：

笔者并不想讨论定量因素出现在我国刑法典中并不是我国的首创，也不特别在意现在犯罪定义中包含定量因素的国家究竟是一个还是两个。笔

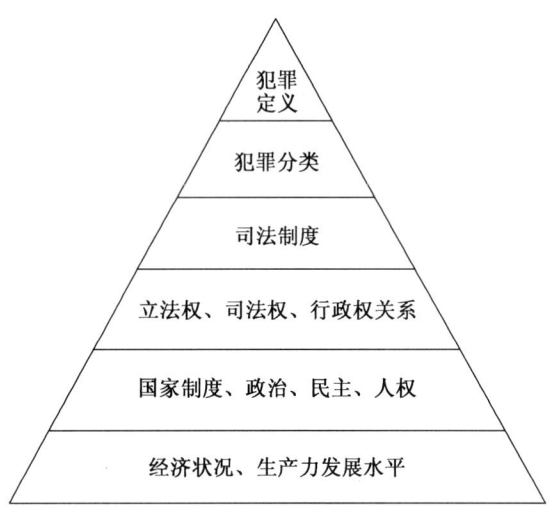

者更倾向于认为：刑法中犯罪概念的定量因素不是什么创新而是一种制度
发育不健全的表现——至少从法律技术上和应然意义上讲是如此。

因为，犯罪概念涉及的是行政权、司法权的配置问题。犯罪概念中定
量因素的存在的必然后果是将本来由司法机关管辖的事务转交给行政机关，
从"立法权、行政权、司法权关系"的视角看，其实质是缩小司法权，扩
大行政权。

这种混乱现象是由我国三种主要国家权力的关系决定的。在我国，立
法权、行政权、司法权三者的关系是模糊的，三者没有恰当分离，还有部
分立法权和司法权留由行政机关行使。实践中存在着"行政权侵蚀立法权、
行政权侵蚀司法权、司法权侵蚀立法权"的现象。行政权侵蚀立法权，主
要表现在行政立法方面。宪法规定我国行政机关即国务院只需根据宪法和
法律，无须立法机关授权，就可以制定行政法规。同时，2000 年《立法法》
已正式明确地将国务院等行政机关，在无须立法机关授权情况下制定行政
法规的行为纳入立法行为之中。行政权侵蚀司法权，表现在行政性限制公
民人身自由的法律制度方面，司法即适用法律，司法活动的核心是审判。
将针对公民人身自由这样的重大实体权利的处罚权交由行政机关，等于将
部分审判权交给了行政机关，混淆了司法行为和行政行为。不经过正当司
法程序，行政机关就可以作出限制公民人身自由长达 4 年的处罚决定，这在

世界各国都是不可思议的。司法权侵蚀立法权，主要表现在司法解释方面，篇幅所限，兹不赘述。

现阶段我国行政机关所行使的部分处罚权从本质上看属于司法权，这部分权力应由司法机关行使，但由于我国立法、司法与行政分离不彻底而没有最终将这部分权力从行政机关划分出来，致使这部分权力仍留在行政机关权内。三种基本权力中，行政权最膨胀，左挤压立法权，右挤压司法权，而立法权最软弱，既受行政权挤压，又受司法权挤压。这是一种非正常的错乱的格局。异常强大的行政权力的存在不是什么创新，而恰恰是制度发育滞后的一种表现。

已有学者认为：犯罪概念中的定量因素的本质是行政权对司法权的篡夺，这个问题是与立法权和司法权联系在一起的。在立法、司法和行政权集中的法律制度下，它是不存在的。在三权分立的法制原则下，它也是不存在的。只有在三权分立但又不完全分立，即行政机关既能行使一部分立法权又能行使一部分司法权的法律制度下，它才会存在。可见它是专制集权向三权分立发展不充分的结果。[①] 对此，笔者深以为然。

然而这种司法制度的缺陷，作为上层建筑的一个部分，按照马克思主义的观点，终究是由我国的经济和生产力发展水平决定的。中外犯罪概念内涵外延的差异性的根源是生产力的差异性。正如发达国家批评中国环境保护一样，今天批评中国的每一个国家在自身发展历史上都经历过和中国相类似的阶段和问题。

（四）中国犯罪概念的有限合理性

前已论及，中国犯罪概念中定量因素的实际功能，可以理解为是动用多大的行政资源和司法资源进行合理配比从而实现有效社会控制的"总阀门"。

如果一国司法资源足够多，而且刑事案件又相当少，让所有案件都经过司法程序，那自然是非常理想的状态。但这是不现实的。历史的发展总

---

① 李居全：《也论我国刑法中犯罪概念的定量因素》，《法律科学》2001年第1期。

是存在着各种悖论，越是发达的国家越是司法资源充足而刑事案件稀少，而越是不发达国家则越是资源少而案件多。这就决定了不同国家在刑事政策上必须现实地作出符合自身实际情况的选择，而选择就意味着放弃，选择效率就要牺牲一定的公平，选择公平就要牺牲一定的效率。

众所周知，在所有法律程序中，刑事司法程序是最严格、最周密、证明标准最高，同时也是最昂贵的。要求一个司法资源不是很充足的国家，超越实际能力地透支司法资源，是危险的和不切实际的。

通过对各国犯罪分类的考察不难发现，采用一元制裁体系的国家都是最早实现现代化的先发国家，而采用二元制裁体系的都是或曾经是封建传统比较强大的现代化后发国家。英国、法国是世界上最早实现现代化的国家，美国在独立之前经济上已经相当发达，独立之后不久就超过英国，成为世界第一。而德国、意大利、奥地利、俄罗斯、日本、中国等都在经历了长期的封建统治之后，大约在 19 世纪中期以后才开始走上现代化道路。

与现代化的先发国家基于内在秩序而从容不迫地自发生成法律体制的发展模式不同，这些后发国家的发展通常是依靠强大的国家（行政）权力的推动而完成的，他们企图在极其短暂的时间内走完先发国家在相当长的时间里走过的道路。所以，在现代化过程中他们无不优先考虑效率的价值。

历史发展的事实证明，这些国家选择的依靠强大行政权力推动的现代化建设是成功的，上述国家特别是德国、日本、俄罗斯，均通过这条道路实现了或初步实现了现代化。反观采用英美民主化制度的一些亚洲和非洲国家，则仍然在现代化道路上蹒跚爬行。[①]

中国近代史上积贫积弱，现在依然是个发展中国家，发展是第一要务。"效益优先，兼顾公平"的理念深入人心。为了实现现代化，为了追求效率，需要有强大的国家权力特别是行政权力。中国变革图强的历史可以上溯到清末，所以在清末法制近代化时，没有选择英美、法国的一元制裁体系，而是由司法机关和行政机关分享对反社会行为的制裁权，并且使行政机关享有了较大的权力。这种模式一直延续至今。

---

① 王政勋：《定量因素在犯罪成立条件中的地位》，《政法论坛》2007 年第 4 期。

笔者无意否认中国在人权保障方面还存在很多问题，但是中国的生产力发展水平在不长的时间里已经达到了一个举世瞩目的高度，这是与效率优先的价值观密切相关的。虽然意识形态的问题现在提的少了，但我们还不能忘记中国是唯一硕果仅存的社会主义大国这一事实，效率优先是解决生存问题的必然选择。

目前中国问题的解决之道不在于废除二元的三级制裁模式，而在于对行政处罚进行司法改造。中国的"刑罚—劳动教养—治安处罚"三级制裁体系的缺陷关键不是刑法中规定了定量因素，不是行政机关也拥有对反社会行为作出反应的权力，而是划给行政机关的权力偏大。1989 年国际刑法学协会维也纳大会决议指出，行政制裁和刑罚之间的根本区别是行政制裁中不能包含剥夺自由的处罚，这种观念应当理解为是一种国际共识。但中国治安处罚法规定的行政拘留并罚时可以达到 20 天，劳动教养中剥夺人身自由的时间最多可长达 4 年，显然不符合法治原则。

基于以上分析，笔者认为，犯罪中定量因素和二元制裁模式存在于中国法律制度之内，是一种历史必然，具有"有限合理性"。

认为"定量因素"具有合理性的学者，不是因为他们不知道中国在犯罪定义是否包含定量因素问题上是绝对少数派的事实，不是因为他们不知道充分保护人权和正当司法程序的好处，也不是因为他们在自己或者亲友遭受劳动教养等的时候仍然觉得劳动教养就是好，而是因为他们对我们的国家和国民有着更深切的关怀。

当然，承认这种"有限的合理性"，并不是要维持现状不要改革，而是只有充分认识这种"有限的合理性"，我们才能理性地进行司法改革。

正如不少专家学者建议的那样，将现存的涉及公民人身自由和重大财产权利的行政处罚制度司法化，构建简易审理程序，应成为相关改革的方向。将涉及公民人身自由和重大财产权利的行政处罚权交由人民法院来行使，建立由行政机关提出申请，人民法院作出判决，人民检察院予以监督，司法行政机关予以执行的新模式。其中，人民法院的判决是核心。人民法院在相应的司法体制改革中，可以通过设立"治安法庭"的方式，实现行政处罚判决的专门化。有的学者建议，治安处罚也可借鉴德国等国家的做法，即将某些轻微的违法行为分出设立"违反秩序法"，其处罚不能包含有剥夺或限制人身自由的措施，只能是低额的罚款等，而且将处罚选择权交给当事人本人，即他要是不服警方的处罚，则案子不能由警方来结案，而必须由法院决定。①

（五）相关制度改革的焦点和底线

本文第一部分论及各国对于轻罪特别是违警罪的立法模式问题，其实这种立法模式的划分并没有多少实质的意义，因为违警罪无论是规定在刑法典内还是在刑法典外，也不论违警罪究竟是"罪"（即与犯罪同质）或不是"罪"（即与犯罪异质），西方国家早已普遍实现了限制人身自由的处罚必须由法院作出这一基本效果，并且从法律上排除了行政机关可以不经过司法审查自行限制公民人身自由的可能性。而我国的情况是，不论我们如何善意地去论证和阐释现存制度的某种合理性，总也绕不开一个基本的事实，那就是行政机关不经过司法审查可以长期或比较长时间地限制公民人身自由。这就是中国犯罪概念定量因素关联着包括劳动教养在内的五六种行政性制度的根本问题之所在。中国刑法是否引入西方国家轻罪、重罪、违警罪的分类并不是一个实质性问题，问题的实质在于，能否通过某种制度设计，实现行政处罚中最敏感的那部分——涉及限制人身自由的部分法律处分——的司法化。离开了这个核心和底线，相关司法改革的探讨将失去意义。

以劳动教养的改革为例，不论劳动教养立法最终确定是行政处罚还是行政措施，是刑事处罚还是保安处分，或是独立的教养处遇，劳动教养的司法化是劳动教养立法不可突破的底线。行政权特别是警察权不能独立地不经司法程序作出生效的长时间剥夺公民人身自由的决定。②

---

① 刘仁文：《关于调整我国刑法结构的思考》，《法商研究》2007 年第 5 期。
② 张绍彦：《论劳动教养立法的几个基础性问题》，《现代法学》2003 年第 2 期。

四 余论

为了更好地进行犯罪概念关联制度的改革，笔者认为，有必要对理论界的一些观念做一审视，以一种开放、科学的心态，重新认识一些我们曾经认为是绝对正确或绝对错误的东西。

（一）关于"我国犯罪概念的定量因素体现谦抑原则"

有学者在探讨犯罪概念中的定量因素时指出，犯罪概念由立法定性，司法定量，这是世界通例。而我国刑事立法中，犯罪概念既定性又定量。它是我国传统治国经验"法不责众"的现代模板，实际起着刑法"谦抑原则"的制度保障作用。[1]

对此，笔者认为，要实事求是地认识这种"谦抑"。这是一种什么样的"谦抑"呢？那些劳教中的被长期限制人身自由的人——都是被"谦抑"进去的。如此一来，不如不谦抑，让行为人明明白白地受刑或者还其自由好了！而且，行政处理的结果实际上并不一定比刑事处罚要轻。姑且不说1年劳教和6个月有期徒刑在执行效果上哪个更重，我们甚至很难说15天的拘留比1个月的拘役"轻"。为什么呢？因为这1个月的拘役是司法审判的结果，是经过了法庭调查、质证、辩论等过程终于查明行为人真的应该坐1个月牢，这1个月牢坐得让人服气！而这15天呢？说不定是冤枉的，行为人可能宁可明明白白坐1个月牢也不愿意不清不楚地被羁押半个月。所以这种"谦抑"往往有很大的折扣，有的时候甚至是一笔糊涂账。

（二）关于司法资源的合理利用问题

在探讨犯罪的定义以及由此而产生的对犯罪的分类治理的问题时，我们不可避免地要涉及一个司法资源合理利用的问题。这是一个非常重要的

---

[1] 储槐植、汪永乐：《再论我国刑法中犯罪概念的定量因素》，《法学研究》2000年第2期。

理论问题。制度的设计如果不把司法资源的合理利用纳入考虑，将很难说是一种现实的路径。笔者完全赞同应从司法资源的有限性的视角去考虑中国犯罪的定义或者重新定义的问题。

但是，笔者也注意到，我们通行的关于司法资源的一些观念似乎存在商榷的余地。

有的学者从正面表述，认为我国定量的犯罪概念把那些没有达到一定数量要求的违法行为排除在犯罪圈之外，交由行政机关处理，这样可以避免刑事司法资源不必要的浪费。① 也有的学者从负面表述，认为如果"轻罪"行为被"入罪"之后，罪犯数量的日益膨胀与国家审判力、国家刑罚能力的矛盾大增；同时它也扩大了法治的人权保障机能与其维系国家统治及其社会和谐机能的矛盾。②

总之，似乎可以概括表达为，如果用司法的方式去处理我国目前由行政方式处理的各类传统"犯罪"之外的违法行为，将导致司法资源的浪费。笔者认为应对这种观念的正确性进行反思。

我们过去和现在一直认为，是恶性的重大刑事案件（而不是轻微违法犯罪行为）在影响着社会治安，所以我们历来强调用刑法手段打击各种严重的现行刑事犯罪，并且确实在处理现行严重犯罪上投入大量司法资源，而且收到了明显的效果。

但是，笔者认为，虽然恶性的重大刑事案件的确会在某一个时间、某一个地区乃至全国造成极为恶劣的影响并影响社会治安，但是，从长期、宏观的角度看，那些我们过去没太重视的数量巨大的轻微违法犯罪行为才是影响社会治安的更加长期和深刻的因素。所以，司法应当适度关注轻微违法案件。

为了直观地说明这个问题，我们可以拿司法与医疗作一类比。医疗在于救治人体之疾病，司法在于救治社会之疾病，两者有一定可比性，而且我们都认为医疗资源和司法资源是有限的且都应当被合理使用。在医疗上，把大量的医疗资源花费在少数恶性不治之症上，通常被认为是在不合理使

---

① 储槐植、汪永乐：《再论我国刑法中犯罪概念的定量因素》，《法学研究》2000 年第 2 期。
② 屈学武：《"轻罪"之法价值取向与人身权利保护》，《河北法学》2005 年第 11 期。

用医疗资源。合理使用医疗资源就是要关注大多数人和大多数疾病。在广大农村，由于缺乏最起码的医疗，居民包括儿童非正常死亡的比例是相当高的。如果每个贫困家庭可以享受哪怕每月几元钱的医疗保障，就可以挽救许多生命，可以极大地提高国民的健康水平。相同的道理，把全部司法资源用到只占一个时期全部违法犯罪行为一小部分的严重违法行为——犯罪之中去，而忽略占绝对比重的非严重违法行为，这才是真正地浪费司法资源。

我们还可以拿司法与学校教育作一类比。我们都认可教育资源和司法资源是有限的且都应当被合理使用。以一个班级为例，教师以大部分精力只关注个别"尖子生"或者个别最调皮捣乱的学生而置班级大部分学生于不顾的做法显然是不对的。以一个国家为例，绝大部分的教育资源被用于占国民少数的城市居民而没有平等地用于占国民多数的农村居民，是在不公正地使用教育资源。在广大落后地区，如果可以解决贫困家庭孩子每学期几元或者十几元钱的书本费，就可以彻底改变一个农村孩子的命运。合理地使用教育资源就是要让广大的农村低收入家庭的孩子不会因为买不起书而失学。

没有观念的变革就不会有制度的变革。我们过去对于犯罪治理的观念如果说有什么偏差的话，这种偏差就在于对重罪的关注太多，对轻罪的关注太少。笔者认为，司法应适当关注轻罪，因为如果治理好轻罪，重罪的数量也必然减少。相反，如果轻罪得不到好的治理，将源源不断地产生重罪。当大家都觉得闯红灯（轻罪）无所谓的时候，更大的交通肇事（重罪）也就在酝酿之中，重罪的发生也只是时间问题。所以，司法的介入，应该提前一点，而不是等到出了特别严重的犯罪才干预。司法介入轻微犯罪不能理解为浪费。司法应当适度介入过去纯行政的领域，适度的犯罪化是有必要的。

（三）关于太多人犯罪的问题

在讨论犯罪概念问题的时候，有不少学者从中国独特的历史文化传统和民族心理的角度出发，提出如果将现行无须作出刑罚处罚的人员，无论其属轻微刑事违法人员还是治安违法人员、戒毒人员、卖淫嫖娼人员、一般参赌人员等全都囊括到犯罪圈中去，如此定性的一大弊害是：这些人员从此被标签成了"罪犯"，这样我国的犯罪量会呈几何级数大幅度扩增。①

对此笔者认为，对这一问题要辩证地看待。

首先，在中国目前的犯罪治理模式下，那部分尚未纳入犯罪圈的人，社会在法律和舆论道德两个层面给予的评价虽然不称"犯罪"，但也不是清白的，何况司法上早有"两劳"的称谓。实践中，有过一次犯罪和有过一次劳教经历并没有太大的区别，虽然我们可以从构成累犯的角度说，不同的法律后果将影响能否构成累犯的问题，但是事实上，这种区别是微弱的，因为劳教人员再犯罪即使不构成累犯这样的法定从重，起码也是个酌定情节。法定也罢，酌定也罢，都从重了就殊途同归了。

其次，笔者也反对完全忽略文化背景和民族心理的立法倾向。法律是关于人的规则，中国法律是关于中国人的规则，如果立法完全不顾中国人的情感，则为恶法。对于给太多人贴上犯罪标签的问题，笔者赞同刘仁文教授的观点，刘教授认为，这种担心完全没有必要，国外有很好的解决办法，如法律直接规定：对适用违警罪、部分轻罪和某些保安处分的人不以"犯罪人"称，不进入犯罪记录；或法律根据罪行轻重分别设立长短不一的前科消灭期，期限一过就消灭他的犯罪记录，只有特别严重的犯罪才保留其终身的犯罪记录。如此一来，对于那些不进入犯罪记录或者前科消灭者，其升学、就业等权利也就不受影响了。②

再次，需要说明，在实行轻罪制度的国家，事实上也并非大家想象的那样，闯了一次红灯，或者从菜市场买了只鸡倒拎着回家就会招来一顶犯罪的帽子。如果真的犯罪化如此严重，那西方国家岂不是成了人间地狱？那些骨子里天生敌视公权力且视政府权力如洪水猛兽的西方国家公民早就不干了，早就移民到中国来了。事实上德国在1975年进行的刑法改革中就排除了违警罪的刑事犯罪性质，把违警罪只视为一般的违反法规行为。甚

---

① 屈学武：《"轻罪"之法价值取向与人身权利保护》，《河北法学》2005年第11期。
② 杨子云：《劳教制度如何终结——专访中国社科院法学所刘仁文研究员》，《中国改革》2008年第1期。

至晚清司法改革的时候，中国就不再认为违警行为是犯罪了。清廷立法者100 年前立法时就认为"违警之性质与犯罪不同，故违警律不得不由刑律而独立，此法理论之所主持也"。① 这在当时可是相当权威的法律解释了。直接参与清末刑法改革的日本专家冈田朝太朗提出，中国虽然制定违警律，但它"与刑律无关，违警虽然称为罪，但与刑法之所谓罪不同。违警罪为违反行政规则，其处分拘留罚金之行政罚则非刑律也。故违警罪不订在刑法中，于刑法之外，另成一部分"。② 北洋政府为了更加明确这个态度，甚至把"违警律"的名称改成"违警罚法"，改"律"为"法"，明确表示不以"违警行为"为"罪"。了解这些事实和史实，有助于我们解读和解决当前的法律问题。

最后，笔者认为，犯罪圈的扩大也是有积极意义的。这个提法乍一听好像耸人听闻。换个角度考虑可以发现，如果把国外的违警罪、轻罪也从形式上纳入刑法，可以引导公民的法律意识，增加社会对犯罪的宽容度。

因为如果犯罪没有了量的规定，所有失范行为至少在形式上具有一致性和可比性，犯罪不再是极少数人偶尔才干的一件很罕见的事情，大家经常违章停车甚至偶尔还闯红灯也都是在犯罪，这样一来，人们对犯罪的心态就平和多了、宽容多了，原来犯罪也不是什么大不了的事啊，大家彼此彼此。我们每一个公民和犯罪的人其实只是行为"量"上的差别，如果不考虑量的因素，轻微违法行为和犯罪是同质的。（当然，这里是从法律文化、法律心理乃至法哲学的意义上的"同质"，并非指现实司法的状况，如前所述。）中国犯罪人回归社会很难，一个重要的原因就是社会"仇罪心理"太重。反思我们过去对待犯罪人的心态，其实是"五十步笑百步"。普通公民（没犯罪，虽然也常违法）总觉得自己和犯罪的人是分属于格格不入的两个世界的。如果把违警罪轻罪和重罪分别比作游泳池的浅水区和深水区，那么去掉犯罪概念中的定量因素，就意味着打通这两个池子，或者

---

① 汤化龙：《大清违警律释义·前加编》。转引熊一新《略谈我国治安管理处罚的性质和特点》，《福建法学》2007 年第 3 期。

② 参见熊元翰《刑法总则》，安徽法学社 1911 年版，第 118—120 页。此书是根据日本法学博士冈田朝太朗在京师法律学堂的讲课笔记加以编辑而成的。

撤掉隔在浅水区和深水区之间的护栏，让国民感觉自己和所有人包括犯罪人其实都是一个池子里的，这有利于培养一种看待犯罪的平等心态。这样的一种氛围的培育，可以逐步消除中国人的"仇罪心理"，进而实现从"仇罪"到"容罪"的文化转变，苟如此，这将是历史性的巨大进步，对于法治建设亦有着深远的意义。

犯罪定义与轻罪处罚

不同法律体制下轻微犯罪处罚的比较研究

［奥］弗兰克·霍普菲尔[*]

序　言

首先，我们需要对"轻微犯罪"这一术语进行界定。因为在不同文化和历史背景下，对犯罪或者更广义的违法行为，存在不同的定义和划分，所以对轻微犯罪的通用定义，应当具有足够的灵活性，以便能够从不同角度对违法行为进行考察。

欧洲国家对此的划分是：既可从抽象意义也可从具体角度理解罪行的"轻微性"。在抽象意义上，可以根据最重的刑罚对犯罪进行划分，或者将之归为"轻罪"或"简易罪"（与"重罪"相对），因此不是每个定罪的间接性结果都能适用这种划分，甚至有些违法行为不属于法院管辖（而由行政程序加以处理）。从具体角度而言，可以限制拘禁性处罚，可以排除任何预审性措施，或者可以根据单一反社会行为特定的严重性来考量违法行为的轻微性。那么正如确定处罚期限、种类和被判缓刑或释放的可能性一样，犯罪构成要素（物质和精神要素）、违法行为人的特征，尤其是其再犯可能性或预防性（威慑的需要）共同决定了判决的过程。

---

[*]　Frank Höpfel，维也纳大学法学院教授。

轻微犯罪非罪化规则结合了上述两方面（如《奥地利刑法典》第 42 章，《前 GDR 刑法典》第 25 章）或控方自由裁量规则（如《德国刑事诉讼法典》第 153 章规定暂时搁置轻微犯罪案件的处理），要求从其抽象性和具体性两方面考察违法行为的轻重。

如何处理通常的轻微犯罪，引出了刑事政策和学说的基本问题。因为刑法的发展是一个法律秩序控制下区别日益增多的过程，为了对不同体制下的明显区别进行一些比较性历史研究，笔者将围绕当代在欧洲国家所能找到的主要模式进行简短的叙述，并追溯到 19 世纪末维也纳出生的弗朗斯·冯·李斯特，他在柏林向世人提出刑罚个别化学说，以促使 1889 年建立了国际刑法联盟（国际刑法学协会的前身）。李斯特这一学说对法典的起草以及 20 世纪最终进行的刑事法律全面改革产生了影响。

然而，最初，有关李斯特学说的争议非常激烈，导致欧洲许多国家如德国、奥地利和瑞士最终停止了改革。其中最富争议性的一点是对轻微犯罪的处理。对以轻微犯罪为固定生活方式的人而言，李斯特及其"社会学派"提倡长期的、若必要则终生的监禁。但是这一政策与"古典学派"相矛盾，后者的原则更接近单个反社会行为的严重性。只有当瑞士教授 Carl Stooss 提出二元处罚性机制和预防性措施后——前者由可罚性决定，后者以未来危险性为标准，但受到相当性原则的限制——到 20 世纪五六十年代，这些改革的努力才获得成功。

为说明欧洲处理轻微犯罪的主要模式，在讲述第三种取代正式判决和定罪的措施前，笔者将先讨论前两种处理的方法；这是对概念的一种转化。在绕过纯粹"非干预性"规则（前面提及的非犯罪化规则或控方自由裁量规则），我们最后不得不引入第四种行政制裁模式。

（一）传统性处罚

20 世纪六七十年代刑法重大改革期间，就轻微犯罪者短期监禁判决的可适用性而论。欧洲对于低于 6 个月以下的监禁刑（轻微犯罪最高刑期）的弊端广泛达成了一致意见，也曾采取措施避免此类处罚。

1）缓刑。短期监禁、附条件缓刑的概念于 1920 年引进。如同提前释放

（附条件假释），缓刑现为世界广泛适用的做法，可以与缓刑令相结合起来进行。存在不同的适用缓刑机制，由国家或帮助对罪犯重返社会的非官方组织来监督。若重新犯罪，则可撤销对判决的缓期执行，或者延长缓刑期限。

2）罚金：结果证明罚金刑比监禁执行起来更为艰难。北欧国家描绘了现代罚金制度。在"计日罚金刑"机制中，可找到一种将罚金刑适用于相同行为的公正方式，但要根据被告人经济状况作出调整。计日罚金的数额与罪行相当，单价罚金的数额根据处罚财物后，被告人在监狱中生活水平的程度来确定。然而，对经济困难的犯罪人来说，虽然执行规则详尽并尽力避免替代性监禁，但是通常不能适用罚金刑（正如德国以1天计日罚金相当于1日监禁或奥地利以2天计日罚金相当于1日监禁的比例替代性适用）。但是，英国的经验说明建立严格与被告人收入相连的单价罚金制度会引起公众不满。

3）已经发展社区服务取代上述的替代性监禁，然而也将之作为符合附条件释放要求的备选措施之一。但是总有不赞成以劳动作为刑罚的形式，因为作为刑罚的劳动对个人心理上的影响会危及其工作态度。特别是英国立法已经制定出一整套以社区为基础的其他处罚形式，包括恢复原状、（无监禁被告人可能的）缓刑令与结合令。

4）监禁：短期监禁刑并未完全被取消。首先一般为初犯者保留上述缓刑的短期刑；但是若之前违法行为轻微并已处罚金，或者是在很久以前犯的罪，对其定罪不一定不适用缓刑。此外，在20世纪90年代，对广泛适用监禁刑以及监禁刑期长的判处比例，批判的态度有所增多。在西方刑事政策问题上，主流观点是摒弃"在监禁期间重返社会的学说"，因为实际上所有努力的结果证明对社会的、心理帮助的需要，只是为消除监禁刑产生相反结果的负面效应。为限制成本，一些国家的立法引进了监禁刑的中间形式及其执行模式，因为判决中一部分的假释（如，在奥地利，被判六个月至三年之间刑期的，若对认为剩余刑期，适用假释足以明确警示被告人和公众，则只需服的刑期为1月以上、所判刑期的1/3以下）。另外，出现了对初犯者"非完全"监禁的各种方式，如瑞士成功引进"不完全拘禁"（晚上在监狱），在《西班牙刑法典》中可预知的"周末拘禁"和荷兰引进的多种中间形式执行判决等。

（二）预防性措施

1）严格来说，在双重机制下，单独适用或结合缓刑令适用缓期执行（包括罚金刑的缓刑）以及提前释放的做法，并非是刑罚性而是预防性措施。不过这些预防性措施仍然具有与刑罚紧密相关的特征，然而各种独立监禁性措施的特点对此又有所超越。如今，对人身自由的限制只能针对中等或严重犯罪行为人。提及刑法上监禁性预防措施中最重要的形式，对精神病患者、吸毒者、极度危险累犯的监禁同样如此。在判决中不确定预防措施的适用期限，而是由其人身危险性的持续性决定。因此，这可能曾是——现在仍然是整个刑法改革中最棘手的问题。法治原则既由最高监禁期体现，也由引起违法行为的准确范围体现。但是基本观点是可以出于公共安全需要对有罪可罚尚不足以被监禁的当事人进行监禁。

2）为什么笔者把这种处罚制度与轻微犯罪相提并论呢？因为传统上，从 16 世纪下半叶从英格兰和荷兰开始而后传遍近整个欧洲、并最终在 19 世纪末李斯特"社会学说"方案中被强调的"劳改所"机制，这种机制允许对那些犯有如强制性乞讨、醉酒、卖淫和流浪等轻微罪行者进行监禁和长时间拘禁，这通常在其被第三次定罪之后。

在欧洲，现在此种机制却行不通。特别是在李斯特发起的广泛讨论影响下，经证明针对轻微犯罪者的"劳改所"这一概念不符合公众眼里对公正的期望，也不符合罪刑相当概念。然而，德国刑法和刑事政策的原理支持法治原则中预防性措施的上述基础，尤其是相当性原则［2000 年 12 月 8 日《欧盟基本权利宪章》第 49 条（3）所表达的，刑事处罚与罪行相当含义］，不包括预防性或辅助性监禁措施的想法（亦参见封闭型机构内对极端危险罪犯"社会矫治"的概念，该概念出现在 1969 年起草的《德国刑法典》，但该法典从未生效）。

在"社会防卫"方案中提出来唯一能使劳改所机制得以存续的替代性方法，这个方案从根本上试图批判过时的刑法体制并希望以一套社会自我防卫措施取而代之（参见 1941 年古巴 Gramatica 草典）。如今此学派已经过时了。传统的罪刑观念在人们思想中根深蒂固。20 世纪 70 年代大多数欧洲国家废除了劳改所，奥地利在 1974 年废除。极少数国家至今仍在法律中保留劳改所，只是实践中不再使用。

在此，笔者想就转化期的经验作些评论。在关闭某些拘留所时，必须要考虑的不仅有被拘留者，还有监管者和场所。对被拘留者而言，由其违法行为决定是否继续拘禁或缩短期限。这样做常会引起一些社会问题，对正常的监禁来说也会如此。一旦拘留所被改成商店或工厂，有些也能成为很好的中级或较低级别的管理人员。此外，可将留宿机构改成无家可归者的住所。

3）对于预防性措施，在现代刑事政策考虑中，我们可以作出结论的是并不赞同建立轻微犯罪拘留所。但为说明这点，我想说说另外两点。第一，对未证实的罪行而基于未来危险性而采取的预防措施，从原则上是不足以对当事人进行拘禁的，除非从医学角度（此处，对于将要实施危及生命和身体行为的精神病患者，改革已降低了对此拘禁的可能性）。在英国，对犯有严重罪行精神病患者适用拘留令的建议引发了激烈争议。第二，在侦查阶段（预审阶段），对已实施违法行为嫌疑人采取预防性监禁引发另一个问题。对轻微罪行争议最多的是此种拘禁的形式。又回到相当性原则上来，欧洲数个国家将此类审前拘禁限制适用于从抽象性和具体性而言均为严重的违法行为；如在德国，只在六种情况下允许仅仅为预防嫌疑犯未来人身危险性对其进行拘禁：严重的性犯罪、重伤、极为严重的财产犯罪、放火、严重的毒品犯罪和严重的暴乱罪（《德国刑法典》第 112 条）。奥地利立法只在区法院允许这种形式的审前拘禁（反而可罚性不长于 1 年监禁的违法行为通常被县法院判为胜诉）。在《欧洲人权公约》中，任何审前拘禁在与可能判处结果相比，还受到相当性原则的限制。

（三）转化性措施

作为一种新的模式，在轻微犯罪方面，转化性措施是代替刑罚和犯罪记录的重要方法。历史上，主要有两种渊源，20 世纪 70 年代随着吸毒人数的增加，出现了国家替代性反应、不允许检察官仅因几率问题撤销案件。除此之外，为找到避免剥夺人身自由的新方法，青少年犯罪司法机制成为一个试验性领域。

今天，这些替代性措施为人们所熟知，不仅对吸毒者（对其各种形式的非拘禁性矫治原则）或青少年犯罪。一方面，被害人的立场在刑事政策上获得支持。为实现恢复性司法，提高被害人尽可能及时、便捷获得因违法行为受到损害的赔偿可能性，比定罪处罚更为重要、也比国家的福利措施更好。在这种关联中，（追溯到中国传统实践，在当事人之间的）调解显得重要。除此之外，以违法行为人为重点的方案表明，在避免犯罪记录留下正式污点方面，收到了很好的效果。借此，倾向于降低违法行为人重返社会门槛的、非正式的、不留污点的方法，在德国、奥地利等国尤其是轻微犯罪案件中被广泛使用。

可由检察官或法院（甚至开庭审理后判决前）处理。两种形式都构成经被告人同意的附条件终结诉讼。可对之登记为"转化性记录"但不构成犯罪记录。在现代欧洲大陆，虽然"转化"一词有诸多含义（如英国法律中，它是指通过社区服务和其他类似做法，来替代监禁刑），但是人们把这一术语视为定罪处罚多余性的同义词。

（四）行政处罚法

代替犯罪记录的传统做法之一是将违法行为作为行政违法而非犯罪来处理。例如，在中东欧国家使用这种做法来处理商店盗窃。总的来说，交通违法行为是实践中最重要的领域。不过也包括有关卖淫或强制性乞讨的法律。

这两种处罚性法律的区别取决于国内法律的结构，只能根据宪法体制来评判，如奥地利就有用行政处罚法来处理"违警罪"的长期传统，但是，因未经正当程序而受责难，奥地利宪法已经对罚金刑和监禁刑进行了限制，这些处罚的最高期限为六周、由独立的行政机构复核。其他的违法行为则要求由法院来处理。

德国法律体系则不同。允许被告人将依行政程序对所谓"违规行为"

处理的案件提交县法院。在德国体系中，只能科处罚款（如即决罚金刑），不能对此类罚金刑的执行适用替代性监禁。

在欧洲理事会或欧盟致力于刑罚规定相似性之际，欧洲各国正在考虑各种处理轻微罪行的方法。例如，《欧洲保护环境刑法公约》迫使缔约国接受采取一定的刑罚制裁和措施。然而对于轻微犯罪，公约第 4 条允许选择适用刑事或行政制裁和/或措施。后者包括行政罚款，也包括对环境的征用和恢复。其他处罚性的措施可以包括撤销许可证或取消职业资格，但是也可以对可适用罚金的违反行为进行简单的警告。

小　结

在过去数十年时间里，许多国家为形成处理轻微犯罪的文明方式进行了大量的努力。主要有两个目标：一是最后论据原则。所作的判决必须仅出于必要。这就是英国法律中强调的处罚的有效性使用。在欧洲大陆一些国家，同样的目标被延伸至定罪过程（正如奥地利和德国转处机制所显示的）。由此，国家公诉人获得了与准审判机构实际上同样重要的地位。

其二，无论何时累犯有明显的犯罪生活化倾向，都适用相当性原则。所作的处理不能与所犯的违法行为不相对应。因此，在欧洲刑事司法体制中，不能继续存在劳改所和针对轻微犯罪的类似机构。在有些国家，非罪性拘禁体制仅针对严重的违法行为人。

欧洲国家立法表述的多样性表明的不仅仅是文化的差异，还表明形成一套恰当处理轻微犯罪的方法是一项艰巨任务，但也表明各国有希望在某点上达成一致。

然而，目前这种趋势看上去危及明确性原则，因为大量的处理方法会被极端扩大。总是要在寻找合理处理个案和追求司法公平性、可预见性中达成妥协。

总之，笔者希望从另一个视角引起读者的关注。在讨论轻微犯罪的法律时，考虑小范围内案件适用替代性处罚，这既是挑战又是机遇，对整个刑罚体系也会产生影响。这就说明为什么有些国家，如葡萄牙、西班牙、斯洛文尼亚，最近发现把无期徒刑看成多余而可能将之废除。

因此，发展轻微犯罪的处罚体制，会从整体上明显降低刑事司法体制的社会和经济成本。

附表1　　　　**奥地利、德国、瑞士、西班牙和英国法律的刑罚**

	监禁刑	罚金刑	社区为基础的刑罚
奥地利	监禁刑期为 2 年以下的，若特别或一般威慑性不要求执行判决，则可以适用缓刑。 结合罚金刑或在监狱至少 1 个月至刑期 1/3 的，可对监禁部分刑期适用缓刑。 对短期监禁刑没有调解模式（罚金刑优先）。	自 1975 年以来主要处罚体制：计日罚金。 替代性处罚：只能是监禁刑（2 天计日罚金＝1 天监禁）。 总的原则是，法院必须避免 6 个月以下的监禁刑并处罚金，除非出于特别或一般性威慑要求而判处监禁刑（缓期或不缓期执行）。 罚金或部分罚金缓刑执行的可能。	N/A
德国	监禁刑期不长于 1 年的，若特别或一般威慑性不要求执行判决，则可以适用缓刑。 对短期监禁刑没有调解模式（罚金刑优先）。	处罚体制：计日罚金。 替代性处罚：只能是监禁刑（1 天计日罚金＝1 天监禁）。 总的原则是，法院必须避免 6 个月以下的监禁刑并处罚金，除非出于个别化或一般性威慑要求而判处监禁刑（缓期或不缓期执行）。	被害人—违法行为人之间的调解代替所判部分刑期或许可释放（无宣判的定罪）。
瑞士	监禁刑期不长于 18 个月的，可缓期执行（2003 年通过的草案正在扩大此规则）。 调解判决：监禁刑期不长于 12 个月的，可以"不完全拘禁"服刑（＝只在空闲时间）；判决不长于 3 个月的，可转化成社区服务（每天 4 个小时）；极短监禁刑的（不长于 14 天）：可分成单独的天数（"周末拘禁"）。	即决罚金（2003 年通过的草案包括计日罚金）；无缓期执行罚金（起草缓期执行罚金的规定）。	作为替代性处罚代替不长于 3 个月的监禁刑期。 作为通用判决：可能存在青少年刑法中；根据 2003 年通过的草案，成年人案件中也允许社区服务（包括服务的缓刑执行）。

续表

	监禁刑	罚金刑	社区为基础的刑罚
西班牙	监禁刑期不长于 6 个月的，必须以"周末逮捕"方式执行，常可转化为罚金或社区服务。	计日罚金（5 天到 24 个月）替代性监禁（2 天计日罚金 = 1 天监禁）	社区服务不仅在"周末拘禁"体制中存在（见第 1 栏），也在普通判决中存在。
英国	监禁刑期不低于 6 个月的，但不高于 2 年的，若存在例外情况法院同意的可缓期执行。简易罪主要处罚之一（可处于不高于 6 个月的监禁或不高于 5000 英镑的罚金；在地方法院管辖内）。"单价罚金"（直接与违法行为人的收入有关），1991 年引入，但遭到公众反对，1993 年废除该体制，立法回溯至即决罚金刑，主要与违法行为人有关。	多用于缓刑（无监禁违法行为人的可能）；也经常被用为：社区服务；赔偿令（应向被害人支付）。其他形式：辅导中心令（对 21 周岁以下的青少年违法者）；宵禁令。	

附表2　　　　　**在奥地利、德国、瑞士、西班牙和英国法律中的预防性措施、转化法、行政制裁**

	拘禁性质的预防措施		转化法	行政制裁
	在实体刑法中	预审性拘禁		
奥地利	对精神混乱违法行为人的拘禁，罪行最高刑在 1 年以上监禁的。存在与毒品有关的未来危险性，可在矫治性机构中拘留吸毒违法行为人。	在区法院案件中，未来危险性只是拘留的原因（违法行为可处以 1 年监禁刑和其他特殊案件如危险性威胁），若无更宽大的措施（如被送远离家人并为防止家庭暴力命令不得回家）。	对违法行为最高处以 5 年刑罚（青少年案件为 10 年刑罚）的，转化性措施（附条件的终结诉讼），若罪过不够严重，未引起死亡结果且特别或一般性威慑不要求进行处罚：支付一定额金钱、进行社区服务、有或无命令的缓刑期间、庭外解决。对吸毒者附条件终结诉讼特别规则。	行政处罚法：罚金刑和短期监禁刑（不高于 6 周）；可由监禁刑代替罚金。无犯罪记录；无缓期执行。

续表

	拘禁性质的预防措施		转化法	行政制裁
	在实体刑法中	预审性拘禁		
德国	精神混乱违法行为人的拘禁。存在与毒品有关的未来危险性，可在矫治性机构中拘留吸毒违法行为人。	在轻微案件中不会因预防未来危险性而进行拘禁。	对最高判处 1 年处罚的违法行为，转化性措施（附条件释放），若罪过不严重且特别或一般性威慑不要求进行处罚：为被害人恢复原状、向国家或公益性机构支付一定数额金钱、进行社区服务。对吸毒者，附条件释放的特别规定。	"违规行为"罚金刑（5—1000 马克；无犯罪记录）。
瑞士	青少年违法行为人教育中心（25 周岁以上青少年和成年人）出于预防性目的代替刑罚。	在轻微案件中不会因为预防未来危险性而进行拘禁。	不适用于普通案件。在特定吸毒案件中，代替起诉的矫治法。	纯行政处罚：轻微违反纳税义务。警察在违反交通行为或其他违反行为中的处以罚金权力。无犯罪记录。
西班牙	精神混乱违法行为人、吸毒违法行为人或生理残疾违法行为人，基于任何违法行为的未来危险性各自拘禁设施。	法院基于嫌疑人犯罪记录、根据个案的情况（在条文中对此严厉批判），适用临时性逮捕的广泛裁量权。有关家庭暴力特别立法允许将嫌疑人送离家庭并命令不得与家人联系。	N/A	轻微违法行为，特别在交通案件也在非法用药情况下，由警方处罚（不能用监禁替代的罚金刑）。
英国	N/A（英国法律上只有精神健康法对允许非罪性拘禁有管辖权。）	如果地方法官有实际根据相信嫌疑人会进一步犯罪，即使只是轻微的犯罪，也不得被保释。	N/A	警察对违反交通行为和其他违反行为适用罚金刑权力（确定特定罪行的数额）。被告人可选择地方法院但大多数人以邮件对有罪进行答辩。无犯罪记录。

参考文献

ANCEL, La défense sociale nouvelle, 3e ed. , Paris 1981.

ASHWORTH, Reform des englischen Strafzumessungsrechts, Zeitschrift für die gesamte Strafrechtswissenschaft 106 (1994), pp. 605—624.

ASHWORTH, Sentencing and Penal Policy, London 1983.

ASHWORTH, Sentencing and Criminal Justice, London 1992.

DÖLLING, Die Weiterentwicklung der Sanktionen ohne Freiheitsentzug im deutschen Strafrecht, Zeitschrift für die gesamte Strafrechtswissenschaft 104 (1992), pp. 259—289.

GRüNWALD. , Sicherungsverwahrung, Arbeitshaus, Vorbeugende Verwahrung und Sicherungsaufsicht im Entwurf 1962, Zeitschrift für die gesamte Strafrechtswissenschaft 76, (1964), pp. 633—668.

FRISCH, Das Marburger Programm und die Maßregeln der Besserung, Zeitschrift für die gesamte Strafrechtswissenschaft 94, (1982), pp. 565—598.

HAUSER, Die Behandlung der Bagatellkriminalität in der Schweiz, Zeitschrift für die gesamte Strafrechtswissenschaft 92 (1980), pp. 295—311.

HIRSCH, Zur Behandlung der Bagatellkriminalität in der Bundesrepublik Deutschland, Zeitschrift für die gesamte Strafrechtswissenschaft 92 (1980), pp. 218—254.

国际刑法学协会 et al. , 被告人与被害人:《司法程序公正性的责任》, 提交给 2000 年维也纳第十次联合会议。

JESCHECK (Hrsg.), Die Freiheitsstrafe und ihre Surrogate im deutschen und ausländischen Recht, Baden Baden 1983.

KAISER, Möglichkeiten der Bekämpfung von Bagatellkriminalität in der Bundesrepublik Deutschland, Zeitschrift für die gesamte Strafrechtswissenschaft 90 (1978), pp. 877—905.

KERNER/KASTNER, Gemeinnützige Arbeit in der Strafrechtspflege, Schriftreihe der Deutschen Bewährungshilfe e. V. , Neue Folge, Band 5,

Bonn 1986.

KINZIG. , Die Sicherungsverwahrung auf dem Prüfstand, Kriminologischer Forschungsbericht aus dem Max Plank Institut für ausländisches und internationales Strafrecht, Band 74, Freiburg i. Br. 1996.

MIKLAU/SCHROLL (Hrsg.), Diversion-Ein anderer Umgang mit Straftaten, Analysen zur Strafprozessnovelle 1999, Wien 1999.

NAUCKE; Die Kriminalpolitik des Marburger Programms 1882, Zeitschrift für die gesamte Strafrechtswissenschaft 94, (1982), pp. 525—564.

NOWAKOWSKI, Vom Schuld zum Maßnahmenrecht? In Göppinger/Hartmann, Kriminologische Gegenwartsfragen, Heft 10, Stuttgart 1972, pp. 1—17.

NOWAKOWSKI, Die Maßnahmenkomponente im StGB, in: Neider (Hrsg.), Festschrift für Christian Broda, Wien 1976, pp. 193—213.

NOWAKOWSKI, Die Behandlung der Bagatellkriminalität in Österreich, Zeitschrift für die gesamte Strafrechtswissenschaft 92 (1980), pp. 255—294.

OSTENDORF. (Hrsg.), Von der Rache zur Zweckstrafe, 100 Jahre Marburger Programm von Franz von Liszt, Frankfurt am Main 1982.

PILGRAM, Die erste österreichische Rückfallstatistik-ein Mittel zur Evaluation regionaler Strafenpolitik, Österreichische Juristenzeitung 1991, pp. 557—586.

RIKLIN, Neue Sanktionskonzepte in Europa, in: 23. Strafverteidigertag vom 12—14. März 1999 in Bremen, pp. 267—287.

RIKLIN, Statement zur Situation in der Schweiz im Rahmen einer Podiumsdiskussion über kriminalpolitische Konzepte in Europa an der Tagung der NKG vom 30. 9. – 2. 10. 1999 in Göttingen (in print) .

SAGEL-GRANDE. , Die Maßregeln der Besserung und Sicherung im strafrechtlichen Rechtsfolgensystem der Niederlande, Zeitschrift für die gesamte Strafrechtswissenschaft 103, (1991), pp. 732—760.

SAGEL-GRANDE, Neue Entwicklungen im niederländischen Maßregelrecht, Zeitschrift für die gesamte Strafrechtswissenschaft 106 (1994), pp. 869—879.

SCHÖCH, Empirische Grundlagen der Generalprävention, in: Festschrift für Hans-Heinrich Jescheck, Berlin 1985, pp. 1080—1105.

SCHWIND/BLAU, Strafvollzug in der Praxis, 2. Aufl. , Berlin-New York 1988.

THIENEL, Verwaltungsverfahrensrecht, Wien 2000.

WALTER/MAYER, Grundriß des österreichischen Verfahrensrechts, 6. Aufl. , Wien 1995.

奥地利、德国、瑞士、西班牙和英国法律评论:

FOREGGER/FABRIZY, Die österreichische Strafprozeßordnung und wichtige Nebengesetze, 8. Aufl. , Wien 2000.

FOREGGER/FABRIZY, Strafgesetzbuch und ausgewählte Nebengesetze, Wien 1999.

GONZáLEZ-CUéLLAR GARCíA et al. , Ley de enjuiciamiento criminal, 7. a ed. , Madrid 1995.

HANACK, in LEIPZIGER KOMMENTAR zum StGB § § 61—67, 11. Aufl. , Berlin-New York 1992, § 66.

HILGER, in LÖWE-ROSENBERG, Großkommentar zur StPO § § 112—136a, 25. Aufl. , Berlin-New York 1997, § 112a.

HÖPFEL/RATZ, Wiener Kommentar zum Strafgesetzbuch, 2. Aufl. (loose-leaf), Wien 1999/01.

JESCHECK/WEIGEND, Lehrbuch des Strafrechts Allgemeiner Teil, 5. Aufl. , Berlin 1996.

KAISER/KERNER/SCHÖCH, Strafvollzug, 4. Aufl. , Heidelberg 1992.

KIENAPFEL/HÖPFEL, Grundriß des österreichischen Strafrechts Allgemeiner Teil, 9. Aufl. Wien 2001.

KLEINKNECHT/MEYER-GOSSNER, Strafprozessordnung, 43. Aufl. , München 1997, § 112a.

LACKNER, Strafgesetzbuch mit Erläuterungen, 15. Aufl. , München 1983,

§ 65.

LEMKE, in HEIDELBERGER KOMMENTAR zur Strafprozessordnung, 2. Aufl., Heidelberg 1999, § 112a.

LEUKAUF-STEININGER, Kommentar zum Strafgesetzbuch, 3. Aufl., Eisenstadt 1992.

MüLLER-DIETZ, Strafvollzugsrecht, Berlin-New York 1977.

REICHEL, Corrections, Minneapolis/St. Paul 1997.

RIKLIN, Schweizer Strafrecht, Allgemeiner Teil I, Zürich 1997.

ROXIN., Strafrecht Allgemeiner Teil, Band I, 3. Aufl., München 1997.

SCHULZ, Einführung in den Allgemeinen Teil des Strafrechts, Zweiter Band, 3. Aufl., Bern 1977.

STRAFRECHT DER DEUTSCHEN DEMOKRATISCHEN REPUBLIK, Kommentar zum Strafgesetzbuch, Berlin 1984.

STRATHENWERTH, Schweizer Strafrecht Allgemeiner Teil II, Strafen und Maßnahmen, Bern 1989.

THOMAS, 当前实践中的判决（活页），伦敦 2000。

TRECHSEL, Schweizer Strafgesetzbuch, 2. Aufl., Zürich 1997.

TRÖNDLE/FISCHER, Strafgesetzbuch und Nebengesetze, 50. Aufl., München 2001.

进一步阅读：

AERTSEN/PETERS, 比利时调解和恢复性司法，《欧洲刑事政策与研究》6（1998），pp. 507—525。

ALBRECHT，《判决和差异——比较性研究》，《欧洲犯罪、刑法和刑事司法》，Vol. 2, no 2（1994），pp. 98—103。

BURGSTALLER, 奥地利刑法的最近趋势，《欧洲犯罪、刑法和刑事司法》，Volume 7, Issue 3, 1999, pp. 249—261。

COUNCIL OF EUROPE，《犯罪和刑事司法策略的欧洲原始资料集》，Strasbourg 1999。

JOUTSEN，欧洲犯罪和刑事政策的第四届研讨会综述，《欧洲刑事政策与研究》，Vol. 2，no. 4（1994），pp. 7—13。

JUNGER TAS，荷兰判决政策的最近趋势，《欧洲刑事政策与研究》，Vol 6（1998），pp. 479—505。

TREPANIER，百年后的青少年法庭：历史和现代的方向，《欧洲刑事政策与研究》，Vol. 7（1999），pp. 303—327。

VáLKOVà，执行社区处罚和措施的一些评论，《欧洲刑事政策与研究》，Vol. 6（1998），pp. 573—579。

VAN HEES，Halt：早期预防和控制的最近发展和研究，《欧洲刑事政策与研究》，Vol. 7（1999），pp. 405—416。

WALGRAVE，重返社会的超越：寻找青少年犯罪司法应对的建设性替代法，《欧洲刑事政策和研究》，Vol. 2 no 2（1994），pp. 57—75。

ZORRILLA，西班牙毒品和刑事政策（1982—1992），《欧洲刑事政策和研究》，Vol. 1 no 2（1993），pp. 76—95。

ZYL SMIT，社区性处罚的法律标准及限制，《欧洲犯罪、刑法和刑事审判》，Vol. 1（1993），pp. 309—331。

论劳动教养立法问题

滕　炜[*]

　　我国的劳动教养制度从设立发展至今，已经快五十年了。在这将近五十年里，我们国家经历了新中国成立初期巩固政权、社会主义建设、文化大革命和改革开放等几个重大历史发展和变革时期。在这几个时期，劳动教养制度也几经波折，以不断适应形势的需要调整和发挥自己的功能，为维护社会秩序发挥了重要作用。但是随着国家的发展，尤其是改革开放后随着法制建设的发展和公民法律意识的普遍提高，劳动教养制度已经明显地暴露出不适应国家民主法制建设要求的弊端。在党的"十五大"把依法治国建设社会主义法制国家作为治理国家的基本方略、国家民主法制建设进程走向新的阶段以后，劳动教养制度显然越发显现出与时代的差距。劳动教养制度的立法改革和完善已经成为当今我国法制建设发展的必然要求，成为目前司法改革面临的一项紧迫任务。本文拟从对劳动教养进行立法完善的角度提出一些观点，与大家进一步研讨。

*　全国人大常委会法制工作委员会刑法室副主任。

一 我国劳动教养制度产生和发展的简要历程

（一）劳动教养制度的创建

新中国成立初期，为了巩固新生的国家政权，维护社会安定，1950 年中央发布了《关于镇压反革命活动的指示》，在全国范围内开展了镇压反革命的运动。随着"镇反"运动取得胜利，中央决定在全国党政军机关、团体、企业、学校等单位内部开展大规模的肃清暗藏的反革命分子的运动，即"肃反"运动。1955 年 8 月 25 日，中央发布了《关于彻底肃清暗藏的反革命分子的指示》，其中对"肃反"运动中清理出来的反革命分子和坏分子的处理工作作了如下规定："对这次运动中清查出来的反革命分子和其他坏分子，除判处死刑和因为罪状较轻，坦白彻底或因为立功而继续留用的以外，分两种办法处理。一种办法，是判刑后劳动改造。另一种办法，是不能判刑而政治上又不适于继续留用，放到社会上又会增加失业的，则进行劳动教养，就是虽不判刑，虽不完全失去自由，但亦应集中起来，替国家做工，由国家发给一定的工资。各省市应即进行筹备，分别建立这种劳动教养的场所。"从劳动教养设置的初衷来看，具有明显的政治背景和政治目标，主要是服务于"肃反"运动和巩固新生政权，针对既不够判刑又不适合在单位继续留用的"反革命分子"和"坏分子"的一种社会安置措施，而不是一般意义上解决就业问题的安置措施。主要对象是"反革命分子"，在"坏分子"中有一些是危害社会治安的。

到 1956 年 1 月，随着斗争形势的发展，中央继续发出了《关于各省市应立即筹办劳动教养机构的指示》，进一步明确指出：在肃清一切暗藏的反革命分子的运动中，将清查出一批不够逮捕判刑而政治上又不适合继续留用，放到社会上又会增加失业的反革命分子和其他坏分子，需要进行适当的处理。为了妥善地解决这个问题，中央决定，采取劳动教养的办法，把这些人集中起来，送到国家指定的地方，组织他们劳动生产，替国家做工，自食其力，并且对他们进行政治、思想改造工作，使他们逐渐成为对国家真正有用的人。文件要求各省市立即筹办劳动教养机构，并对劳动教养的性质、任务、指导思想和审批权限等作了原则规定。至此，劳动教养作为一项强制性的教育改造制度在我国应运而生。从这项制度的创建阶段来看，一开始只是政策性规定，还没有上升为法律。

（二）劳动教养法律制度的建立

劳动教养制度法律化的发展阶段，主要是以 1957 年 8 月全国人民代表大会常务委员会批准的国务院《关于劳动教养问题的决定》为标志。我国1954 年宪法规定：全国人大常委会有权制定法令；国务院可以根据宪法、法律和法令，规定行政措施，发布决议和命令。当时，以全国人大常委会批准国务院决定的形式发布的《关于劳动教养问题的决定》，不管其性质是属于法令还是行政措施或命令，从广泛的意义上说，应当属于国家法律的范畴。从 1979 年五届全国人大常委会第十二次会议通过的《关于中华人民共和国建国以来制定的法律、法令效力问题的决议》来看，"从 1954 年 9月 20 日第一届全国人民代表大会第一次会议制定中华人民共和国宪法以来，全国人民代表大会和全国人民代表大会常务委员会制定、批准的法律、法令，除了同第五届全国人民代表大会制定的宪法、法律和第五届全国人民代表大会常务委员会制定、批准的法令相抵触的以外，继续有效"。因此，对全国人大常委会批准的《国务院关于劳动教养问题的决定》，认为是法律，是有根据的。也就是说，劳动教养制度从 1957 年开始纳入了国家的法制轨道。尽管当时这个文件对劳动教养限制人身自由的期限以及其他一些重要问题没有作出规定，以现在社会的价值观进行评判，是不理想的，但限于当时的历史条件，经过全国人大常委会这样的最高权力机关通过并公开向社会发布，已是国家法制建设的一个进步。

关于当时的劳动教养的性质，《决定》定位于"是对被劳动教养的人实行强制性教育改造的一种措施，也是对他们安置就业的一种办法"，从对象上来看，比劳动教养初建时期所规定的"反革命分子"和"坏分子"有了更具体的规定，突出了维护社会治安的特点：（1）不务正业，有流氓行为或者有盗窃、诈骗等行为，不追究刑事责任的，或者违反治安管理、屡教不改的；（2）罪行轻微，不追究刑事责任的反革命分子、反社会主义的反动分子，受到机关、团体、企业、学校的单位的开除处分，无生活出路的；（3）机关、团体、企业、学校等单位内，有劳动能力，但是长期拒绝劳动或者破坏纪律，妨害公共秩序，受到开除处分，无生活出路的；（4）不服从工作分配和就业转业的安置，或不接受从事劳动生产的劝导，不断无理取闹，妨害公务，屡教不改的。可以看出，当时通过法律形式对劳动教养作出规定，仍然保留了服务于政治斗争需要的内容，如"罪行轻微，不追究刑事责任的反革命分子、反社会主义的反动分子"，当时除了对"肃反"中清理出来的反革命分子可以实行劳动教养外，在扩大化的"反右"运动中，对一些划为"右派"的人，也实行了劳动教养。但是，《决定》更加突出了管理社会治安的内容。当时《人民日报》在一篇社论中这样说："事实证明，对于这些坏分子，一般地用说服教育的办法是无效的；采取简单的惩罚方法也不行；在机关、团体、企业内部也绝不能继续留用；让他们另行就业又没有人愿意收留他们。因此，对于这些人，就需要有一个既能改造他们，又能保障其生活出路的妥善办法。根据人民政府长期的研究和考虑，把他们收容起来，实行劳动教养，就是最适当的也是最好的办法。""就是国家把那些坏分子收容起来，加以安排，给他们适当的劳动条件，例如由国家投资举办一些农场和工厂，组织他们生产，甚至强制他们生产，用这样一种办法来使他们有饭吃。这样说来，劳动教养既是通过他们自己的劳动养活他们自己，同时也是通过劳动来改造他们自己。这正表现我们社会主义国家对于这些人的生活、劳动、前途的关怀和负责精神。国家对于他们的处理和安排，也正是为了保障绝大多数劳动人民的自由幸福生活和社会主义秩序不受破坏。"①

到60年代初，针对劳动教养制度施行中存在的一些问题，如《决定》没有对劳教的期限作出规定，执行中有些地方扩大劳教对象，有的将劳教人员和犯罪的劳改人员混合关押、执行等，公安部门通过总结经验，根据中央的精神，对劳动教养进一步作了规定，要求严格掌握劳动教养的适用

---

① 《人民日报》1957年8月4日第1版。

对象，劳动教养的期限一般为两年至三年，对表现好的，可以提前解除劳教，表现不好的可以延长劳教期限等。这些规定虽然是内部掌握，但对规范劳动教养制度起到了一定作用。

（三）改革开放后劳动教养制度的进一步发展

粉碎"四人帮"和"文化大革命"结束，我们国家开始走向全面发展的康庄大道。当时的形势分析是，阶级斗争依然存在，但已不是我们国家的主要矛盾，国家开始走向以经济建设为中心的发展时期。但同时，在社会上一些人尤其是在部分青少年当中，受"十年动乱"无法无天、打砸抢等无政府思潮的影响，社会伦理道德观念丧失，流氓习气严重，给急需稳定的社会带来治安问题。发展必须以稳定的社会环境为前提，1978 年以后，在党的十一届三中全会加强社会主义民主和法制建设方针的指引下，在"文化大革命"时期处于停滞状态的劳动教养制度又开始走向恢复和发展的道路，承担起维护社会治安秩序的重任。1979 年 12 月，全国人大常委会批准公布了《国务院关于劳动教养的补充规定》，并重新发布 1957 年的《关于劳动教养问题的决定》。当时，《人民日报》对于恢复劳动教养制度发表了一篇评论员文章，其中这样写道："在我们国家里，虽然阶级状况已经发生了根本变化，社会治安总的是好的，但是，阶级斗争依然存在，危害社会治安、干扰'四化'建设的不安定因素依然存在。除了少数反革命分子、特务间谍分子和其他严重破坏社会秩序的犯罪分子，不时进行各种捣乱和破坏外，还有一批为数不少的大法不犯、小法常犯的人，经常扰乱社会治安，危害人民利益。尽管他们罪行较轻，尚不够追究刑事责任，但是严重妨害了社会秩序、生产秩序、工作秩序和人民群众生活秩序。对这些人如果不采取强制性的行政措施，对他们进行教育、挽救和改造，让其发展下去，就可能走上严重的犯罪道路，对国家和人民将会造成更大的危害。因此，要整顿社会治安，对少数犯有严重罪行的反革命分子和其他犯罪分子，必须依照刑法从重判刑；对有一般违法行为的青少年，必须依靠社会各方面的力量进行帮助教育或者送工读学校，对介乎这两者之间，即那些大法不犯、小法常犯而又屡教不改的人，必须依照《国务院关于劳动教养问题的决定》及其补充规定，把他们收容起来，实行劳动教养。如果放任他们在社会上偷、骗、抢、打，搞流氓犯罪等，为非作歹，扰乱治安，那就是对社会、对人民和他们本人不负责任。所以，必须把他们收容起来实行劳动教养，使他们悔过自新，走上有益于社会的道路。这样做，既体现了我们社会主义国家对这些人的学习、劳动、生活、前途的关怀和负责的精神，也是保障绝大多数公民的权利、社会主义秩序不受侵犯和破坏的重要措施。"①

劳动教养的补充规定规定了劳动教养的期限为一年至三年，必要时得延长一年，节日星期日休息，并规定人民检察院对劳动教养机关的活动实行监督。关于期限问题，原来内部是有规定的，这次通过立法进行了明确。补充规定规定人民检察院对劳动教养进行监督，也进一步体现了法制建设的要求。此后，随着改革开放的发展，国家在日新月异的变化，在维护社会治安和稳定方面不断出现新的情况和问题，这期间，国家通过立法活动，相继发布了一系列有关劳动教养的法律和法律性文件，如全国人大常委会《关于处理逃跑或者重新犯罪的劳改犯和劳教人员的决定》、《关于禁毒的决定》、《关于严禁卖淫嫖娼的决定》、《治安管理处罚条例》，国务院转发公安部的《劳动教养试行办法》、司法部的《劳动教养管理工作执法细则》，以及有关的司法解释、地方法规、部门规章等等。这些规定使劳动教养制度的内容不断得到扩展、丰富，对于进一步明示和规范劳动教养的适用无疑起到了重要作用。另外，在《行政诉讼法》和《行政复议法》中，还规定了公民如果对限制人身自由的行政强制措施不服的，可以向有关行政机关提起行政复议或者向人民法院提起行政诉讼，在一定程度上使劳动教养的案件受到司法审查，对于监督行政机关依法行政起到了积极作用。

纵观改革开放以后劳动教养制度的发展，有两个明显特点，一是在形式上更加法律制度化，大量的法律、司法解释、行政法规、地方法规、部门规章等构成了我国劳动教养制度独特的法律体系；二是在内容上适应时代变化，反映时代要求，从其建立初期主要为政治斗争服务转向主要为维

① 《人民日报》1980年2月26日第1版。

护社会治安秩序服务,解决单位不能留用的"反革命分子"的就业问题显然不是主要目标,劳动教养基本上成为维护社会治安的手段。这种转变,使其在我国刑法和治安处罚体系之外形成一种相对独立的社会治安措施,虽然其主要是对治安管理处罚条例和刑法的执行发挥了一种补充性的功能,尚难以与刑法和治安处罚条例相并列,但其适用范围的广大,法律规定的相对独立性,与刑法和治安管理处罚条例共同构筑了我国"三位一体"的刑事体系。

我国的劳动教养制度从建立之初发展到今天,已将近五十年了,无论是在其建立初期主要服务于政治斗争,还是随着政权的稳固、社会的发展而转向管理社会治安,它在社会主义中国的发展史上,都具有不可磨灭的积极作用。几十年的实践证明,劳动教养作为刑法和治安管理处罚条例的辅助和补充,对于维护社会治安,教育、改造和挽救有不良习性的人,预防犯罪,稳定社会,发挥了重要作用。一个国家的法律制度必然植根于该国家的政治、经济、意识形态和历史文化传统,在不回避劳动教养制度存在问题的同时,我们应当以历史唯物主义的观点充分肯定其积极的一面。关于这一点,本文不再多论述。

二 劳动教养制度存在的问题

(一)一些劳动教养的规定缺乏合法性

从劳动教养制度建立以来,随着社会的发展变化,国家对劳动教养的具体适用等问题作过一些调整,其中有些属于法律,主要有:1957 年全国人大常委会批准的《国务院关于劳动教养问题的决定》、1979 年全国人大常委会批准的《国务院关于劳动教养的补充规定》,还有全国人大常委会制定的《关于处理逃跑或者重新犯罪的劳改犯和劳教人员的决定》、《关于禁毒的决定》、《关于严禁卖淫嫖娼的决定》、《治安管理处罚条例》。这些规定都属于法律,合法性不存在问题。除此之外,其他的多属于行政法规,还有最高人民法院的规定、部门规章、地方法规、地方规章等,如国务院转发的公安部《劳动教养试行办法》，司法部规定的《劳动教养管理工作执法细则》等。这些大量的规定在 2000 年全国人民代表大会通过《立法法》以后，其合法性就产生了问题。《立法法》规定：对公民政治权利的剥夺、限制人身自由的强制措施和处罚，只能由法律规定。除法律以外的其他有关劳动教养的规定，其制发单位显然不具有《立法法》规定的权限，当然这些规定多是在《立法法》规定之前就已作出，但《立法法》通过以后，应当贯彻执行法律。《立法法》是统领整个国家立法活动的纲领性法律，现在这些规定仍然在执行，法律的权威性和国家法制的统一显然存在问题。

（二）不经司法程序限制人身自由

劳动教养不经司法程序，可以剥夺一个人的自由三年，还可以再延长一年，与现代文明法制社会的发展确实很不协调，与依法治国的要求也是有差距的。我国政府已经签署了联合国《公民权利和政治权利国际公约》，并在为批准《公约》创造条件，进行准备。《公约》规定："除依照法律规定的根据和程序，任何人不得被剥夺自由。"对这一问题，不管在法学理论界还是在实际工作部门，不能说认识完全一致，但基本上能够达成共识。我们从刑事诉讼的角度看，刑事诉讼的基本要求是行政权力和司法权力的分别行使，互相制约，互相监督，由一个部门自始至终负责从侦查到审判定罪的工作，运作起来显然容易发生问题，这个道理在今天看来已无可争议，大家都能接受。劳动教养针对的是有轻微违法犯罪并有不良习性的人，为了改变其思想和心理上存在的错误观念，进行相当一段时期限制人身自由的教育和矫治是必要的。但是，对于这样一种相当时期限制人身自由的强制性措施如果没有制约和监督，在操作当中就容易被滥用，被适用对象的命运完全取决于一两个办案人员，碰上遵纪守法的人，其合法权利就容易得到尊重和保护；碰上性格暴躁的，就要忍受权利被执法者践踏的屈辱；碰上以权牟私者，就可能被索贿。而只要有一些人在利用手中权力徇私枉法，就会有许多人使用行贿的手段规避法律，由此走向恶性循环，腐蚀和败坏社会风气。所以在制度上进行合理的设置是使法律得到严格执行、防止腐败的一个重要因素。

（三）劳动教养的对象缺乏法律统一的规定

劳动教养措施是剥夺人身自由的强制措施，对象应当由法律明确规定。从劳动教养制度建立以来，随着社会的发展变化，国家对劳动教养的适用对象作过一些调整，但由于一直没有进行比较系统的研究和立法，劳动教养制度一直处于令出多门的状况，对象不仅因时间的变化而变化，也因地方不同而有差异。1957年全国人大常委会批准的《国务院关于劳动教养问题的决定》规定，对以下几种人可以进行劳动教养：（1）不务正业，有流氓行为或者有盗窃、诈骗等行为，不追究刑事责任的，或者违反治安管理、屡教不改的；（2）罪行轻微，不追究刑事责任的反革命分子、反社会主义的反动分子，受到机关、团体、企业、学校等单位的开除处分，无生活出路的；（3）机关、团体、企业、学校等单位内，有劳动能力，但是长期拒绝劳动或者破坏纪律，妨害公共秩序，受到开除处分，无生活出路的；（4）不服从工作分配和就业转业的安置，或不接受从事劳动生产的劝导，不断无理取闹，妨碍公务，屡教不改的。1982年公安部制定的《劳动教养试行办法》中规定对下列几种人实行劳动教养：（1）罪行轻微，不够刑事处分的反革命分子、反党反社会主义分子；（2）结伙杀人、抢劫、强奸、放火等犯罪团伙中，不够刑事处分的；（3）有流氓、卖淫、盗窃、诈骗等违法犯罪行为，屡教不改，不够刑事处分的；（4）聚众斗殴、寻衅滋事、煽动闹事等扰乱社会治安，不够刑事处分的；（5）有工作岗位，长期拒绝劳动，破坏劳动纪律，而又不断无理取闹，扰乱生产秩序、工作秩序、教学科研秩序和生活秩序妨碍公务，不听劝告和制止的；（6）教唆他人违法犯罪，不够刑事处分的。

这是有关劳动教养对象比较集中规定的两个文件。此外，还有大量的法律文件中对某一种劳动教养对象所作的专门规定，如全国人大常委会《关于禁毒的决定》中规定：吸食、注射毒品成瘾的，强制戒毒，强制戒除后又吸食、注射毒品的，可以实行劳动教养，在劳动教养中强制戒除。全国人大常委会《关于严禁卖淫嫖娼的决定》中规定：因卖淫嫖娼被公安机关处理后又卖淫嫖娼的，实行劳动教养，并由公安机关处五千元以下罚款。

最高人民法院、最高人民检察院、公安部《对于惩处倒卖车船票的犯罪分子如何适用法律问题的批复》中规定：对于多次倒卖车、船票，屡教不改，尚不够刑事处罚的，或者有一般的倒卖车、船票等违法行为的人，由公安部门收容劳动教养或予以治安处罚。最高人民法院、最高人民检察院、公安部、国家税务总局《关于开展打击伪造、倒卖、盗窃发票专项斗争的通知》中规定：对于伪造、倒卖、盗窃发票或利用发票从事不法活动，尚不够刑事处罚，构成违反治安管理行为的，给予治安处罚，符合劳动教养的，予以劳动教养。另外，在许多地方性法规和地方政府规章中，也有关于劳动教养的规定，如有的地方规定，有下列情形尚不够刑事处罚的，予以劳动教养：冒充司法人员、行政执法人员以及其他有关管理人员敲诈财物的；在公共场所设置骗局，诈骗、敲诈勒索财物的；出售、购买、运输、持有、使用假币经教不改的；在市场经营中欺行霸市、收取"保护费"、充当打手或为他人暴力讨债，扰乱公共秩序的；经营中强买强卖、伴有殴打他人或强迫他人提供、接受服务，扰乱公共秩序的；无理取闹，组织、煽动、唆使围堵党政领导机关、扰乱工作秩序、公共秩序，经公安机关教育不悔改的；在学校门前或其他场所拦截中小学生勒索财物，情节严重或经教不改的；用电话辱骂、滋扰他人，情节严重的；伪造、变造、倒卖国家机关、公司、企业、事业单位、人民团体的公文、证件、印章的；私刻公章，伪造、变造居民身份证、驾驶证、学历证明及其他有效证明文件或贩卖伪造的身份证、驾驶证、学历证明以及其他有效证明文件的；购赃、销赃、窝赃或转移赃物，经教不改的；以营利为目的，挂牌收购烟、酒等礼品，情节严重的，等等。

上述关于劳动教养对象的规定，只是目前诸多规定的一部分，已反映出一个突出问题，即没有一个专门的法律对劳动教养对象作统一严格的界定。1957年全国人大常委会批准的《国务院关于劳动教养问题的决定》对劳动教养的对象作了规定，但时隔久远，情况已发生很大变化，许多内容难以适应当今情况，还有些规定虽然是立法机关作出，但比较零散，这种状况容易造成执行中随意伸张，有关部门和地方各取所需，扩大适用范围。各部门和地方往往根据不同的需要进行增加或调整，对象适用的随意性很大。有一些行为，《刑法》靠不上，《治安管理处罚条例》也没有规定，就往劳教里塞。劳动教养制度长期以来属于我国刑事体系的一部分，但《刑法》已经实行罪刑法定原则，什么行为构成犯罪必须按照法律的规定，《治安管理处罚条例》对应当受到治安处罚的行为规定的也很具体，不适用类推，唯有劳动教养的适用范围如此不确定，与国家刑事法制的发展是不相称的，亟须改革完善。

值得注意的是，劳动教养对象存在的主要问题是其不确定性，即缺乏法律严格统一的界定，而不简单的是对象的不断扩大。随着社会情况的发展变化，劳动教养对象的不断扩大并不能绝对地认为就是不正常的。我国第一部《刑法》规定的罪名也不多，随着改革开放和建立社会主义市场经济，犯罪情况在不断发展变化，全国人大常委会不断根据新的情况对刑法作出修改和补充规定，1997 年修改刑法，刑法条文由原来的 192 条增加到 452 条，增加了许多新罪名，这是社会发展的客观需要。而在改革开放以后主要作为治安管理手段的劳动教养，其适用对象扩大也是自然的，关键问题在于有没有法律对其进行统一严格的界定，有没有法定的标准。限制人身自由的强制措施不应当因方便好用就频繁增加，缺乏确定性和稳定性。

（四）劳动教养的期限与刑罚措施不协调

按照《国务院关于劳动教养的补充规定》规定：劳动教养的期限为一年至三年，必要时得延长一年。从劳动教养适用的对象来看，其行为种类多数在《刑法》中被规定为犯罪，如盗窃、诈骗、抢夺、敲诈勒索、寻衅滋事、侮辱妇女、伤害还有其他扰乱社会秩序的行为等，《刑法》对这些犯罪规定的刑罚，有管制、拘役，有的可以单处罚金，如果被判处三年以下有期徒刑，符合条件的还可以判处缓刑。另外，有的虽然构成犯罪，还可能被免予刑事处罚。这就造成构成犯罪的，实际受到的处理反而比不构成犯罪的劳动教养还要轻。劳动教养虽然名义上不是犯罪，但所付出的代价可能大大超过犯罪。当然，劳动教养限制人身自由主要是针对违法行为人的不良习性，或者说是恶习，时间短了不能取得效果，但是相差太悬殊也难以在法理上说得通，且对于构成犯罪的人来说，也存在有恶习的问题，如果刑期长，当然在监狱服刑也可以对其恶习进行矫治，但刑期短或不判自由刑的，如判管制、拘役或缓刑的，反而不如劳教可以进行矫治，刑事处罚与劳动教养存在不协调的问题。

（五）劳动教养的教育管理措施有待进一步改革

几十年来，劳动教养场所的设置，以及对劳教人员的管理方法等已经发生了很大的变化，由最初与监狱没有什么差别已发展变化为完全独立于监狱之外的劳动教养专门管理场所，"两劳人员"混押混关的情况已不复存在。近几年，劳动教养管理部门还不断总结经验，探索劳教管理方法的改革，收到一定效果。但是，从总体上来说，对劳教人员的教育管理方法还摆脱不了传统模式，剥夺自由是主要的执行方法。根据有关规定，劳教人员在执行一段时间后表现好的，以后在节假日可以请几天假回家，劳教人员家庭有特别困难的，经过批准，可以所外执行，但在实际掌握中是很严格的。当然，劳教人员多是有不良习性的人，考虑一定时期的剥夺自由是必要的，但除了剥夺自由外，为了促使劳教人员适应正常的社会生活，应当有多种形式的教育管理方法。在《刑法》规定的刑罚中，除了主刑，还有附加刑，不仅有自由刑，还有非自由刑，劳动教养能不能也开阔一些思路，采取一些不剥夺自由的方法，对于有不良习性的人，也有程度的不同，是否也可以区别对待，如果教育管理措施跟上，同样可以起到教育作用，甚至收到更好的教育改造效果。

三 关于劳动教养立法改革的几个基本问题

综上所述，作为我国刑事体系中的劳动教养制度，从立法根据到实际运作都与依法治国原则存在差距。劳动教养制度的改革已经成为我们建设社会主义法治国家进程中所回避不了的一个问题，并越来越为人们所关注。近几年，对劳动教养制度进行立法完善的研究已经取得重大进展，许多专家还提出具体的法律修改方案。但是，我们还应看到，劳教立法改革的最终实现还有许多工作要做，不是轻易能够完成的，劳教立法改革不是一般意义上的立法活动，而是社会观念的变革和进步，在法制建设上具有里程碑的意义。以下本文先就劳动教养立法改革的一些根本性问题和思路问题进行一些探讨。

（一）转变观念是首要问题

大家可以回顾一下，劳动教养立法改革研究发展至今，也已有相当时日，但要取得突破性的进展，不仅仅是论证改革的必要性和理论依据问题，也不仅仅是立法技术本身的问题了，而是如何进一步切实转变社会观念的问题。如果不能有效地转变社会观念，仅局限于法理上的研究论证，恐怕终将因动力不足而进展缓慢。所谓观念问题，首先应当正确认识劳教立法改革和维护社会治安稳定的关系问题，正确认识打击违法犯罪活动和保护公民合法权利的关系，以及正确处理好社会治安管理的目的和方法手段的关系等问题。现行的劳动教养制度，由于是行政决定，主要是公安一家说了算，程序简便，方便快捷，在维护社会治安方面确实发挥了重要作用，如果进行改革，加入制约和监督的因素，程序必然需要时间，需要投入更多的人力资源，适用对象也不便灵活掌握，这样，在社会治安管理方面会不会束缚自己的手脚，增加不必要的麻烦，造成对违法犯罪行为打击不力，影响社会治安和稳定？可以说，这样的担心在劳动教养制度改革问题的研究当中是一直存在的，从某种意义上说，这个问题要比我们在前面分析的劳动教养制度中存在的那些问题更为重要，这个问题如果不能很好地解决，立法改革就难以取得实质性进展。所以，不仅要在道理上讲清利害关系，而且要让大家都能接受这个道理，解除这方面的担心，达成社会共识，是我们研究劳教立法改革问题不可轻视的一个重要方面。

我们是社会主义国家，尊重和保护公民权利是社会主义国家的本质要求。《宪法》规定："中华人民共和国公民的人身自由不受侵犯。任何公民，非经人民检察院批准或者决定或者人民法院决定，并由公安机关执行，不受逮捕。禁止非法拘禁和以其他方法非法剥夺或者限制公民的人身自由，禁止非法搜查公民的身体。"劳动教养当然不同于刑事诉讼中的逮捕，但其毕竟是没有经过司法机关决定而剥夺了人身自由，我们应当从宪法规定的精神上理解保护公民合法权利的意义。不容否认，通过行政手段由一个部门处理劳动教养问题，具有节省政府人力资源、灵活、快捷等优势，对于维护社会治安是有效的手段，但其副作用是缺少制约和监督，容易发生错误且不易得到纠正，时间越久积累的问题越多，影响和损害国家的政治形象，实际上是慢慢在积累不稳定因素。而按照《宪法》和法制的要求，将劳动教养纳入法制轨道，表明了依法治国的发展方向，体现了国家对公民权利的尊重和保护，树立了政府的良好形象，在政治上对国家的长治久安是有积极意义的。在维护治安的具体工作上，工作肯定会显得烦琐一些，要多花时间和精力，但慎重一些没有什么不好，至于会不会因此影响对违法犯罪活动的打击，绝对没有担心的必要，我们还没有看到世界上哪个国家法制越进步违法犯罪活动就越猖獗的情况。像这样既有利于国家的政治形象，又有利于国家法制建设的事情，为什么不去做呢。

在这里，我们可以简单回顾一下几年前取消"收容审查"制度的过程，收容审查原来也是针对违法犯罪嫌疑人并由公安机关一家决定予以羁押审查的行政强制性措施，对于追查违法犯罪分子、维护社会治安是起了重要作用的，但是自1980年刑事诉讼法实施后，其法律地位就受到严重挑战，刑事诉讼法规定了对犯罪嫌疑人采取的羁押性侦查措施有拘留和逮捕，没有规定收容审查，但实践中公安机关在侦查犯罪过程中大量使用收容审查，因为收容审查不需要经过检察机关批准，羁押时间长，不受制约和监督，好用。正是因为这个"好用"，造成有的人长期被关押，最后也查不清犯罪事实，有的被关了好几年最后不了了之，甚至出现是因为什么事被抓进来谁也说不清的情况，公民合法权利受到严重侵害，社会反映强烈。随着国家法制建设的进步，取消收容审查的呼声越来越多，但这项制度仍在顽强地发挥作用。应该说，从立法技术上讲解决收容审查问题并不困难，主要问题是在人们的观念和认识上还存在较大差距，"打击不力"的担心一直难以消除。这种观念的改变旷日持久，直到1996年修改刑事诉讼法时，人们在改革收容审查制度的认识上基本趋于一致，尽管不同认识还是有的，但已不成为主流，于是以修改刑事诉讼法作为契机，明确取消了这项制度。

同时，针对实践中需要解决的问题，对于刑事诉讼法中的拘留和逮捕条件做了相应的修改，以保证侦查工作的顺利开展。经过几年的实践证明，收容审查制度的取消并没有对社会治安产生严重不利的影响，并没有因此使违法犯罪活动得到放纵。相反，它使公安机关侦查犯罪工作的水平得到提高，侦查活动更加规范，干警的素质得到锻炼。

有的同志认为，劳动教养决定权改由司法机关行使，等于否定劳动教养管理委员会或者几十年来劳动教养审批的工作。这种观念是不对的。把目前规定的行使劳动教养审批权的劳动教养管理委员会换成由司法机关决定，其意义并不在于决定机关本身的变化，而是法制进步的要求，程序正义和保护人权的要求。决定机关的变化并不意味着劳动教养审批的机关目前没有承担审查和批准劳动教养的能力，也不说明过去劳动教养审批工作都是错误的，必须从尊重和保护公民权利、适应时代进步、适应建设社会主义法治国家要求的高度来认识这个问题。这就如同在刑事诉讼当中由法院定罪，并不等于公安机关和检察机关就没有办理刑事案件的能力一样，刑事诉讼法对于各部门的职能分工，是为了从整体上保证诉讼能够公正进行、实现打击犯罪、保护人民、保护公民合法权益的目标。对此，绝不能从狭隘的部门主义来考虑这个问题。也有的同志认为，现在劳动教养由公安机关决定，如果被劳动教养的人对决定不服，可以向人民法院提起行政诉讼，实质上已经有了司法审查的途径，可以通过这个途径对错误进行纠正。应该说，《行政诉讼法》的颁布实施，对于监督国家机关行政权力的行使，保障依法行政起到了很重要的作用，实践中也确有通过行政诉讼纠正错误劳教的例子。但是劳动教养毕竟是一项长期剥夺人身自由的强制措施，采用行政诉讼的方法对劳动教养进行监督，只是事后的监督，这种事后的监督和正当程序本身的运行在实际效果上是有重大区别的。对于事后监督来说，劳动教养被决定后就必须执行，人身自由的剥夺不可恢复。从一项制度上说，由公安机关直接决定和由公安机关提供事实材料和意见，由人民法院决定，是有本质区别的，后者可以使公安机关工作更加慎重，减少随意性或一些不正常的人为因素。司法程序的意义不仅在于决定机关的名称变为"人民法院"，而是人民法院作为国家的司法机关对国家行政机关的执法活动要按照法律规定的程序进行审查，在这种审查过程中，人民法院作为超脱于执法机关和被执法的对象以外的第三方，在保证各方合法权利的基础上，以事实为根据、以法律为准绳，对案件作出公正的判断。

以上都是涉及劳动教养立法改革的一些基本观念问题，就目前立法改革的现状来看，我们不仅要把法律制度改革的研究作为法律研究人员或者法律专家的任务，更为重要的是还应当把这种研究与增强广大公民的法律意识、提高广大公民的民主法制观念的宣传结合起来，法律研究人员要转变观念，但是广大的从事法律实际工作的人员和人民群众转变观念同样是非常重要的。这样，法律制度的改革就有深厚的社会基础和动力，容易收到预期的效果。

（二）关于是否取消劳动教养的问题

在劳动教养立法改革研究当中，首先遇到的问题就是劳动教养制度改革的基本方向问题，比如是否要彻底取消劳动教养制度，采取"一锅端"的办法；还是基本保留，劳动教养仍由行政机关决定，但通过立法完善监督机制；或是将其合理内容纳入刑法，通过刑法改革解决问题等等。由于各种观点很多，本文不一一展开论述，下面仅就比较多的一种观点即建议将劳动教养的有关内容纳入刑法的观点谈谈个人看法。

一般认为，我国现行的刑事体系有三大部分：刑事处罚、劳动教养、治安处罚。这种多层次刑事管理体系在世界上确实少见。建议劳动教养制度刑法化的一个基本观点是，将现行劳动教养制度中针对的行为对象纳入我国刑法体系，作为犯罪规定，当然有些行为不能作为犯罪处理的，也可以纳入《治安管理处罚条例》，并将目前对劳动教养行为对象的处理方法也可以纳入刑法，改造为一种类似国外保安处分的特殊教育和矫正方法。这种想法一方面取消了劳动教养；另一方面也使劳动教养的合理内容得到保留，使我国刑事体系由原来较为复杂的"三位一体"改变为治安管理和刑法处罚两个部分，有利于法律的衔接和执行，其理由确实是相当充分的。但是，综合考虑我国的国情特点以及刑事体系的历史延续性和劳教制度改革的可行性，笔者认为不宜采取将劳动教养纳入刑法体系而予以取消的方案。主要出于以下几点考虑：（1）法律制度的延续性。我国刑事体系的三大部分——刑事处罚、劳动教养和治安处罚已沿用多年。从法律规定看，刑法和治安管理处罚都有成文法规定，1997 年刑法还经过一次较全面的修改，《治安管理处罚条例》在 1994 年也经过修改。在刑法和治安管理处罚条例的具体执行中，最高人民法院、最高人民检察院、公安部以及各有关执法部门也作了大量的司法解释和规定。刑法和治安管理处罚已经形成各自比较成熟的法律体系。劳动教养制度除了《国务院关于劳动教养的决定》和《关于劳动教养的补充规定》等法律规定外，公安部、司法部以及其他有关部门和一些地方也作了大量的规定，劳动教养制度从审批到执行实际上已经发展成为一项独立的自成体系的社会治安管理制度。如果把劳动教养纳入刑法或者治安管理处罚范围，势必对《刑法》和《治安管理处罚条例》也要做大的调整，尤其是将原来不作为犯罪的行为规定为犯罪，扩大刑法的"犯罪圈"，这样对犯罪的概念、刑罚措施和执行方法、量刑原则以及具体罪名的增设等，都要进行调整。同时，治安管理处罚的法律体系也会受到影响。我国刑法对犯罪行为采取定性和定量综合评判的方法已长期形成，且有根深蒂固的文化基础，要改变这样一种法律观念和制度，用刑法调整原来不属于刑法调整的对象，从理论论证和社会认可程度来看，目前尚不具备条件。（2）与现行法律制度相应的司法机关、执法部门的设置和工作模式，也已经稳定、成熟，积累了丰富的工作经验，如果劳动教养纳入刑法，或通过刑法改革解决劳教问题，一个突出的问题是大量的劳动教养场所就要改变为监狱，一项法律制度的改革造成国家增设数量不少的监狱，犯罪率也大幅度提高，政治效果是不合算的。这是设计改革方案不得不考虑的一个实际问题。（3）我国的文化传统对犯罪的社会评价，不仅容易给犯过罪的人造成严重的心理压力，实际上对他们的生存环境和个人发展也会带来十分不利的影响。这种观念或社会意识在短时间内是难以改变的。"犯罪圈"的扩大，从法律体系的论证来看，是很有道理的。取消劳动教养，纳入刑法，有的也可以纳入治安管理处罚，使我国的刑事体系由治安管理和刑法两部分组成，犯罪界限比较容易掌握，社会道德准则和行为是非观念更加清楚，法律衔接更加科学合理。但是我们也应看到，很多法律问题并不是纯理论论证的问题，法律制度植根于培养它的社会经济、政治、文化、历史土壤，摆脱了社会经济、政治、文化、历史等因素，所谓的法律往往成为无本之木、无源之水。劳动教养纳入刑法，被定罪的人数增加不会是小数。劳动教养对这些人也是教育矫治，作为犯罪处理也要教育矫治，为什么一定要他们背上一个罪名，在沉重的负担下面对自己今后的人生呢？本身不具有严重的现实的社会危害性，不定罪名、不采用刑法的方法，可能更有利于他们的教育改造。如果劳动教养制度从来没有产生过，采用"两分法"的刑事体系，当然更为理想。但基于现实情况考虑，笔者认为，在基本上保留劳动教养制度的基础上，同时加以改造和完善，是目前劳动教养制度立法改革较为可行的一个方案。

所谓在保留的基础上改造，就是保留这项制度的基本框架，仍将其作为刑事体系中的一个相对独立的部分，但在具体的一些内容设置上和具体操作方面加以改革和完善。基本思路可以从两个方面说，第一，从劳动教养所针对的行为种类来说，改造后的劳动教养必须以《治安管理处罚条例》和《刑法》规定的行为种类为基础，即将现行纷繁复杂的劳教行为种类进行全面梳理，如果是《刑法》和《治安管理处罚条例》中有规定的行为种类，并有采取矫治必要的，可以保留，反之一律予以取消。劳动教养制度本身不再创设行为种类，如类似"不务正业，有流氓行为"，"反社会主义的反动分子"，"受到开除处分，无生活出路的"，"不服从工作分配、不接受从事劳动生产的劝导，不断无理取闹"，以及目前一些地方和部门自行扩大范围的规定等。如果一种行为既不是违反治安管理的行为，又不属于刑法禁止之列，有何根据要把行为人作为有社会危险性的人进行长时间的限制自由的矫治？这是劳教立法改革应当注意的一个问题。如前所述，目前劳动教养存在的问题之一是行为对象缺乏法律的明确界定，导致一些地方和部门规定的范围越来越大。通过现有法律进行规范，就能使劳动教养所针对的行为种类限于法律有明确规定的行为，防止随意解释扩大范围。第二，将劳动教养所针对的行为种类限于《治安管理处罚条例》和《刑法》规定的行为种类，对于某些违反治安管理的行为或者违反刑法规定的行为因情节轻微尚不构成犯罪或不需要作为犯罪处理，屡教不改，有必要进行教育矫治的，则可以采取一定的措施予以矫治。从这种意义上说，劳动教养虽然作为一项相对独立的制度仍旧保留着，但它对《治安管理处罚条例》和《刑法》的依附性更强了。改造后的劳动教养实际上是将劳动教养制度作为对违反《治安管理处罚条例》和《刑法》规定的行为的一种特殊的矫治和教育方法。

（三）劳动教养制度和国外保安处分的比较

国外的保安处分制度，一般是在刑法中对犯罪人规定的一种矫治和教育措施，虽然根据我国的法律制度劳动教养的对象不属于犯罪人，但由于其多是有违法习性的人，这些行为在国外刑法中一般也作为犯罪规定，所以和国外刑法中规定的针对有社会危险性的人所适用的保安处分措施有可比性。以下以意大利刑法规定的保安处分为例，可以对我们的劳教立法改革提供参考。意大利刑法中规定的保安处分是针对有社会危险性的犯罪人，法庭在判处相应的刑罚的同时，如果认为其在服刑后还具有社会危险性的，如惯犯、职业犯、倾向犯，可以决定一定时期的保安处分。在一般情况下，保安处分在刑罚执行完毕后执行。① 从意大利的刑法理论上讲，刑罚对犯罪行为有报应之意，重在对犯罪行为的惩罚，而保安处分主要是为了防止有犯罪习性的人再犯罪，重在对个人的预防。意大利刑法规定的监禁性保安处分有四种：（1）送往农垦区或劳动场，主要是针对被法庭判决宣告为惯犯、职业犯、倾向犯以及其他一些特定犯罪人，最短时间为一年，对于惯犯最短时间为两年，对于职业犯最短时间为三年，对于倾向犯最短时间为四年；（2）收容于治疗看守所，适用于因患有精神病、酒精或麻醉品慢性中毒或者又聋又哑而被减轻处罚的被判刑人，如果被判处五年以下有期徒刑或拘役的，收容于治疗看守所的时间最短为六个月，被判处五年以上十年以下有期徒刑的，收容的最短时间为一年，被判处十年以上有期徒刑、无期徒刑的，收容的最短时间为三年；（3）收容于司法精神病院，适用于因患有精神病、酒精或麻醉品慢性中毒或者又聋又哑而被司法机关开释的

---

① 陈忠林：《意大利刑法纲要》，中国人民大学出版社 1999 年版，第 290—293 页。

人，时间最短为两年；（4）对未成年人收容于司法教养院，是针对未成年人的保安处分，最短时间为一年，如果是不满 14 岁的未成年人故意实施刑法规定应当判处三年以上有期徒刑之罪的行为，但不作为犯罪的，可以决定三年以上的收容，如果已满 14 岁实施上述行为构成犯罪的，可以决定在刑罚执行完毕后收容于司法教养院。另外，意大利刑法还规定有一些非监禁性的保安处分，其中有一种叫作监视自由，即对受处分人不实行关押，由法官根据具体情况对受处分人确定一些必须遵守的条件，以避免其有犯新罪的机会，监视自由由公安机关执行，最短期限不少于一年。

从意大利刑法的上述规定看，对于因特殊原因不能判刑或者免予判刑而予以保安处分的，与我国劳动教养的有些规定是近似的，如我国法律规定的对于吸毒成瘾的人进行劳教戒毒，刑法规定的因不满 16 周岁不予刑事处罚的可以由政府收容教养等。对于其他需要在刑罚执行完后再进行保安处分的，其目的也在于纠正行为人的恶习，预防再犯罪。除了比较严重的犯罪被判处较长刑期的外，对于判处较短刑期再执行保安处分的，与我国规定的劳动教养也有可比之处，只不过我国的劳动教养针对的行为不构成犯罪，不能判处刑罚，而直接予以劳动教养，而意大利刑法对这些行为多规定为犯罪，因此判处刑罚，执行刑罚后才执行保安处分。因此，通过与国外保安处分的比较，可以为我国劳动教养制度的法律改革提供一定的参考作用，比如对意大利适用保安处分的司法实践以及关于农垦区、劳动场、治疗看守所、司法精神病院，以及司法教养院等机构的设置情况和执行情况，都是我们在劳动教养法律改革中可以进一步了解、研究和借鉴的课题。

（四）劳动教养制度和国外轻罪制度的比较

将我国劳动教养制度与国外刑法规定的轻罪进行比较研究，也是近几年劳动教养制度立法改革的一个重要研究课题。一方面，通过对国外轻罪种类和范围的研究比较，以考虑是否需要将我国劳动教养的适用范围纳入刑法调整，或者只是将其中一部分内容纳入刑法，以及如何确定我国刑法的"犯罪圈"等，都是可以进一步研究的；另一方面，国外对轻罪的刑罚制度和处理方法也是我们在研究劳教立法问题时应当注意的问题，可以为我们在考虑如何对被劳教人员进行教育矫治方面提供参考。

无论是我国对劳动教养适用对象的处理还是国外刑法中对轻犯罪的处罚，其共同的一面，都是为了教育和改造被处罚人。了解一些国家在这方面的法律规定，对于我们进行劳教立法改革也是有借鉴意义的。以美国为例：美国绝大多数州的刑法所指的轻罪是被判处一年以下监禁刑的犯罪，少数州被判处二年至三年监禁刑的犯罪也被称之轻罪。从轻罪的种类看，各州规定不完全一致，一般包括持有少量毒品、吸食毒品成瘾、盗窃少量财物、损坏财物、轻微伤害、卖淫、裸体表演、性猥亵、对人身或住宅进行滋扰、酒后驾驶、鲁莽驾驶、非法集会、非法行医、非法出售酒精饮料、非暴力抗拒逮捕、蔑视法庭、在公共场所乱涂乱画以及其他一些扰乱治安的行为。在六七十年代以前，美国对轻罪的处理在实际中掌握得很松，虽然法律上规定可以处监禁，但由于事情小，警力也不足，对有些事往往就睁一眼闭一眼，或者仅罚款了事。这种状况导致这些小的犯罪越来越多，而这些小的犯罪多发生在老百姓周围，对老百姓日常生活的影响很直接，容易产生不安全感。专家分析其原因，就在于法律对轻罪的处罚规定过于简单化，缺乏教育的针对性，如判处监禁刑，行为人本身是小过错，进监狱服刑容易"交叉感染"，交坏朋友，出来后可能比原来还坏，因此除对人身造成危害后果或其他一些较严重的后果给予处罚的外，多数不判刑，或者罚款了事，对小错采取了容忍态度。为了转变这种情况，在近二三十年，美国对轻罪的处理采取了改革措施，总的指导思想是对小错也要管，不能放任，但要讲究方法，除适用传统刑法规定的监禁刑以及罚金外，其中一个主要方法就是普遍采用了"替代监禁措施"。所谓"替代监禁措施"，是指法官根据法律的规定，对本应处以监禁刑的罪犯，如果考虑其人身危险性较小、有改造的可能性，以及罪犯自身面临特殊困难等，决定暂不判决监禁，强制其参加特定的项目活动，以替代监禁，然后根据其表现作出不同处理。替代监禁的项目主要有参加社区劳动，接受戒毒治疗，接受心理健康辅导，学习谋生的技能和手段等。一般由法官针对犯罪人的个人情况与社区有关组织商定。美国纽约州一些基层法院都有专门负责实施替代监禁措施项目的工作人员，如协调员专门负责联系项目的实施单位，监督员专门负责对实施对象的日常检察和监督，记录工作表现。法官要定期听取监督员和项目实施单位有关负责人的汇报，如果出现不适宜继续采用替代监禁措施的，法官可以判决监禁并将行为人收监服刑，如果行为人遵纪守法，如期完成项目，法官则不判处刑罚，有的州规定视为无犯罪记录。

在意大利有关刑事法律中，从 20 世纪 80 年代前后开始也引进了一些刑罚替代制度。① 大体上有以下五种情况：（1）半监禁刑，是刑期为一年以下监禁刑的替代措施，对未成年人可以适用于处二年以下监禁刑。被适用这种措施的人，每天至少应在居住地或临近的专门机构或监狱待 10 小时（具体地点、时间应根据犯罪人的劳动与学习情况和需要而定），并不得持有武器，暂停驾驶资格，收缴护照等。（2）管制，用来替代六个月以下监禁刑，也可适用于处二年以下监禁刑的未成年人。被适用这种措施的人，除因劳动、学习、家庭、健康等原因被批准外，不得离开居住的市（乡、镇）。每天必须到当地公安部门报到一次，必须参加当地社会服务中心组织的重归社会活动或义务活动。（3）交社会服务机关考察，适用对象是刑期为三年以下的被判刑人，经过至少一个月的人格观察后，认为适用该措施对被判刑人能起到教育作用，并没有再犯罪的危险性。如果在考察期间违反法律或有关管理规定，则撤销考察，收监服刑。如果顺利通过考察，消除犯罪及法律后果。（4）半自由管理，允许服刑人用白天部分时间在监狱外参加劳动或接受教育等活动，适用对象为：被判处六个月以下监禁并表明有重归社会决心的，或判处六个月以上监禁并已服刑三个月以上的。（5）居所执行，即被判处的刑罚在自己的居所、私人住所、公共医疗或护理机关执行，需具备三个条件：一是判处二年以下监禁刑；二是正在怀孕、哺乳期或与未满五岁的子女共同生活的，或者未满二十一岁在健康、劳动、学习、家庭方面有特殊需要的；三是与犯罪组织没有联系并没有犯罪的习惯。意大利的这些规定，其适用对象当然不同于我国规定的劳动教养，但从对违法行为人的教育矫治来讲，也有可参考的地方。总之，我国劳动教养的处理方法，传统上主要是靠羁押，在羁押过程中教育，以致社会上对劳教常

---

① 陈忠林：《意大利刑法纲要》，中国人民大学出版社 1999 年版，第 276—280 页。

有"二劳改"之说。能否针对一些社会危险性较小的人，多采用一些开放式的教育方法，是值得进一步研究和考虑的。

四 关于劳动教养立法改革的具体方案和构想

（一）劳动教养立法的名称和性质问题

将劳动教养制度仍保留为一种相对于治安管理和刑法而独立存在的制度，首先一个问题是要不要改变劳动教养的名称。从有利于转变执法观念，树立法律制度的良好形象，使其发挥更好的社会效应出发，改变名称更为有利。"劳动教养"的名称，突出了劳动在教育改造人的活动中的重要性，传统上我们对犯罪人的教育改造也称为劳动改造，但是人的改造最重要的是思想的改造，是世界观、人生观、价值观的转变，通过劳动是改造人的一个重要方法，但不是主要方法，劳动和品德、遵纪守法并不能直接画等号。而且强迫劳动，既有教育改造人的作用，也有惩罚的含义在其中。从各国的刑事政策发展方向看，劳动在改造人的活动中只是起到辅助性的作用，而重在思想方面、品格方面的教育。我国的劳动教养改造工作，近些年来实际上也已发生了重大转变，主要实行"教育、挽救、改造的方针"，"教育感化第一，生产劳动第二"。所以，从名称上不宜再使用"劳动"。可以采用"教养处分"、"矫治处分"、"治安教养"等。笔者认为用"矫治处分"比较合适。（为了论述方便，以下"矫治处分"概念。）

其次，关于矫治处分的法律性质问题。现行劳动教养制度的性质，基本上有两种说法，一是《国务院关于劳动教养问题的决定》中规定的"强制性教育改造措施"；二是国务院新闻办公室对外公布的《中国人权状况》白皮书中提出的"行政处罚"。这两种说法的共同点是劳动教养是行政措施，不同之处是一个强调教育改造，一个强调处罚。但总的来说，二者并没有原则性的区别。教育改造蕴涵于处罚之中，处罚的目的是为了教育改造，就如同对犯罪人判处刑罚和对其进行教育改造是一致的一样，只是一个问题的两个方面而已。不能说是教育改造措施，就不再具有处罚的性质，或者是处罚，就不具有教育改造的含义了。劳动教养针对的行为是违反治安管理的行为，或轻微的犯罪行为，将一个人强制剥夺自由一年以上，再说不具有处罚性质是不符合实际情况的。因此，上述两种说法是可以相容的。现在问题主要在于劳动教养经过立法改革后，纳入司法程序（此问题后面专门论述），还是不是行政性的强制措施。如果不是，它是一种什么性质的措施。笔者认为，劳动教养纳入司法程序后，将不能再称其为行政性强制措施。行政措施的本质特征不仅是行政机关行使管理权，而且行政机关有决定权，即进行某项活动或作出某个决定，是在行政机关职权范围内，是行政机关行使职权的活动，或者说它是一项具体的行政行为，可以适用行政诉讼。劳动教养纳入司法程序，行政机关将不再有决定权，决定权在法院，虽然在前期工作如调查违法事实，采取一定的强制措施等，仍由行政机关进行，但作为一项完整的法律制度，其整个法律后果由法院决定，应定性为司法措施，或司法性强制教育措施，是对危害社会治安行为的一种特殊教育矫治方法。如果单独进行立法，法律名称可叫"治安违法行为矫治法"，或"治安特别教育法"。

（二）关于矫治处分的对象问题

将劳动教养制度改造为一项独立的矫治制度，接下来的问题就是适用范围问题，设置这一制度主要针对什么人，解决什么问题？科学合理地规定矫治处分的对象，是设立矫治处分制度的基础性工作。首先，对哪些行为应当给以矫治处分，应当综合刑法以及治安管理处罚条例规定的行为，结合设置矫治处分的目的和矫治处分的特点，进行有针对性的筛选。其次，也是更为重要的，对于需要矫治的行为和条件，法律必须有明确具体的规定，应当同刑法一样体现"罪刑法定"原则，不允许类推，把矫治处分搞成一个"大口袋"。不能像劳动教养目前的情况，只要想扩大范围，就可以解释进去，造成凡是与社会治安管理和维护社会秩序靠得上边的，都可以往里装。

从刑事法律体系来看，我国的治安管理处罚条例和刑法是衔接的，如前所述，矫治处分针对的行为种类以《治安管理处罚条例》和《刑法》为基础,不应当在二者之间又规定新的行为种类。那么,在治安处罚和刑事处罚之间要开辟一块矫治处分的"领地",显然应当具有其一定的特殊性与合理性,即这种矫治处分一不是治安处罚,二又不同于刑事处罚,它只能是现行法律规定的治安处罚和刑事处罚都不能取得有效教育效果,针对违法行为人的危险性所采取的一种特殊教育和矫治方法,也是一种预防犯罪的措施。因此,这就决定了矫治处分的对象应当具有以下一些特点,一是其行为不属于犯罪行为,但行为人的主观恶习或不良习性比较深,有再犯的可能性,用一般的治安管理处罚方法起不到教育和警戒作用,必须有相当一段教育时间才能使其得到矫正,即使这样的处理在时间上和方法上比对一些较轻犯罪的处理显得重一些,也是理所应当的;二是其行为属于破坏治安的多发性行为,对社会治安具有现实的危险性,许多危害社会的行为如果不是直接危害到社会治安,或不具有多发性、常发性,给以适当处罚即可,没有必要采用矫治的方法。具有这两个特点的人在现实生活中确实是存在的,对具有特殊危害性的人适用特殊的办法,这也是保留劳动教养制度的客观基础。所以,从某种意义上说,矫治处分制度是教育人、改造人的思想,重在预防犯罪的制度,而不是简单地针对违法行为或由违法行为所造成的后果的处罚措施。如果一个人没有较深的恶习和现实的危险性,只有一般的违法犯罪行为,给予相应的处罚就可以了。根据这些特点,矫治处分的对象必须充分体现针对行为人的恶习或不良习性,针对危害社会治安的多发性行为,并重在预防其对社会治安的现实危险性,否则就会失去其存在的基础。可考虑对以下几方面的人实行矫治处分:

1) 实施下列任何一种危害治安管理的行为或者犯罪行为,受到治安拘留、罚款处罚或者刑事处分,在处罚执行完毕或处分后一年内又实施下列任何一种行为,尚不构成犯罪的,应当予以矫治处分:盗窃、抢夺、诈骗、敲诈勒索、伤害、强制猥亵妇女、侮辱妇女、猥亵儿童、冒充国家工作人员招摇撞骗、扰乱单位工作生产秩序、扰乱公共场所秩序、扰乱公共交通秩序、扰乱社会秩序、利用会道门或封建迷信活动扰乱社会秩序、寻衅滋事、传授犯罪方法、聚众进行淫乱活动、引诱未成年人参加淫乱活动、卖淫、嫖娼、引诱或介绍他人卖淫。

2）曾经两次实施上述行为被处理过，第三次又实施上述行为，且不构成犯罪的，不受间隔时间的限制，应当予以矫治处分。

3）吸食、注射毒品成瘾的，应当予以矫治，在矫治中戒除毒瘾。

4）根据《刑法》第十七条的规定，因不满十六周岁不予刑事处罚的，可以予以矫治。具体可分为两种情况，一是不满十四周岁的人实施刑法规定的故意杀人、故意伤害致人重伤或者死亡、抢劫、强奸、绑架、放火、爆炸、投毒的犯罪行为，且发生了严重后果的，应当进行矫治；二是已满十四周岁不满十六周岁的人实施上述行为之外的严重危害公共安全、人身安全或侵犯财产的犯罪行为，根据刑法规定不能追究其刑事责任的，如破坏交通工具、交通设施、电力设备、燃气设备、易燃易爆设备，造成严重后果的，抢劫、盗窃、抢夺枪支、弹药、爆炸物的，在公众场所强制猥亵妇女的，数额特别巨大的盗窃、诈骗，走私、贩卖、运输、制造毒品数量大且情节严重的等，可以根据未成年人的具体情况决定是否适用矫治。

在上述四种矫治的情形中，第一种情形所包括的行为，既有违反治安管理的行为，也有构成犯罪的行为，有的行为种类《治安管理处罚条例》和《刑法》中都有规定。就第一次行为来说，可以是违反治安管理的行为，也可以是犯罪行为，且对该犯罪行为所判的刑期不受限制。第二次行为，则应当是违反治安管理的行为，或者是因情节轻微不构成犯罪的行为。第二种情形是考虑到有些违法行为虽然间隔时间长，但由于多次实施，行为人主观恶性较大，如某人第一次实施盗窃犯罪被判处五年有期徒刑，刑罚执行完毕后两三年又进行诈骗被治安拘留，过了几年又寻衅滋事但尚不构成犯罪，从时间间隔上不符合第一种情形，但由于多次实施危害治安的违法行为，也有必要进行矫治。第三种情形是专门针对吸毒成瘾的，只要吸毒成瘾，就可以进行矫治，没有成瘾当然就谈不上矫治，和其他行为没有联系。第四种情形是针对未成年人的一种特殊矫治，由于这些行为都是刑法规定的严重犯罪行为，因此不受行为次数的限制，具体可分两种情况，一是不满十四周岁的人实施了刑法规定的严重危害人身安全和社会治安的犯罪行为，应当进行矫治，二是已满十四周岁不满十六周岁实施了《刑法》第十七条第二款规定以外的犯罪行为而不予处罚的，要根据具体行为的性质、危害程度、个人的过去表现以及家庭情况综合考虑，如果有必要的，也可以进行矫治。这里需要说明的是，上述第一、二种情形中列的犯罪行为，是刑法已经规定为犯罪的行为，并不是将原劳动教养的行为对象纳入了刑法。之所以要将这些犯罪行为列入，主要是考虑到矫治处分的目的、性质和特点，是针对有主观恶习和不良习性的人。如果对这一部分人不进行矫治，就会产生不平衡和矫治工作的遗漏，即两次以上违反治安管理，可以对行为人进行矫治，而一次触犯刑律，构成犯罪，又一次违反治安管理，反而不能进行矫治。

另一个问题是为什么只选择列举上述行为？这也是由矫治处分的性质和目的决定的。就直接引发矫治处分的第二次行为来说，是违反治安管理的行为或者因情节轻微不作为犯罪处理的，其行为的性质并不严重，而矫治处分在时间上和方法上又比对一些较轻的犯罪如被判处管制、拘役、罚金刑以及被适用缓刑的犯罪人显得重，因此适用面不能过宽，应仅限于对社会治安影响较大的多发性违法犯罪行为，许多违法犯罪行为虽然具有社会危害性，但对社会治安的影响比较间接，如涉及经济领域或其他社会管理领域，可以通过其他方法进行教育，没有必要采取这里所说的矫治方法。这样也是为了更充分地发挥矫治处分的积极作用。

这里顺便谈一谈矫治处分的期限问题。在立法上设定矫治的期限，主要应当考虑矫治处分是针对被矫治人的不良习性，而不单纯是对其违法犯罪行为的处罚，应当保证有适当的时间使被矫治人的不良习性得到纠正。同时，矫治对象主要是不构成犯罪的人，构成犯罪的，也是被免予刑事处罚的，而矫治主要采取限制人身自由的方法，因此矫治期限比一些较轻犯罪的刑期略长一些是可以的，但也不能太长，以九个月到十八个月为宜。如果被矫治人在矫治期间不遵守规定，或者拒绝接受教育，情节严重的，经考察认为尚未达到矫治要求的，可以经过法院批准再延长六个月。对于戒毒矫治，可以根据被矫治人的个人情况，适当再延长一定的期限。

（三）关于矫治处分和刑罚的协调问题

矫治处分的对象是尚不够刑事处罚的人，假设如前所述矫治处分的期限设计为九个月到十八个月，必要时可以延长六个月，即最长可达两年，并主要以剥夺自由的方法为主，虽然比现在劳动教养的期限短了一倍，但是与一些较轻犯罪的刑罚相比，如拘役、管制、数额不大的单处罚金以及缓刑，甚至免予刑事处罚等，就产生了是否协调的问题，对不构成犯罪的处理实际上比构成犯罪的还要重，这个问题在现行劳动教养制度中显得更为突出。

为了解决好这个问题，我们有必要对一些较轻犯罪及其处罚进行进一步分析。可以分两个层次来看这个问题。对于本文前面所列的矫治行为对象中的犯罪行为，如果是第一次实施，即初犯，又是情节轻微的犯罪，人民法院依法判处拘役、管制、数额不大的罚金，或者宣告缓刑，甚至免予刑事处罚的，是符合刑法规定的量刑原则的。对于较轻犯罪的初犯，判处相应的较轻的刑罚，更有利于对行为人的教育挽救，这既体现了罪刑相适应的原则，又体现了以教育为主、惩罚为辅的教育刑思想，重在行为人能够认识自己的错误，改正错误。而因为实施同种类的行为，虽然不构成犯罪，在程度上轻一些，但是第二次、第三次实施，说明其有一定的主观恶习和不良的行为习性，这种主观上的倾向性很可能导致再犯。为了纠正这种习性，采用相对较长时间的矫治就显得是必要的。而且矫治的期限也有幅度，两年期限是最长的，不是所有的被矫治人都适用两年的期限。因此，从这个角度讲，对这一层次的矫治处分和刑罚的比较，有些不协调是正常的，它是由矫治对象的特殊性决定的，可以说是合理的、必要的。

对于本文前面所列的矫治行为对象中的犯罪行为，如果是第二次、第三次实施，并且仍旧是属于较轻的犯罪，按照刑法的规定仍可判拘役、管制、数额不大的罚金，或者宣告缓刑，甚至免予刑事处罚的，即所谓"大错不犯、小错不断"的，矫治处分和刑罚的不协调问题就显得比较突出了。比如某人第一次违反治安管理被拘留十日，一年内又进行盗窃行为构成犯罪，但根据数额、情节等各种犯罪因素考虑，按照刑法应当判处六个月管制或者单处罚金即可；又比如某人第一次盗窃被判处三年有期徒刑，刑罚执行完毕事隔两年因扰乱社会秩序被治安拘留十日，三年后又进行诈骗活动构成犯罪，但情节较轻，根据诈骗数额及各方面情节，按照刑法对该诈骗罪可以判处一年徒刑并一年缓刑。从这两个例子看，第二次行为和第三次行为都构成犯罪，但得到的结果是管制和缓刑。而按照前面所说的矫治的条件，如果第二次行为或第三次行为只是违反治安管理的行为或尚不构成犯罪的行为，则应当进行矫治。同样是具有主观恶习和不良习性，但实际结果却相差很大，犯罪的反而处理轻，名不副实。从这个层次看，矫治处分和刑罚的不协调问题是不合理的，应当予以改变。

改变矫治处分和刑罚不协调问题的方法可以有两个途径，一是在法律上应当作出规定，对于曾经有违法犯罪行为一年内又实施有关的犯罪行为，或者第三次实施有关的犯罪行为的，虽然情节较轻，不能适用管制、拘役、罚金、宣告缓刑以及免予刑事处罚的处分。对于这些有主观恶习和不良习性的人，应当考虑判处一定期限的实刑，如至少应判处一年以上有期徒刑，以保证有条件对其进行教育和矫治。二是不改变目前刑法的量刑制度和量刑原则，对于上述第二次、第三次犯罪行为，该怎么判就怎么判，但法院在判决的同时，考虑到其以前的违法犯罪情况，可以同时一并决定予以矫治处分。对于判处管制、拘役有期徒刑缓刑的，如果期限比矫治期限短，就执行矫治处分，管制、拘役、缓刑的期限被矫治期限吸收，如果比矫治的期限长，执行完矫治后继续执行刑罚剩余的期限。对于单处罚金的，罚金与矫治处分都要执行。对于判处免予刑事处罚的，就执行矫治处分。

（四）关于矫治处分的司法程序

如前所述，将劳动教养纳入司法程序，由行政机关决定改变为由人民法院依照法定的程序对案件进行审理并作出决定，是劳教改革的核心问题。劳动教养只有纳入司法程序的改革，才有质的变化。程序的设置应当充分体现公正、公开原则，同时也要设置合理，有利于节省司法资源。为了保证公正、公开原则，就要充分保证提出矫治一方和被矫治一方双方的权利，尤其要使被矫治一方充分行使辩护权以及被公开审理的权利。因此，可以参照对抗式的诉讼程序进行设计。初步考虑，可以从以下几个环节进行研究：

1）矫治案件的提出。公安机关认为违法行为人符合矫治处分条件的，可以向人民法院提出矫治处分的意见书。意见书只是表明公安机关的意见，并不是决定。意见书应当附有符合矫治处分法定条件的有关法律文书，如行为人第一次违反治安管理的处罚决定书或第一次犯罪的刑事判决书等，还应当附有第二次违法行为的事实材料及证据。这里需要说明一下，矫治案件由公安机关直接向人民法院提起就可以了，没有必要再经过人民检察院。因为矫治案件是事实简单的治安案件，情节不复杂，多数情况都是现场案件，行为人不否认自己的行为，原来违反治安管理的行为也是公安机关查清事实后即行作出处罚决定的，矫治案件经公安机关调查后法院进行审查并作出裁决即可，没有必要同刑事诉讼程序那样。如果再经过检察院审查一遍，又要设置审查时间，违法行为人处于被羁押状态，羁押时间就要延长，没有必要。因此，程序设置短一些有利于保护被矫治人的利益，也有利于节省诉讼资源。

2）案件的审理。矫治案件由基层人民法院审理。除对于未成年人案件或涉及个人隐私的案件，人民法院对矫治案件应当公开进行审理。人民法院审理案件应当充分听取公安机关和当事人双方的意见，当事人可以聘请律师作为辩护人，对于当事人有异议的，应当经过质证程序。经审理人民法院认为事实清楚，证据确实充分，符合矫治条件的，作出矫治处分的决定，并决定相应的矫治期限；对于事实不清、证据不足，或者不符合矫治条件的，应当作出不予矫治的决定。（如果采用前面所说的解决矫治处分和刑罚不协调问题的第二种途径，人民法院在审理刑事案件中，认为被告人构成犯罪并依法判处管制、拘役或单处罚金、宣告缓刑或者免予刑事处罚的，可以在刑事判决书中直接作出矫治决定。但在判决前应当就矫治问题听取被告一方的意见。）

3）上诉程序和申诉程序。当事人对一审人民法院矫治处分决定不服的，可以向上级人民法院提出上诉，上级法院作出决定后即发生法律效力。被矫治人对二审法院决定不服的，可以提出申诉，但不影响矫治的进行。对于申诉程序的设置，要从保护当事人的利益和诉讼经济等多方面进行综合考虑。总体上讲，通过申诉纠正错案，保护当事人的合法权益，是司法公正的要求，申诉制度也应当适用于矫治处分的程序。但为了避免毫无意义或没有必要的缠讼，对申诉程序应当有所限制，只有认为矫治决定在认定事实和适用法律上根本错了，不应该实行矫治，或者公安机关在调查矫治案件过程中有刑讯逼供行为、法官在审理案件过程中有腐败行为等严重违法情况时，人民法院才予以再审，其他情况，如当事人只是在某些情节上认为应当轻一些，期限应该短一些等，人民法院不应进行再审。因为矫治案件不同于严重的犯罪，没有必要再在具体情节、期限上反反复复，对当事人也是拖累，过分缠讼不仅会影响矫治的效果，对当事人今后的工作生活都可能产生消极和不利的影响。这样设置再审程序，实际上更有利于被矫治人集中精力安心接受矫治，矫治后更好地回归社会。

4）关于设置强制性羁押措施问题。在矫治案件程序中，从公安机关对当事人的违法行为进行调查开始，到向人民法院提出矫治意见以及人民法院对矫治案件开庭审理期间，涉及对当事人是否需要予以羁押的问题。是让当事人处于自由状态，随传随到，还是设置一种羁押性措施，以保证案件能够得到正常的审理，是需要研究的。有的观点认为，由公安机关处理的矫治案件，当事人的行为不构成犯罪，没有必要设置羁押性强制措施，可以考虑设置一种类似刑事诉讼中取保候审的制度，以保证随时到案就可以了。笔者认为，根据矫治对象的适用范围，被矫治人实施的行为是破坏社会治安的多发性行为，且属于在短时间内再犯，具有一定的社会危险性，而且从现在劳动教养的对象来看，多属于在发案地没有常住户口的流动人员。为了保证能够对案件的正常审理，应当设置一种限制人身自由的强制性羁押措施。当然，设置一种强制措施，并不是在实践中对当事人都予以羁押，对于家住本地的，或者社会危险性比较小的，也可以不羁押，或者采用缴纳保证金等候审理的方法。矫治案件的事实比较简单，法院审理时间不会很长，如果在法院裁定予以矫治前被羁押的，羁押期限可以折抵矫治期限。

以上是关于矫治处分司法程序的构想。与此相联系的一个问题是，劳动教养纳入司法程序，这个司法程序是属于什么性质的程序，是刑事诉讼程序还是行政诉讼程序？这个问题也是今后理论研究中难以回避的问题。本文初步认为，如果劳动教养没有纳入刑法体系，显然不能适用刑事诉讼。

在矫治处分对象中虽然有被法院判决有罪但免予刑事处罚的，虽然这部分人适用的是刑事程序，但和矫治程序还是两回事，一开始对这部分人适用刑事诉讼程序，是为了追究其刑事责任，只是在刑事诉讼程序完结的时候，法院认为可免予刑罚而当事人又符合矫治的条件，因而作出矫治的裁定。从行政诉讼的角度看，纳入司法程序后的劳动教养已不具有行政性质，即它不再是具体的行政行为，因为公安机关没有作出决定，只是提出矫治意见，因此也不能适用行政诉讼。民事诉讼当然相距更远。既然三大诉讼都不属于，目前可暂不称其为诉讼，直接称为矫治程序更为妥当。在我国目前的法律中，已有这样的情况，有些司法程序具有自己的特点，从诉讼法的角度讲，既不属于刑事诉讼，也不属于行政诉讼或民事诉讼，如引渡法规定的引渡程序，就是一种独立的司法程序。另外，如国家赔偿法中规定的赔偿程序，也具有自己的特点，国家赔偿法规定中级以上人民法院设立赔偿委员会，由人民法院三名至七名审判员组成，没有规定由民事审判庭或其他审判庭审理。所以，根据目前的法律规定，有些司法程序也难以归结到三大诉讼程序中，可先作为一类特殊的司法程序处理，待今后法律进一步发展再研究总结。

（五）关于矫治处分的执行方法

由于矫治主要是针对危害社会治安的行为人的主观恶习和不良习性，从执行方法上讲，主要还是应当采取限制人身自由的方法，并辅助之以道德、法律教育以及通过劳动、学习一些技术和生活技能，养成自食其力的生活习惯和观念，这是没有疑义的。但是，我们也应当注意总结几十年来劳动教养在管理、教育方面的成功经验，总结刑法对一些较轻犯罪的处理经验，并参考国外对于轻罪和保安处分制度的一些做法，拓宽思路，设定一些有针对性并能够收到更佳效果的教育管理方法，而不拘泥于传统的关押方法，比如非羁押性的"开放式"管理方法，如采用社区监督劳动、教育的方法，或在一些特定的工厂进行劳动或学习技术，或在某些公共场所参加社会性服务活动等，以培养和锻炼被矫治人适应社会的能力。虽然被矫治人有不良习性，有社会危险性，但也应当看到不良习性或社会危险性有程度上的区别，个人的一贯表现以及所处的环境也有区别。所以，根据被矫治人的个人情况，对于社会危险性相对较小并有悔过表现的，或者对于已经执行一段时间矫治有明显改进的人，可以适用一些非羁押性的矫治方法。比如对于未满十八岁的人因违反治安管理的行为需要给予矫治的，原则上应当先考虑适用非羁押性的矫治措施。又如对于吸毒成瘾的人，在进行一段时间的强制戒毒后，也应当多适用"开放式"矫治方法，以培养自己抵御毒品诱惑的心理抵抗能力，如果没有心理抵抗能力，在"开放式"矫治期间又复吸，则收回矫治。实践中有的人强制戒毒时间很长，一旦回到社会，不久又复吸，就是因为心理抵抗能力脆弱，在与社会隔绝的情况下没有吸毒，并不代表其在心理上具有抵抗毒品的能力，一旦具备条件就又开始吸毒，对毒品的心理依赖性难以根除。因此，应当创造条件让其在社会生活中培养抗毒品能力，哪怕有些反复也不要紧，这样才能真正断绝与毒品的联系，达到彻底戒除毒瘾的目的。

【Abstract】 In the beginning of this thesis the development of the system of reeducation through labor is reviewed, meanwhile the main deficiencies are rethought. Then on the basis of analysis above, this essay conceives of replacing reeducation through labor with judicial correctional measures. In the end, elementary issues about conceived judicial correctional training such as its applicable objects, procedure, nature, function and its relationship with penalty are further discussed.

【Keywords】 Reeducation through labor　Reform of legislation Judicial correctional measures

中国的轻刑

——劳动教养的轨迹及去向

张绍彦 *

劳动教养是一个非常具有中国特色的东西，20 世纪初，它开始成为浮出水面的社会热点问题。不论中国还是外国的各方面的人士，凡是能找到一点"关联性"的都喜欢对劳教说上几句。其实，在笔者看来，它始终具有特殊的刑事性补充措施的性质，是"中国式"轻刑的典型。

一　劳动教养的轨迹与实质

从劳动教养的产生和发展来看，劳动教养的实质在于，以不恰当地牺牲个人权利为代价来维护社会秩序，使它成为一种具有一定任意性的政治工具。这是到目前为止笔者对劳动教养研究的一个基本认识。

新中国建立之初，50 年代大规模地镇压反革命，与镇压反革命运动相配套的必然会产生大批被镇压的反革命分子。这些人需要把他们关起来，而镇压反革命所镇压的是一些现行的、严重的反革命分子。为配合镇压反

* 中国社会科学院法学研究所教授。

革命运动，1951 年就在全国范围内开始了大规模的劳动改造运动，也就是后来家喻户晓的"劳改"。但和"劳改"联在一起被并称为"两劳"的劳动教养，却是从 1955 年《中共中央关于肃清暗藏的反革命分子的决定》才开始的。

1955 年下半年，在全国范围镇压反革命运动基础上，党中央又发动了在机关、企业、事业单位内部，开展大规模肃清暗藏反革命分子的运动。1955 年 8 月 25 日，中共中央专门发出了《关于彻底肃清暗藏的反革命分子的指示》，明确规定："对这次运动中清查出来的反革命分子和其他坏分子，除判处死刑和因为罪状较轻，坦白彻底或因为立功而继续留用的以外，分两种办法处理。一种办法，是判刑后劳动改造。另一种办法，是不够判刑而政治上又不适用继续留用，放到社会上又会增加失业的，则进行劳动教养，就是虽不够判刑，虽不完全失去自由，但亦应集中起来，替国家做工，由国家发给一定的工资。"这是党中央提出的第一个关于劳动教养的指示。随着肃反运动的发展，1956 年 1 月 10 日，中共中央专门就劳动教养问题发出了《关于各省、市应立即筹办劳动教养机构的指示》，要求各省、市立即筹办相当规模的劳动教养机构，并对劳动教养的性质、任务、指导思想、审批权限、领导和管理等问题，作了原则的规定。为我国创办劳动教养制度指明了方向和道路，是我国创办劳动教养的政策依据。根据党中央这两个指示，各省、自治区、直辖市陆续建立了劳动教养机构，办起了劳动教养。由此，中国的劳动教养制度诞生了。

也就是说，1955 年 8 月 25 日《中共中央关于肃清暗藏的反革命分子的决定》是劳动教养在中国产生的真正依据，它的发祥源于此。镇压反革命运动意味着政权的基本巩固，但这并不是说没有问题了。还有一些不利于政权和统治秩序的非现行、非重大的反动分子、反革命分子，对这样一些人也要有恰当的处理办法。在这种情况下，像犯人一样把他们关进监狱不太合适，怎么办呢？于是人们很有创造性地想出了劳动教养的办法。但是，从 1955 年劳动教养制度在中国创建，到 1957 年"反右"之前的 1957 年 1 月份，在全国范围内，所收容的劳动教养人员不到一万人，也就是说，这个时候没有大量的被认为威胁到统治秩序的人员存在，被劳教的人员非常有限。到此为止，从当时社会的政治、文化背景讲，应当说在创立者看来，劳动教养是具有安置性的，当然这种安置主要是基于某种政治的而非治安的因素。其目的在于承续先前革命的彻底和巩固革命的胜利果实，同时还要显示出无产阶级无比宽广的革命"胸怀"，以至于能够把自己的敌人和破坏者"养"起来。

由此而论，当时情况下劳动教养的产生，与后来的"收容遣送"颇有类似之处，即都具有某种福利或安置的性质或功用，只是劳动教养从动因、对象到作用，都突出地表现为是一种"政治性"救济、安置措施，而收容遣送则具有更明显的社会性救济、安置。二者后来的发展和变种，也都是沿着其产生时的质的内在规定性轨迹行进。劳动教养依然表现出政治工具的作用，因而直到今天人们依然难以在法治框架下，用法治对其进行解构和建构；而收容遣送则因其社会性，虽然其发展也背离其原本的社会救济措施而发展成为具有一定治安管理甚至处罚性质的手段，并因此出现了比较严重的问题，但因为它无碍"政治"大局，所以，比较容易地被解构和重构，于是，因孙志刚事件，几个月间施行了十几年，已经变种为治安措施的《城市流浪乞讨人员收容遣送办法》便寿终正寝，被还其本来面目的《城市生活无着的流浪乞讨人员救助管理办法》取而代之。那么，劳动教养的去向呢？笔者将在劳动教养的命运部分专门分析。

劳动教养制度创立之后，发展至今，同样经历了一个演变过程，这一过程因其本身鲜明的政治性特质，因此，它与中国社会的政治斗争紧密关联，并直接充当着政治斗争工具的角色。

"反右"开始以后，开创之初作为政治性救济、安置手段的劳动教养也开始发生变化。1957 年 8 月 3 日全国人大就批准了《国务院关于劳动教养问题的决定》。从 1955 年 8 月 25 日中共中央的指示到国务院的劳动教养作为一个法律文件的决定，期间一年多的时间有 22 个具有约束力、拘束力，某种效力的文件、报告、纪要、指示或是领导讲话，但是一直没有出台法规性的决定。"反右"开始以后，短短不到两个月的时间，国务院就出台了《决定》，并且是以全国人大批准的形式出台。人大批准意味着什么？要解决什么问题？两个月的时间条件就成熟了吗？或者仅仅是一种巧合？我的理解是：两个月时间内出台一个法律（我们不从现在的《立法法》上看，就当时情况而言，它就是一个法律），这是一个非常典型的政治超理性的范例。"反右"后马上出台的国务院这个《关于劳动教养问题的决定》，便成为劳动教养的法律依据，并依此开始了大规模的劳动教养。

由此可见，1957 年以知识分子为主对象的"反右"是中国劳动教养制度真正得以创建的历史契机。它主要针对的是可以在新秩序下谋求生计的坏分子、反动分子，他们是新生政权和社会秩序面临的新威胁甚至敌人，因此，对他们不能再简单地以"胸怀"处理也同样地给予安置。他们应当对自己的言行承担责任，付出代价，应当受到必要的惩罚，这就是我们了解到的右派们劳动教养生涯的艰辛。所以，1957 年"反右"后的劳动教养才是真正的劳动教养，它自始至终都是一种处罚性的政治措施，其基本的实践形式是对公民的人身羁押，当然，这种羁押是非经司法程序的，因为它是政治性的，与司法处于不同的平台，二者难以对话。比如，实际上限制人身自由的劳动教养措施，既没有期限的规定，更没有程序的规定。如果从法治的角度审视，纯粹不可思议。但作为政治手段则另当别论。这种情况一直延续到"文革"后的 20 世纪 80 年代，在中国社会提出民主与法制建设之后。

需要指出的是，"反右"后按照 1957 年国务院《决定》正式施行的劳动教养，比初创阶段有了重要变化或发展。主要体现为收容范围由内部扩大到社会上，收容对象由内部清查出来的反革命分子和坏分子两种人，扩大到四种人，即：（1）不务正业，有流氓行为或者有盗窃、诈骗等行为，不追究刑事责任的或违反治安管理、屡教不改的；（2）罪行轻微，不追究刑事责任的反革命分子、反社会主义的反动分子；受到机关、团体、企业、学校等单位的开除处分，无生活出路的；（3）机关、团体、企业、学校等单位内，有劳动能力，但是长期拒绝劳动或破坏劳动纪律，妨碍公共秩序，受到开除处分，无生活出路的；（4）不服从工作的分配和就业、转业的安置，或不接受从事劳动生产的劝导，不断地无理取闹，妨碍公务，屡教不改的。以上收容范围和收容对象的扩大，是国家以行政法规的形式，在国务院公布的《关于劳动教养问题的决定》中明文规定的。此外，1957 年 7 月，中共中央批准《公安部党组关于处理盗窃、流氓、诈骗、凶杀、抢劫等刑事犯罪分子政策界限的规定》中，确定的收容对象还有"刑满释放出来的惯匪、惯盗、惯窃、诈骗分子，有妨碍社会治安的行为，尚不够逮捕，必须收容改造的分子"；"以卖淫为生，屡教不改或无家可归，必须收容改造的暗娼"，当时收容劳动教养的对象实际包括上列六种人。这意味着劳动教养由纯粹单一政治性措施，开始向兼有一定社会性的治安措施过渡。当然，这种过渡仍然是依政治需要而非法治规则。劳动教养开始成为应变能力极强的解决社会复杂问题的手段，成为具有"不管部"角色和职能的政治工具。

"文革"开始后，劳动教养基本停滞。笔者曾想，"文化大革命"多么混乱的社会秩序，不是有更多的人需要"劳动"和"教养"吗？为什么反而不用劳动教养这种强有力的手段呢？笔者个人的理解是，在这种"大革命"时期就不需要劳动教养这种比较麻烦的手段，还有更便捷、更有力的手段，比如关"牛棚"，统一关进"五七"干校等等，因为这些手段能更好地维护秩序。这些群众专政的手段，对于解决问题更广泛、更有效。那个时候的管制有两种：一种是带法律性的管制，一种是群众性、社会性的管制，就是所谓的群众专政。所以"文化大革命"期间劳动教养基本上停办了，这是一个很奇特的现象。

如果说"文革"前因为缺少"法治"化框架，所以可以运用劳动教养这种非法治化的手段解决一些问题，那么"文革"结束改革开放以后，为什么1979 年又以全国人大批准的形式发布了国务院《关于劳动教养的补充规定》？1982 年国务院还"原则同意批转各地参照执行"，出台了一个较详细的《劳动教养试行办法》。劳动教养在新的历史条件下，承载着新的历史使命获得新生。笔者大致梳理了一下，在中国现代的法律、社会生活中，劳动教养可以说是被保留得最完整的制度之一。为什么？因为它是一项非常有效的制度。对什么有效？对秩序，对社会控制。笔者从劳动教养的发展来分析，发现劳动教养是当今对维护中国社会秩序强大而有效的不可缺少的政治工具。有人会注意到，在对劳动教养的研究中，有的学者从宪政角度考察，认为劳教的矛头主要指向"右派"、"知识分子"。但我们还应当记得，在此之前劳动教养主要是针对"暗藏的、非现行的非重大的反革命分子"，而1979年改革开放以后，劳动教养则主要指向了扰乱治安的破坏分子。也许这种变化正是劳动教养的强大生命力之所在。

总之，不论时代怎么变化，劳动教养制度总是能把不利于维护秩序，特别是其他措施或制度包括法律制度包容不了和不便收罗其中的几乎所有的人，都包容进去。劳动教养制度既不只是针对"暗藏的、非现行的非重大的反革命分子"，也不只是针对"右派"或后来的破坏治安秩序的坏分子的，劳动教养的对象实际上是针对所有"有问题的人"，通过一种非常灵活的、有效的办法来控制和处置这些"问题之人"。用鲁迅先生在其《而已集》之《可恶罪》中的话讲，就是被认为"可恶的"人。这些人可能是政治性的，也可能是刑事性的、治安性的，甚至有些时候是民事性的。从劳动教养内部的实际运作看，甚至包括那些"敌对情绪"、"心怀不满"的人。所以笔者认为劳动教养是一个可以用来对付任何一个有问题的人、"可恶的人"的综合的、有效的，实现社会控制的有力工具。在这样一个系统里面，我们今天讲的宪政、法治、罪刑法定主义、程序正义、程序公正，跟劳动教养没有任何内在的逻辑联系，它的目标就是秩序。当然这个秩序是崇高的、不容置疑的，个人权利、自由只有作出牺牲。因此，在笔者对劳动教养的研究中，对历次劳动教养对象的规定并不过分看中，因为笔者觉得这个意义不大。任何时候的任何"问题之人"都属于这个范围，它的对象非常复杂，无所不包，但是它的规定又非常笼统，不论《指示》、《决定》还是《补充规定》，都会在几条原则性规定后有一个"等"字，这一"等"就可以全部"等"进去了。到目前为止，一个行业、一级地方政府，都可以作出适用劳动教养的条件的规定，比如，关于"偷税漏税"、关于"车辆管理"的情形都可以适用劳动教养。

事实非常明了，在劳动教养的上述变迁中，它始终贯穿并突出了一条主线这就是秩序。我们所理解的秩序的目的或者价值目标——权利，似乎失踪了。不仅如此，劳动教养的这种变迁还充满着政治超理性的光芒。

2000年前后，劳动教养成为社会关注的焦点，自上而下兴起了"劳教立法"热潮，似乎转眼之间劳教法就要赫然而立。有的传闻甚至连按照《立法法》规定的"三读"都来不及，但人们还是相信，只要需要立法这是完全做得到的。而这之后，《劳教法》的具体进程又没了音信。加速也好，刹车也罢，至今的劳动教养仍然在按政治而非法治的规则运行。所依据的都只是秩序的需要！劳动教养立法是1986年与监狱立法同步开始，先后列入国家"七五"至"十五"立法规划，可以预见也必将列入正在制订中的"十一五"立法规划。那么，什么时候能够出台？没有人能说清楚。为什么？有人会说，这是因为劳动教养立法日程确定的原则，是需要它什么时候出台，就可以让它在什么时候出台。这是我们不愿相信更不愿看到的。

20世纪50年代甚至直到"文革"时期，从中国社会的实际状况出发，在国家的有关立法规划中，如果说权利保护几乎没有进入立法的"优位"考虑，没有根据公民个人权利保护的状况和要求来确定我们的立法方向，并对此可以用这样或者那样的理由，作出这样或者那样的解释，那么，今天我们就需要权衡秩序和权利，找到二者之间的平衡点和结合点，而不能让立法追求单边的秩序价值。这个问题在目前的劳动教养立法中非常集中和突出，笔者认为中国已经具备了在劳动教养立法中兼顾公共秩序与个人权利的条件。

近十几年来，劳动教养在遭受国内外非议甚至攻击的同时，为保护公民权利尽了很大努力。一直以来，劳动教养都有一个"二劳改"的称号。而"劳改"是对犯罪之人执行刑罚的方式，因此，对没有构成犯罪的劳教人员实行的劳动教养，被称为"二劳改"自然不利其人权形象。这一问题有人开始从二者的性质根本不同等方面解释，这种性质其实就是"规定"上的文字表述不同，而在实践中，即使是业内人士也难以区分劳改队和劳教所，特别是劳改农场和劳教农场。因此，在生活面前那些"规定"中的性质实在太过苍白。于是，上世纪末本世纪初，全国开展了探索创办劳教特色活动，以使劳教区别于监狱，摘掉有违人权的"二劳改"的帽子。这种努力的结果可以想象，良好的愿望因缺乏达成的途径而只能是徒劳。且不说执行先前的实体性和程序性问题没有根本的解决，这是劳动教养关涉人权的先决条件。仅就执行而论，只要非经法律规定和司法程序，限制和剥夺公民自由，无论采取什么样的方式、进行什么样的改革、探索什么样的特色，都是于事无补的，除非改变被处理对象的自由权利受到剥夺或限制的实际状况。近几年来，司法部大力倡导和推行的劳动教养执行方式改革，如果能在受处理对象自由权方面取得实质性突破，那么，也许是劳动教养及类似措施的出路之一。对此，在最后部分笔者专门进行重点的阐述。

二 标本及其意义

笔者认为现在没有必要把劳动教养制度作为一个具体的法律制度看待，它只是一个符号和标本。大致回想一下，作为一个符号和标本，中国社会的人权、权利、法治、宪政等问题大都可以在劳动教养问题里面找到一些说明，新中国的法治史从劳动教养问题里面也可以得到基本的说明。这个符号和标本，反映出五个方面或层次的问题：

第一个问题，劳动教养问题的根本症结在于宪政、公民权利和人权，也就是说劳动教养制度首先是对宪政原则的根本背离，是对公民权利和人权的一种制度性侵犯，具体的理解不需展开，不管从实体上还是从程序上，这都是显而易见的。

第二个问题，劳动教养作为一个符号、一个标本它所反映的核心问题，是权利与秩序之间的关系。在劳动教养问题若干文件的表述当中，都没有讲到权利和秩序问题，讲到的都只是安置、教养、教育、改造、感化、挽救等。但这些都是形式上的描述，而不是它的实质。它的实质和核心在于权利和秩序之间的关系。我们并不怀疑对那些被送去劳动教养的人来说，创设劳动教养的人希望他们能够改造好。但如果说他们改造不好，不接受教育，不能被感化、挽救会怎么样？他们仍旧要被送去劳动教养，也就是说劳动教养的真实目的并不在于是否能被改造、感化、挽救。这不是不关心那些被劳动教养的人，而是说是否对他们进行劳动教养并不取决于他们是否能被感化、挽救。感化、挽救、改造实质上只是一种期待的可有可无的功能，仅此而已。当然在这里面反映了咱们国家社会控制的观念，中国一贯强调社会秩序，所以必然看重社会控制。

第三个问题，劳动教养的基本体现是公共权力的扩张和滥用。公共权力里面包括立法权、司法权。立法权作为一种公共权力，在劳动教养中表现出极端的恣意性。这样一种严厉限制公民人身自由的惩罚措施，其范围却如此地具有伸缩性，给劳动教养的灵活适用留下充分的余地；并且"法定"的劳动教养范围和对象日益扩大；可以通过"立法"决定劳动教养范围的机关越来越多、"级别"越来越低、规定越来越实用和有效等。司法权在劳动教养中没有得到完整的体现，是需要还劳教以司法化的。虽然如此，但是大家知道，公安机关和司法行政部门领导的劳动教养管理所，都是作为"司法机关"参与到劳动教养中来的。在这当中，尽管我们说司法行政部门的劳教所在执行中没有什么太大的问题，但即使从"司法"的角度，我们也不能容许一个机关不经基本公正、公开的程序决定公民长达3年的时间失去自由，并且事后没有有效的救济手段；我们也不能容忍一个执行机构，不经相应程序决定"延长劳动教养期限"1年。当然，公共权力的扩张和滥用，最核心的还是行政权，具有进攻性、主动发动性的行政权，包括它的取得，也就是行政权力范围的大小，也包括对它的行使的规范——通常反映为程序，行使的规则，在劳动教养问题上得到了非常充分的体现。

第四个问题，警察权力的滥用。在对劳动教养制度的评价中，存在着这样一种比较普遍的认识，这就是劳动教养制度的目的、动机是好的，它的制度设计也具有一定的合理性，但是劳动教养制度在实践当中被滥用了。但笔者认为这种制度设计的时候，就是要制度执行者们这样来使用它，也就是说，如果是被滥用，那是必然的，不是偶然的；或者反过来讲，作为一种"好"的制度，如果在执行中必然被滥用，必然走样，那么这种"好"的制度本身便应该被定义为"恶"的制度，包括法律在内，包括法在内。在劳动教养问题上，集中反映了警察权力的扩张和滥用。因为警察可以不经司法程序，实际决定剥夺公民3年至4年的人身自由，这在一个法治国家里是不可想象的。特别是在中国建设社会主义法治国家，依法治国和保护人权都写进宪法，加入WTO和国际人权公约的时代背景下，劳动教养成为一个非常不适应、不和谐的音符。

第五个问题，劳动教养问题在实践方面的反映，是一个实践问题。我们说劳动教养作为一个标本，也有它实践方面的意义，它代表了一类实践问题。在了解劳动教养制度的过程中，我们可以发现，劳动教养制度只是我国任意性限制公民人身自由的若干种措施中的一种，跟劳动教养具有同样或类似功能和意义的措施还有不少，诸如，收容教育、收容教养、强制戒毒、强制医疗等等。取消前的收容遣送，也是相当可怕的实际上具有任意限制公民自由性质的措施。

有人说，劳动教养的许多问题是执行中出现的，并非这种制度（设计）本身的问题。问题的关键在于，假使某种制度本身是非常美好的，但如果这种制度的创立，就意味着其实施必然走样，权力必然被滥用，那么可能我们不得不说这种制度本身可能就不是一种好的制度。既然劳动教养这么多问题，只是学者知道吗？肯定不是。那为什么不能有根本的改进？为什么就这么难？中国社会发生了那么多根本性的变革，劳动教养为什么、凭什么"我自巍然不动"？！笔者认为这是因为劳动教养有自己的三大特点，所以，它有着强大无比的生命力。

（一）对象的开放性

劳动教养的适用对象是开放性的，大家都知道"劳教是个筐，什么都能装"。有人说，之所以成了一个筐，是被人滥用的结果，但它从一开始到后来各个时期的变化和发展，本身就是作为一个筐设计和使用的。

（二）适用或运用的灵活性

你怎么用都可以，对什么人适用都不会有错。

（三）效果的快速有效性，立竿见影

记得有人打比方说，劳动教养的快速有效，仅次于战争时期的班长、排长掏出一个匣子枪，对着敌人说"我代表党、代表政府、代表人民，我枪毙了你"这种形式。因此它是实现社会控制和维护社会秩序的一个不可或缺的法宝。当然，我们可能因此也丧失了很多东西，比如，背离宪法的法治和人权原则、罪刑法定原则、程序公正原则等等，但是，这些在有些人看来是必要的代价，必不可少的代价。是不是可以这样认识？或者说这种认识是否也需要一定的历史条件，则是值得我们思考的。

三　关于劳动教养的命运

操心劳动教养命运的人真是大有人在，作为其中一员，笔者对这一问题的基本认识用一句话说就是：劳动教养的命运，大致与"收容遣送"相同。

从整体上讲，笔者对劳动教养制度改革的观点用一句话概括就是：废除制度、保留功能。要废除已经实行了 50 年的劳动教养制度，它是一个侵犯公民权利的制度；保留功能，保留它合理的维护社会秩序的功能。之所以这样讲，是因为我们现在劳动教养针对的对象除了部分不应当羁押的人员以外，对于轻微违法犯罪、吸毒、卖淫等行为，任何一个国家、任何一个社会都会面临同样的问题，对于这些人、这些行为、这些问题都会有相应的、合理的合乎我们价值原则的规则和办法。笔者认为这种功能、这种社会需要是客观存在的。这种功能需要合理的制度继续发挥。但是，劳动教养不行。劳动教养作为侵犯公民权利的制度必须废除。对保留功能笔者的大致设想是必须坚持两个基本点：第一，从根本上讲，这种制度必须是实现以宪政为基础的法治化。不管这种制度将来是什么样的，但是它的根本前提是以宪政为基础的法治化。所谓保留功能，不是保留它作为政治性羁押手段的功能，而是维护社会治安，作为治安性措施的功能。第二，要剥夺和限制公民权利的司法化。当然必须先有立法。包括实体的对象和条件、处罚内容的法定化；程序的法定、公正，以及程序公正中的一系列的原则和规则；执行程序和机构的法治化、司法化等等。至于说发挥劳动教养这种功能的制度究竟是民事性、刑事性，是刑事诉讼还是行政诉讼在理论界有很多观点，这里不一一介绍，但是笔者反对劳动教养问题的行政化，不只是在反动劳动教养这类的决定权上面，包括在程序上面，我反对适用行政诉讼程序。当然笔者也不赞成适用现在的刑事程序。因为刑事程序的运用意味这些对象的犯罪化，而犯罪化在中国是一种非常严重的伦理道德评价。犯罪化的评价对一个人会带来严重的终身不利影响。

从"发展"的角度出发，对劳动教养命运的分析，笔者想着重谈谈劳动教养执行方式的改革问题。因为不论劳动教养的对象、条件和程序怎么改革，只要这种制度不废除，那么问题的实质最终都要集中反映在劳动教养的执行方式上。

前面已经提到，劳动教养的去向与收容遣送大致相同。我们知道，同一个事物在不同的条件和情况下会形成不同的问题，所以，明确当今劳动教养改革问题是如何形成和提出的，具有根本性的意义。只有这样才能了解其真正的问题之所在，也才有可能寻求解决这些问题的正确途径。中国刑法中犯罪概念的定量因素决定了，在刑法处罚的犯罪之外，还有大量严重违法、轻微犯罪，刑法上不认为是犯罪，不作犯罪处理的轻罪行为。中国特有的劳动教养制度是对这类行为进行处分的典型代表。此类措施执行方式的改革和选择是中国刑事立法和司法改革面临的板块性问题。而劳动教养的执行方式改革，也代表了相关或类似措施的共同问题，笔者把它们称为轻罪性处罚措施的执行方式。下面从三个方面进行分析：

（一）当今劳动"劳动教养"执行方式改革的社会基础[①]

1. 市场经济培育了市民社会和权利主体、权利意识："权力—权利"、"命令—服从"

中国社会改革开放 30 年来，市场经济体制的建立和实行，极大地培育了具体独立主体地位和相应意识的市民社会的成长，这意味着中国社会结构的根本性变化。新中国成立初期，中国社会处于高度地政治国家的状态，

---

① 此处标题引号下的"劳动教养"意为：一是以此代表轻罪罚；二是本文的论题是以现行的劳动教养问题为对象，但思考和选择的"劳动教养"执行肯定不是现行意义的劳动教养制度之执行方式，或者说，本文之执行方式确立时，在中国存在了 50 多年的劳动教养制度便不复存在，而将被新的具有本文之执行方式的相应制度所取代。

在政治国家下国家垄断的计划经济时代，与之相适应的国家和个人的关系即国家权力和个人权利之间的关系，是一种"权力—权利"之"命令—服从"关系。随着经济建设、"经济社会"和市场经济体制的建立，这种关系演变为民主制度下的法律之"权利—义务"关系。国家对个人不再拥有绝对的权力，个人对国家则不再依附或从属，个人真正成为自己进而也成为国家的主人。因此，个人权利必须得到绝对的尊重。正因为如此，沿用了50多年，国家权力和社会利益至上，忽视个人权利特别是公民人权的类似劳动教养的制度才遇到了"历史性"的问题，而这些问题的根本，除了其执行前的程序和实体法律问题之外，执行方式也是其中必须进行改革的"三大"基本问题之一。上述种种也正是劳动教养类措施立法和改革的根本社会基础和条件及相应的困难之所在。

2. 法治保障权利而限制权力

市场经济的建立及相应的权利主体、主体意识的产生和加强，与我国社会结构的相应变化结合与适应，必然产生法治的要求。这是中国社会近20年向法治社会发展的内在规律。因此，中国必然致力于建设法治社会、法治国家，这是经济建设、市场经济条件下，形成起来的具有一定的权利主体地位，及相应地要求和实现自己的主体权利的阶层或群体，对民主和权利的必然要求。民主、权利是法治的应有之义。因此，法治的本义和宗旨正是以民主为基础，保障个人权利，而限制公共权力。

在公权和私权相关的各个领域，法治的使命在于，从程序和实体限制国家、政府的公共权力对公民个人权利的干预和限制，"还权利于公民、还人权于个人"，是法治发展不可逆转的总体方向。这也正是国家、政府的公共权力逐步萎缩，特别是作为公共权力代表的警察权力逐步缩小必然所在。警察拥有极大的权力对于一个民主和法治社会来讲，是不可想象的。这是劳动教养必须，也必然进行整体性、根本性改革真正的内在推动力。因此，在保存既有劳动教养制度某些功能的前提下，如何改变其中与保护公民权利、个人人权严重不相适应的实体、程序和执行问题，也历史性地摆到了当代中国人面前。这也决定了劳动教养执行方式改革的方向——对公民权利授予或保护的"放大"、剥夺或限制的缩小。通行50多年没有经过司法程序，封闭式剥夺或严重限制公民自由长达 2—3 年甚至 4 年的劳动教养制度必须改革，而随着这些问题的根本解决，既有意义劳动教养制度便完成了其历史使命而不复存在。

3. 国家形式和职能的转换

与政治国家向市民社会转型以及法治社会、法治国家的建立相适应，国家形式和政府职能也发生相应转换，由专政—控制型而转向管理—服务型。国家公共权力控制的意义逐步减弱，而政府公共管理与服务的职能日益加强。那么，劳动教养呢？劳动教养也相应地经历着自己的使命和命运。可以说，初创时期，作为国家专政职能的特殊体现反而使得劳动教养所具有的剥夺的性能和功能，远远少于其后来实际演变为一种（惩罚）处罚和管理措施情况下对公民个人权利的剥夺和限制。因为这种演变中，也伴随着政治国家、计划经济向市民社会、法治国家、法治社会和市场经济的转化，进而评价体系和要求也发生了根本性的变化。

1957 年的"反右"是劳动教养制度真正实行的历史性"契机"，也是严格意义的中国劳动教养制度形成的年代。尽管这时的劳动教养制度仍然还是政治斗争的工具，但其性质和功能却悄然发生了质变，即由具有一定安置性的"怀柔"政策和功能，变向打击、管制和惩罚，成为直接的专政形式和工具。这是劳动教养建立、形成时期性状的基本反映。应当说，此时劳动教养在政治斗争意味上，开始背离其创意时的初衷：由初创时专政的特殊补充，转向控制和（政治）惩罚。

20 世纪 80 年代后，改革开放和市场经济以来，随着民主与法制的提出和建设，劳动教养制度原有的政治斗争形式和工具的存在空间逐步丧失，劳动教养的存在便愈益陷入"合法性"[①] 危机之中。因为国家和政府职能由专政向管理的转变，其依据和规则也由政治斗争的利益和力量，转向民主社会的法治。一方面，劳动教养仍然不同程度地作为法治社会转型过程中，政治国家专政因素的工具；另一方面，又不得不以法治规则下，国家和政府管理社会、特别是管理社会治安的工具。"政治"与"法治"、"专政"

---

① 显然，此处的"合法性"指形式合法性，即是否具有充分法律依据意义上的合法性。

与"管理"在劳动教养制度上直面冲突。这使劳动教养不可避免地处于"争议的旋涡"之中。这一时期全国人大 1990 年和 1991 年在关于禁毒和严禁卖淫、嫖娼的两个《决定》中涉及劳动教养，无论如何都难以支撑起法治国家、法治社会下，中国劳动教养制度法律依据的大厦。然而，劳动教养的功能却还难以丧失。

作为对严重违法行为治安管理的处罚性措施，劳动教养制度存在了 20 年。这时的劳动教养基本背离了其初创时的原意，成为"现行"治安违法行为的管理和处罚措施。当然，其政治意味仍然不同程度地存留于其初创时便埋置其中，而后一直没有根本改革的"基因"之中。

21 世纪以来，与国家、政府由"控制—管理"型向"管理—服务"型转化相适应，劳动教养进入第三个阶段，由第一阶段的"专政—控制"、第二阶段的"管理—处罚"，转向"管理—服务"。这正是本文所认为的劳动教养制度和执行方式改革的认识论基础。这一认识建立在对劳动教养对象或行为的罪错性质及程度、国家和社会的责任及承担方式等基本理论问题的基础之上，在此恕不详述。

"管理—服务"型劳动教养制度所面临的问题，首先是必须改变其根深蒂固的专政、控制和侧重处罚的性质。这是劳动教养制度和执行方式改革的观念基础。管理、服务的主要体现在于，不以剥夺和限制为出发点，不以惩罚和处罚为处理和管理的基本手段，不以限制或剥夺自由为执行的基本内容和方式，而是以帮助、求助为出发点，以习艺或学习为基本手段，以帮助其适于一般公民正常社会生活为执行的基本内容和方式。这些决定了劳动教养执行方式的基本方面。

（二）劳动教养执行方式选择或决策时，必须明确而不得背离的理论根据和难以脱离的实践基础

1. 宪政与法理的依据

宪政是民主与法治的重要标志。宪政规划国家公共权力结构、划分和运行规则，规定公民权利、公共权力与个人权利的关系等关乎国家和公民个人政治生活的基本问题。

在以民主为基础的宪政制度下，公共权力不仅分属于不同的国家机构或政府部门，而且各项权力的行使都受到相应的制约和监督。通常情况下，在民主、法治的国度里，对公民个人权利特别是人身自由的剥夺和限制，宪法授予司法部门，通过司法程序作出司法决定即裁判，由司法权解决。司法权充当了公共权力、公共利益和秩序，与个人权利之间纠纷和争议解决的中间人、裁判者。因此，被动性是司法权不同于行政权的主动性的主要区别之一。同时，司法权具有鲜明的中立性，被认可为能够公正解决公权和私权纠纷的独立第三人，司法最终也因此成为法治的普遍原则之一。问题在于，在一个民主、法治国家里，国家或政府的行政权在多大范围和程度上，有权决定对公民的个人权利特别是公民的人身自由的剥夺和限制，并且这种剥夺需要依据怎样的程序。这便是宪法对行政权力和司法权力的划分。

根据宪政的这一原则，我国《立法法》已经明确，"对公民政治权利的剥夺、限制人身自由的强制措施和处罚"，只有由全国人大及其常务委员会立法活动通过的法律才能规定。对"规定的事项尚未制定法律的，全国人民代表大会及其常务委员会有权作出决定，授权国务院可以根据实际需要，对其中的部分事项先制定行政法规，但是有关犯罪和刑罚、对公民政治权利的剥夺和限制人身自由的强制措施和处罚、司法制度等事项除外。"可见，涉及剥夺公民政治权利和限制人身自由的强制措施或处罚，具有严格的国家"法律性"，任何情况下不得以国务院之行政法规规定之。因此，涉及违法犯罪的处罚和强制措施，行政机关依行政权和行政程序无权作出决定。从国际范围看，这也是普遍通行的原则。除非在某种特殊或紧急情况下，以及对轻微违法犯罪的涉及公民人身自由的处罚比如中国的行政拘留，行政机关可依行政程序作出决定。当然，这种行政处罚的适用条件、期限和程序通常都受到严格的限制。这些原则也体现在有关国际公约当中，比如我国已经签署的国际人权两《公约》中，就明确规定了除非依据法律确定的根据和程序，任何人不得被剥夺自由。尽管当中没有明确"法律确定的根据和程序"具体内容，但只有法律规定，并经过司法程序才能剥夺和限制公民自由是已经普遍为国际社会所接受，也是符合我国《立法法》的有关原则。也就是说，劳动教养的合法性根本不在于形式上是否有法可依，而在于实质上行政机关，非依法律规定，非经司法程序是否有权作出剥夺和限制公民自由的决定。否则，即使形式上具备了法律依据，实质上仍然不合于宪政下的民主、法治原则，也不符合国际人权的最低规则。

我国对严重和较严重犯罪由司法机关，经过司法程序采取刑罚处罚的方式进行惩罚和矫治。① 对于不构成犯罪的违犯治安管理处罚的行为，通过治安处罚的方法解决。我国的《治安管理处罚法》中规定的处罚方法，最严重的处罚是行政拘留，短期剥夺自由 15 天。劳动教养适用于轻微犯罪和较治安管理处罚程度更为严重的违法行为。因此，必然涉及剥夺或限制公民自由的措施。但是，其对公民自由的剥夺和限制同样不得重于刑罚。这实际上已经为劳动教养执行方式的改革确定了范围或底线。比如，其剥夺公民自由的期限，比如封闭式，原则上不应当超过作为刑罚措施的拘役的下限，即一个月或 30 天；而其限制公民自由的期限，比如半开放式，不应超过作为刑罚措施的管制的下限，即 3 个月。而其整个监督、管束期限也不应超过管制的上限，即 2 年。

2. 实体与程序的理论根据

劳动教养制度改革涉及实体和程序两个方面的基本问题，而这两个基本问题都必将反映到执行环节，且最终通过执行方式得以体现。因此，笔者认为劳动教养的根本问题是"2 + 1 = 3"，即实体和程序加执行三个问题。实体方面的问题包括两个基本方面，劳动教养行为或对象的罪错认定及其处罚措施的性质、方式和期限等；程序方面的问题，则既有纵向的劳动教养处理过程中自身的程序前、程序中的保障和程序后或执行中的救济问题，也有横向的机构职责分工及相应权力安排和制约，以及这种程序的司法化问题。

劳动教养执行方式的选择是与其实体和程序相适应的，即劳动教养实体方面的适用对象、条件、措施的性质、期限和方式等问题，以及程序方面的是行政机关决定还是司法化等问题，影响和决定着劳动教养的执行方

---

① 由于我国刑法中犯罪定义中的定量因素，使得我国刑法上的犯罪实际上为严重或较严重的犯罪。对于"情节显著轻微危害不大的，不认为是犯罪"，不以犯罪处理。

式。比如，从实体方面讲，作为对待非犯罪问题、非惩罚性的司法措施，劳动教养不可能采取剥夺公民自由的监禁式或封闭式的执行方式。从程序方面讲，如果劳动教养由行政机关决定，那么，其监禁或封闭式的执行方式及其期限就要极大限制，因为，显而易见劳动教养不是紧急情况的临时性行政处置措施，这种情况下，行政机关决定的措施对公民自由超过一定期限剥夺的执行方式是不能允许的；而如果由司法机关依司法程序决定，那么，劳动教养的执行方式由可以具有一定期限的监禁或封闭式空间，尽管这种空间也受制于实体上不得重于刑罚处罚，即不再像过去那样，在"定性上"劳动教养是行政性强制教育措施，而事实上却实行长达2—4年的监禁或封闭，远远地重于相应的刑罚。

综上，由实体和程序两个方面决定了，劳动教养的执行方式只能是短时的监禁或封闭方式，其他期限的执行只能采取半开放和开放的方式。

3. 文化传统和刑事政策及其发展

劳动教养在中国的产生必然具有一定的历史文化承因关系。尽管初创时劳动教养并非作为一种单纯的惩罚或处罚措施，而有一定的安置意义，但其出于政治的"社会控制"的理念却是明显的。同时，也从政治上显示出统治者或胜利者对敌人或对手的某种感召。而控制、社会控制、行为控制甚至思想控制——治心、得民心，向来是中国统治者最关心并普遍致力于的内容之一。

从劳动教养执行方式的选择看，它所具有的真实意义不能忽视社会或民众基于一定文化而给予它的认识。否则，即使法律上"规定"和理论上"解释"、"阐述"等，在生活面前都是苍白的，没有说服力的。从中国文化角度讲，凡是被监禁或被实行封闭式管理的，往往都与"牢狱"、"抓起来"、"关起来"、"放出来"、"进局子"的"犯法"、"犯罪"紧密关联，都会被认定为是一种惩罚和处罚。基于一定文化的法律或法规，对劳动教养执行方式应当做何相应选择？或者说其对象是犯法了还是犯罪了？对他们是应当抓起来、关起来，还是应当"放出来"（开放或半开放）？等等，回答这些问题并非难事。如果他们并非因被认定为犯罪而接受劳动教养，那么，当然就不可能把他们送进"大牢""关起来"；而如果他们因犯法或违法而接受劳动教养措施，那么他们可能要被"抓起来"、要"进局子"，但事实有了定论或结果后，却很难把他们较长时间地"关起来"。

在一定的文化传统下，法律规定只能符合基于一定的文化和观念所建立起来的价值判断，而不是背离它，50 年劳动教养执行方式的实践效果也证明了这一点。劳动教养制度产生以来，自始至终创意者都没有将其规定为对犯罪人的惩罚、处罚措施，但是，劳动教养几十年现实的监禁或封闭式管理，劳动教养人员事实的被"关押"，却使劳动教养取得了"二劳改"的基本实践形态，并得到了人们对它"二劳改"的价值认同。"强制性行政教育改造措施"便成了只是保留在立法者的"立法意图"中和条文的字面规定上。那么，今天，劳动教养执行方式的改革又该去向何处？如果法律规定其只是一种教育、矫治措施，甚至是一种帮助、救济办法而非惩罚或处罚手段，那么，是否可以仍然采取封闭或监禁的执行方式？这样的规定会有什么实际意义，除了立法内心的自我确信，抑或再加上一定的理论"阐述"？

从刑事政策的角度看，"控制"一直是中国社会政策的核心词，因此，体现社会政策的刑事政策，也担当起极端的社会控制手段的角色，这是中国刑事政策一直处于"高压"之下，"严"字当头，难以解除"严刑"警戒的根本所在。刑事政策之严刑峻法，不过是实现社会政策高度社会控制目标的职责体现，其根本不在打击而在控制。在多元价值、生活多样性的和谐社会下，社会控制的目标和方式必然发生相应变化，得到一定调整甚至重新建构，也就是保持适度的社会控制，而不是高度或过度的社会控制。因此，强制和惩罚不是唯一甚至也不再是首选的社会管理手段。在这样的政策体系下，劳动教养的执行方式是更多地体现强制、惩罚和剥夺、改造，还是矫治、帮助和服务；其目标仅仅是一元化的"社会秩序"，还是更根本地在于多样化的生活状态、人的权利和生活质量？是让人接受秩序和管理，还是让他们过一般人正常健康和体面的人的生活？等等。

其实，从另一个角度看，如果劳动教养的执行方式也"严"字当先，那么，这种与刑法、刑罚的"重复建设"会影响其存在的特殊价值和意义，相对于刑罚之严、之刚，劳动教养更多的只能是宽、是柔。

从未来发展趋势分析，人类社会未来发展的总体方向，必然是越来越多的人获得越来越多和越来越大的自由，这是绝对的。包括对犯罪者的刑罚处罚，同样也是越少地剥夺和限制他们的权利和自由。而在到达废除监狱，人人得以自由之前，让监狱里的犯人得到越来越多、越来越接近监狱外公民一般社会生活的自由，是监狱未来发展的必然方向。为了自由的目标，为了保障个人的自由和权利不受到其他力量特别是行政权的侵害，人们才选择了法治，以帮助抗衡强大的行政权力。中国正处在法治社会的建设过程中，自由的保障需要通过司法化限制行政权，扩大司法化，包括实行劳动教养的司法化；而如果在法治化完成之后的"后法治"或"法治后"时代，则需要缩小司法化而扩大行政化，通过更加高效、灵活的行政权更多、更好地保护公民的自由。

从未来发展和现实、实用相结合的角度讲，采取非监禁、开放和半开放式的劳动教养执行方式，对于降低监禁率，降低社会成本，也都是有益的。

劳动教养执行具体方式的选择，在上述基础分析上，还取决于制度目标的设定。比如，对目前劳动教养主要的对象之一的吸毒者，如果选定生理脱瘾及必要的体力恢复为目标，则只需半个月至一个月的集中或封闭时间；而如果以心理脱瘾，戒断不再复吸为目标[①]，则可能需要终身监禁并隔断毒品来源。对于目前劳动教养的另一主要对象卖淫、嫖娼者也是一样。这部分人将面临怎样的社会对待，是其执行方式选择的前提条件。

制度安排的目标选择和设计，应当是由这种制度面对的对象和行为决定的。这也是刑罚处罚和治安管理处罚措施不同、执行方式不同的主要依据。我国《刑法》中刑罚处罚的行为和对象，以及与之相适应的目标，按照约定俗成的通说是惩罚犯罪和改造犯人。为此，法律根据行为和对象情况设定了相应期限和执行方式的刑罚方法。但是，我们必须看到，即使对较严重犯罪的刑罚的执行，中国也已经开始采取非监禁式执行方式——社区矫正的试点。社区矫正执行方式的推行，虽然并不意味着对犯人改造目

---

① 当然，确定这样的目标是否科学、可行，因而是否允许，此文不展开论述。

标的更改和放弃，但无疑其基本目标已经不是通过限制自由和干预其生活来实现改造的目标或理想，而是更直接地确立为使受刑人在更接近普通公民社会生活的社区，实现其重返社会，适于一般公民正常社会生活的目标。① 这对劳动教养执行方式的目标选择具有方向性的意义。

从我国由《治安管理处罚条例》升格为《治安管理处罚法》规定的处罚行为和对象看，笔者以为有两个方面与劳动教养密切相关。一是 2006 年 3 月 1 日起施行的《治安管理处罚法》不再采取过去《治安管理处罚条例》对处罚行为"不够刑事处罚"的盖然性规定，而是对其处罚的行为采取明确具体地封闭式规范制裁，并不再与刑法的追究刑事责任及实行劳动教养的"规范"重叠，而只规定属于《治安管理处罚法》自身规范内的行为及其处罚。这一方面可以理解为，新的《治安管理处罚法》不像过去的《治安管理处罚条例》，为劳动教养留下了存在的空间；另一方面，也可以理解为，这是新的《治安管理处罚法》较《治安管理处罚条例》立法技术的进步外，还为将来包括劳动教养在内的专门的立法预留了专门的"立法空间"。二是与第一个变化相对应，新的《治安管理处罚法》处罚的对象是若干个别（甚至特定或"特殊"）的违犯治安管理的行为，对于其规定外相当于《治安管理处罚条例》中，与刑法相关犯罪对应的危害行为，只是情节轻微"不够刑事处罚"的、更大量的"一般"治安违法行为，并没有进行法律调整或处罚。比如诈骗或盗窃、扒窃公私财物，数额不大，不构成犯罪，不够刑事处罚，但又"屡教不改"或者经过治安管理处罚又"屡罚屡犯"的行为等。此类"轻罪"行为治安管理处罚的"空缺"②，也为将来的劳动教养立法提供空间。这也决定了劳动教养（不论将来的如何立法）措施的基本属性是刑事性的，同时也决定了其严厉程度（包括剥夺或限制权利的范围或程度、期限、执行方式等）必须轻于对严重或较重犯罪的刑罚。

从制度的目标选择和设计方面考察，对劳动教养执行方式的期待，也

---

① 这里对社区矫正对象与劳动教养对象的差别不详加论述，特别是不论其"主观恶性"及"改造"的难易，而只是从处罚的严厉程度或罪责及相应的自由度大小的角度分析其关联性。

② 所谓"轻罪"是相对于我国刑法犯罪概念中的定量因素之严重或较重犯罪而言。由于我国刑法中的犯罪概念规定，情节显著轻微危害不大的"犯罪行为"，不认为是犯罪，因此，必然存在着一部分行为，事实上构成犯罪，只是法律上不认为是犯罪，而不以犯罪对待或处理的"轻罪"。

相应地应当介于《刑法》规定的刑罚处罚和《治安管理处罚法》规定的治安处罚之间。刑罚执行制度的目标选择前面已作简要论述，治安管理处罚实施的制度目标是什么呢？制止或避免治安危害行为的继续进行和危害后果的继续发生，惩罚、警诫行为人，并促使其反省。那么，与刑罚和治安管理处罚措施的执行目标相衔接，劳动教养执行方式应当选择怎样的目标？显然不应当寄予其超过期限更长、更为严厉的刑罚执行的目标，也就是和刑罚相比（特别是与其连接的管制刑），更多地以帮助劳动教养对象适于一般公民的正常社会生活，而不是通过剥夺或限制自由，进行强制教育，组织有益劳动等，以改造其不良思想、矫正其行为恶习，来作为选择执行方式期待目标的出发点。

从我国的刑事制裁和治安管理处罚的制度安排上看，严重侵害社会秩序和公民权益的犯罪行为，是刑罚处罚的对象；违犯治安管理处罚的行为，是治安处罚措施的对象。《刑法》中涉及公民自由的有限制自由的期限为3个月至2年的管制刑，剥夺自由的期限为1—6个月的拘役刑，剥夺自由的期限为6个月至15年、合并执行最长不得超过20年的有期徒刑和无期徒刑。根据2006年3月1日起生效实施的《中华人民共和国治安管理处罚法》的规定，治安管理处罚措施中涉及公民自由的行政拘留最长为15天，第16条规定，行政拘留处罚合并执行的最长不得超过20天。

从制度"衔接"层面看，处于《刑法》和《治安管理处罚法》之间的劳动教养制度，在涉及公民人身自由方面的措施，剥夺性即可采取相应的封闭式或关押执行方式的空间，应当是15—30天，以与拘役相衔接而不重于作为刑罚的剥夺公民自由的处罚措施拘役；限制性即可采取相应的半开放式执行方式的空间是1—3个月，以与管制相衔接而不重于作为刑罚的限制公民自由的处罚措施管制；而采取开放式执行方式的空间应当是2年，以不超过作为刑罚限制公民自由措施的管制的期限。

（三）劳动教养执行方式改革的具体选择

笔者认为，劳动教养执行方式选择的方向是：与社区矫正相关联或衔接，采取较社区矫正更为宽松的社区服务方式，作为基本的和主要执行方式。根据上述分析，笔者以为劳动教养的执行方式可作如下具体选择：

1. 封闭式

"临时性"措施是封闭性执行方式的基本特点和属性。主要适用于新接收进入设施的劳动教养对象。封闭式执行方式的基本目标是，宣告劳动教养措施执行的开始，通过集训使其认识自己行为的性质和危害，约束其不再实施危害行为，帮助其摆脱违法或危害行为的状态。比如，对吸毒者帮助其戒除毒瘾，并进行必要的身体和体力康复。

封闭式执行方式下的自由度是，剥夺或严重限制自由。此间劳动教养对象没有人身自由，行动时有客观强制的边界，人身被拘禁在专门设施内。

封闭式执行方式下工作的基本内容是，由专门机关开展治疗、集训、学习、教育和体力康复，以及设施内执行期间的总结、考核等阶段性、临时性或暂时性的措施和活动。但自身不可成为一种独立的剥夺自由措施的执行模式。

封闭式执行方式的期限，应当以 15—30 天为宜，一般不得超过 30 天，特殊情况"合并执行"延长封闭式执行方式的，需要按照严格的条件和程序，并应当不得超过 45 天。[①]

封闭式执行方式本身不能成为一种独立的劳动教养执行模式。

2. 半开放半封闭式

"专项性"、"过渡性"措施是半开放性执行方式的基本特点和属性。主要适用于经过封闭式执行方式阶段后，已经摆脱违法或侵害状态的劳动教养对象，是其进入开放式执行方式的过渡式执行方式。所谓专项性就是指为了帮助其进入开放式执行方式，在此阶段采取相应措施，开展有针对性的专项工作。这些工作包括组织习艺性劳动、心理咨询和教育、基本行为习惯或生活习惯的培养以及劳动技能和劳动习惯的初步养成等。

半开放式执行方式下劳动教养对象的自由度和界限是：其基本生活兼有设施内外两种形式，而在半开放式后期应当逐步以在设施外生活为主，即以场所或设施外执行为主。处于半开放式执行方式下的劳动教养对象，

---

① 此处的具体期限自然有待进一步研究，"暂取"45 天，意为"合并执行"的上限不得超过治安管理处罚上限的 15 天和拘役的下限 30 天之和。

在设施内其行动或活动仍然是基本自由的，即行动时没有具体边界，也不受除违法犯罪行为外的其他约束，是开放式处遇的过渡形式或阶段。

对设施内执行半开放式方式的劳动教养对象，在时间、空间和活动等方面的约束，必须有严格的条件和程序加以限制，即原则上不得限制其自由。这种自由首先是其活动或生活内容选择的自由，比如是否接受或接受何种劳动、教育等等。

半开放式执行方式的期限一般以 1—3 个月为宜，特殊情况需要"延长"半开放执行方式的，同样需要有严格的条件和程序，并应当不得超过 6 个月。

半开放式执行方式本身也不可成为一种独立的劳动教养执行模式。

3. 开放式

开放式是劳动教养经常性的基本执行方式。开放式是以社区服务、社区矫治或社会监督为主导的劳动教养执行方式。

开放式执行方式下劳动教养对象的自由度和界限是：劳动教养对象的生活和活动在场所或设施外，其活动是自由的，行动时无边界和约束，但接受有关机关的监督，这种监督主要体现为定期的情况报告制度。

开放式执行方式的期限，应当在上述两种执行方式基础上，劳动教养实际执行的总期限，不超过作为刑罚措施管制 2 年的上限。

让劳动教养对象在场所或设施外过普通公民的正常生活，是劳动教养或国家对此类个人采取帮助、救济措施的唯一执行模式。①

4. 社区服务

开放、封闭、半开放的执行方式是以对轻罪对象管理的场所或设施形式为标准划分的，而并没有指向轻罪罚的内容。

从劳动教养为代表的相关措施的基本性质考察，它们应当属于国家的刑事处分措施，是对比较严重违法或轻微犯罪行为人采取的相应措施。如果我国刑法取消犯罪概念中的定量因素，并因此补充、改善相应的刑罚体系，那么，问题便迎刃而解。但这在一定时期内，还不太现实。基于这一

---

① 劳动教养执行模式可以由上述封闭、半开放、开放三种方式共同组成，但其执行模式只有一种，即开放的社区服务模式。

事实，可以认为，作为我国刑法中传统刑罚的"替代性"措施，劳动教养类措施实质上是国家的刑事性处分，就其严厉程度或措施的性质而言，类似国外的保安处分，但从其自身的根据和本质而言，又与保安处分有着质的区别。① 也正因此，它才可以通过司法程序较长时间地限制公民人身自由。

由此出发，在开放式的轻罪罚执行方式中，可以结合中国正在试点和推行的对犯人实行的社区矫正模式，选择确立轻罪罚的执行方式。二者的主要区别在于，如果前者旗帜鲜明地取意对违法犯罪行为的矫正，轻罪罚的执行则更侧重服务，既包括受处分对象通过提供社区服务接受处分，也包括国家、政府通过社区为他们提供帮助和服务，促使其回归社会，回复自由。综上所述，笔者对以劳动教养为代表的轻罪罚执行方式的选择是：以开放或非监禁、非集中的社区服务，作为轻罪罚执行的基本方式，以必要的最低期限的半开放为补充，以严格程序控制下的封闭或关押为例外的执行方式。

对劳动教养的认识，笔者有一个简单的结语：没有真正的宪政，就不可能有劳教问题的解决，而所谓法治化，只是一种形式，尽管这种形式在现在或将来制度运行中是一个必不可少的保障。在权利和秩序的平衡选择中，我们需要以宪政为基础的法治化和司法化，以权利保护为根本目标，建立一种尊重人、保障人权的秩序，也许这正是劳动教养改革的方向和使命所在。

Light Punishment in China

【Abstract】 To analyze from the view of rule of law, reeducation through labor is a criminal punitive measure, a typical light punishment with Chinese characteristics. The fate of reeducation through labor is to abolish the system itself and keep its functions. This is to say, for corre-

---

① 二者联系与区别甚多，在此不详论。本人仅取其侧重已然行为和未然危险，并据此认为，至少近阶段中国还不适合使用保安处分型的刑事性措施。

sponding to felony and its punishment determined by criminal quantitative factors regulated by the Criminal Law of China, it should set up the light punishment system for misdemeanor.

【Keywords】 Reeducation through Labor   Misdemeanor   Light Punishment   Execution Mode

法治背景下的教养执行模式的变革与创新问题

高 莹[*]

法制的发展与社会文明的历史进程息息相关，作为一种事物的发展历程，传统的劳动教养模式起源于 1949—1952 年的游民改造工作，这是在新中国成立初期的特定历史条件下，党中央为有效地改造与妥善安置城市中的游民而采取的一项治理政策。这项政策的成功实践，为后来的劳动教养模式奠定了思想和实践基础。自 1957 年起，根据《国务院关于劳动教养问题的决定》的规定，形成了对几类收容对象用强制的办法集中到指定的地方，组织他们劳动生产、自食其力，对他们进行改造与安置的模式。当时的场所外部封闭，但内部则较为开放，教养人员可以在场所内自由活动，可以带家属，还享有部分工资和休假。为了体现政策区别，还规定由民政部门出面管理劳教场所。但后来随着管理体制的变化，强制性教育改造的功能突显，场所越来越封闭，管理手段的强制性特点也越来越突出，劳动教养执行模式已逐渐趋同于监管改造罪犯的刑罚执行模式。这种状况的延续成为当下劳动教养制度变革中引起各方面严重关切的问题。

* 中央警官学院教授。

一　劳动教养执行模式的弊端

现行的劳动教养执行模式，是将劳教人员全部集中到劳动教养场所进行强制性的教育和矫治，不经特别许可，不得跨出劳教所一步，否则，作为逃跑行为将受到处罚。这种单一的封闭式执行模式的有利之处在于，将劳教人员的全部活动都集中在大墙内进行，便于管理和教育；同时，将劳教人员与社会隔离，在一定时间内剥夺其再次违法犯罪的能力，也有利于维护社会治安。但显而易见，这种模式存在很大的弊端，除这种限制人身自由的方式的正当性与合理性受到越来越多的批评外，主要表现为这种封闭模式不利于劳教人员的重新社会化。

犯罪社会学派认为，个体违法犯罪是社会化特别是法律社会化过程的缺陷或障碍导致的。因此，劳教所对于劳教人员的教育矫治，核心目标是促使其重新社会化。这种重新社会化，就是指劳教人员在劳教所的各种教育矫治措施的影响下，对自身的生活习惯、行为准则、价值观念等进行重大调整，消除其反社会性，以利于其重新回归社会。重新社会化的目的之一是最大限度地使劳教人员适应正常的社会生活。但现实的做法却通过把劳教人员与社会分隔的方法来达到这一目的，这种封闭的场所环境与正常社会生活的差距必然影响矫治劳教人员的效能，而且差距越大，矫治的效能就越低。因此，这种在封闭条件下实现再社会化的模式是存在缺陷的。随着现代社会的高速发展，需要社会成员终生社会化，即需要不断学习新知识、新技能，接受新观念，才能与社会保持同步。而一旦社会将一个人与其隔离，在相当程度上意味着社会对他的淘汰。这种现象的负面效应比较普遍地存在于解教人员身上，导致了他们解教后就业困难，生活遭遇挫折，虽然他们深知触犯法律的严重后果，但由于找不到自己的归宿和生存方式，就又可能重新堕落并走向违法犯罪的深渊。

对劳教人员重新社会化的另一目的是改变劳教人员的错误认知，培养符合社会规范正确价值观，矫正其不良习性。由于封闭的执行模式将各类具有不良思想和恶习的劳教人员集中在一起，形成一个亚文化的群体，这也势必会销蚀正面的教育影响，造成其相互之间的"交叉感染"与"深度感染"，在接受这种亚文化影响的过程中，劳教人员彼此传习违法犯罪技巧和行为恶习，由原来的"单面手"变为"多面手"，道德观念进一步衰退，廉耻之心进一步丧失，使不少劳教人员的违法犯罪的能力非但没有减弱，反而增强。值得警惕的是，劳教人员接受亚文化过程的本身不仅使其重新社会化倍加困难，而且还可能加深其反社会的程度，从而产生更多的重新违法犯罪者。

为了克服上述矛盾，有必要反思以往的经验，改变单一的封闭式的执行模式，实现劳动教养执行模式由封闭向半开放、开放的过渡，由单一向多样化的过渡。

二 教养执行模式由单一向多样转变的理论基础

首先，社会主义法治理念将对劳教执行模式的变革产生深刻影响。伴随着半个世纪以来我国社会的进步尤其是改革开放 20 多年的发展，我国社会正从一元结构向二元结构转变，民生本位观念、民主法治观念、权利保障观念、公平正义观念成为大力弘扬的法治精神的核心内容。执政理念也从维护社会稳定的控制模式，向构建社会主义和谐社会的服务模式转变，这表明我国的社会主义法制将确立新的标准规则，这种准则的价值目标包括两个：一是实现公平正义，保障基本人权；二是维护社会稳定、促进和谐发展。这种变化为我们重新审视劳动教养制度提供了一种新的视角、新的分析方法，即这一制度或模式变革的价值取向，必须既考虑工具理性，又考虑价值理性，并使两者能在教养制度的变革与创新中有机结合，以适应法治文明的发展。[①] 这种变革与发展的内在要求，就是在新的执行模式中应凸显对劳教人员的权利保障，即要通过创造良好的生活、学习条件，体

---

① 参见陈光中《联合国刑事司法准则与中国刑事法制》，法律出版社 1998 年版。

现尊重人、关心人、培养人的要求，实行文明、开放式管理，使对其在设施内的各种处遇不至于被异化为监禁，并最大限度地满足改善和保护的需要。

其次，深化的复归理论也为选择开放式执行模式奠定了基础。20 世纪上半期是复归理论占统治地位的时期。复归理论认为：所有违法或被判有罪的人都是可以复归的。在此基础上，有的学者通过反思和检讨复归理论及其在实践中的作用，认为如果使一个人数年之久地处于一个与世隔绝的封闭环境中，告诉他每天睡觉、起床、活动的时间和每分钟要做的事情，训练他循规蹈矩，然后再将其抛向街头并指望他成为模范公民，这是不可思议的事情。因此，深化的复归社会理论提出，矫正必须以社会为基础，"矫正的任务就是要在被矫正者与社区之间重新建立牢固的联系，使其重新归入社会生活中去，恢复家庭关系，获得职业的教育。就广泛的意义而言，即在于为他们在社会生活中获得一席之地提供帮助"。[①] 违法犯罪是社会多种因素综合作用的产物，矫治他们也必须将其置身于由多种社会关系构成的特定环境中，从事多方面的社会实践体验。只有充分调动社会一切积极因素，合力救助、教育和矫治违法犯罪分子，才能收到良好的效果。

最后，现代社会管理理论的多元化价值目标，也为我们讨论开放式的执行模式提供了参考依据。根据这一原理，良好的管理秩序不是高压状态下的静态安全，而是一种良性的安全，是管理者与被管理者在交往互动中实现和感受的安全。这一安全机制的基础是构建内在和谐的人际交往关系，这必然要求我们转变观念，变革以往的体制与模式。同时，教育机制是劳动教养执行模式的价值基础，教育矫治的规律也内在地要求构建新的教育管理关系，这种机制所面对的不是引起"一种责任后果"的惩戒，而是对构成"弱势群体"的一类人的救援，即针对他们的"生活状况"问题、"行为方式"问题、人格（社会角色）缺失问题进行教化，进行新的社会意识、行为和角色的培养。因此，这一机制主张一种平等的交流，即每个受教育者接受教育与救助应当是自愿的，以此作为构成新的执行模式的基础。此

---

① 参见［美］克莱门斯·巴特勒斯著，张晓雾等译：《矫正导论》，中国人民公安大学出版社1991 年版。

外，新的教养执行模式的选择还必须考虑投入与回报的比例，即执行效益
问题，实现有限资源的优化配置，以较少的投入追求最大的社会效益。开
放、半开放的执行模式在客观上能够减少在设施中的劳教人员人数与时限，
降低执行成本，减少封闭环境带来的负面作用，同时，也将大大减少由于
劳教人员在所内执行引起的诸如家庭贫困、子女无人教育等社会问题，有
利于劳教人员早日复归社会。

三　教养执行模式变革的具体制度设计

教养执行模式应该是富有人文关怀与教化哲学基础的模式，在理念层
面，这是一种面向未来的机制，它的过程应始终伴随着教育、救助和保护，
它的方法也应当是科学、人道和因人而异的。① 在制度设计上，应当以探索
处遇类型的人道性、开放性和多样性为核心，根据教养对象的类型特点和
教育矫治的需要，设计以社会为基础，设施内处遇与设施外监督相结合，
社会利益与个体改善需要相统一，具有规范化、科学化和社会化特征的新
模式。具体讨论以下三类模式：

（一）违法行为矫治模式——教育矫治中心

此种模式主要针对劳教人员中那些具有严重危害社会公共秩序的违法
行为、屡教不改但未构成犯罪的对象。对其进行法律评价的危害性事实，
既包括客观的行为条件，也包括行为人的主观恶性，但关注的重点不是行
为人的责任，而是行为个体所表现出来的社会适应性缺陷与危害性人格特
征，这类人可以被称为常习性违法行为人。目前，这类常习性违法行为人
在劳教人员构成中占有相当大比重，据有关部门统计，该类劳教人员数量
占收容人员总数的46%。

由于违法行为矫治模式主要是针对收容教养对象的主观恶习和缺陷人

---

① 参见［法］米歇尔·福柯著，刘北诚、杨远婴译：《规训与惩罚》，三联书店1997年版，
第337页。

格，因此，从执行角度看，在执行模式中如何充分体现教育矫治性是问题的核心所在。通过道德、法律等社会行为规范教育，进行社会角色、劳动技能的培养和心理矫治，来转变劳教人员原有的生活习惯、行为准则和价值观念，消除其反社会性，重塑其健全人格，使其顺利地回归社会，并更好地适应社会生活。而如何在设施内体现回归社会、教育挽救和个别化处遇等理念就成为该模式的价值目标能否实现的关键。因此，在设计违法行为矫治执行模式的时候，既要积极推进劳动教养管理体制改革，又要根据人文关怀的本质要求和人权保障的需要，对涉及限制公民自由的处遇标准、方式和程度等问题，作出体现法治要求与控制最小范围的设计，突出教育矫治（心理和行为方式方面）的功能，实现法治化、科学化与社会化的目标。

其一，完善分类考核制度。分类是实施个别化处遇的基础，联合国《囚犯待遇最低限度标准规则》确定的分类目的有两个：一是控制（预防犯罪、维护社区安全，防止恶习扩散与传播）；二是再社会化（有利于矫正，并使其适应和重返社会）。目前，通行的分类包括机构或处遇分类①、矫治分类和教育分类三种，主要涉及居留场所、处遇方案的变化。我国目前对劳教人员的分类标准比较粗疏，局限在性别、年龄和违法性质方面②。这种分类以群体特征为主，无法适应弹性化处遇和个别化教育矫治的需要。因此，应当建立符合社会、心理、教育科学的分类标准，除考虑常规性因素外，还应对劳教人员的生理、心理差异，人格状况，教育背景与生活经历等特质性因素进行综合评价，形成适应教育矫治需要的多维的分类标准与方法，并在此基础上制定相应的处遇方案。具体可实行三种分类，即恶习及危险性程度分类（以违法类型、经历和表现等为参数）、心理与人格类型分类（以心理测查和统计为参数）、教育水准与适应能力分类，并在此基础上制定相应的管理处遇等级标准。晋级考核应坚持公平、公正、公开的基

---

① 日本在矫正机构分类规程中设计了两类 7 级的处遇分类。参见吴宗宪编著《国外罪犯心理矫治》，中国轻工业出版社 2004 年版，第 134 页。

② 参见司法部第 21、22 号令《劳动教养管理工作执法细则》和《劳动教养管理工作若干制度》。

本原则，考核可以以现有的行为百分考核为基础，辅之以人格调查。研究表明，尽管对人格调查的效果及应用有不同意见，但这种方法被发达国家的分类处遇机构中普遍采用①。因为人格理论尤其是人格测量方法经过长期的发展，具有科学化的标准和可测量性，从而便于人们进行个体识别。用这种观察方法可以提高对劳教人员的人身危险性和再社会化程度的认识，从而能更有效地根据每个劳教人员的个性、身心状况、境遇、经历、受教育程度和其他相关的情况安排教育矫治方案。

犯罪学和矫正教育学理论研究的成果表明，违法犯罪原因的多样性和个体的差异性决定了处遇措施的多样性，这也是教育矫治科学化的必然要求。要在保留原有的教育矫治手段并对其进行科学合理改造的基础上，强化对教养人员的心理矫治和行为指导，做到矫治处遇措施的针对性和多层次性。

其二，改变单一、封闭的执行模式，引入多样化的教育矫治处遇和开放式的管理新机制。与传统的封闭式处遇相比较，开放式处遇的优点主要体现在以下两个方面：一是教养人员经常与外界社会及家庭接触，有利于顺利回归社会；二是开放式处遇可以节省人力、物力、财力，明显比封闭式处遇更为经济，同时可以使教养制度摆脱"监禁化"的社会效应和各种弊端。可将现有场所收容区域改造成适应封闭式、半开放式和开放式三种处遇需要的特殊的社区型组织。

实行封闭式管理阶段应成为分类矫治的基础，所有新收容入所的劳教人员，无论何种类型，原则上都应接受一段封闭式管理，时间为3个月至9个月，每3个月为一个考核周期；对经过封闭式管理阶段的矫治，日常表现较好，思想稳定的劳教人员，经过考核后可以实行半开放式管理②。在半开放管理阶段，管理环境应当更加宽松，处遇标准的自由度更大，接受教育的意愿选择性更强。同时，可以实行周末放假制度；对通过晋级考核，且具有家庭帮教条件的劳教人员可以实行半开放式管理。

---

① 以美国为例，美国普遍建立了罪犯分类的机构或接收中心，并基于人格调查的危险程度评估进行分类。在整个矫正周期这种分类都持续进行，以不断掌握罪犯的矫正情况相应地调整处遇。

② 根据国外的相关经验，这种调控处遇的考察期一般为6个月。

半开放式处遇标准可以这样确定：建议建立"回归指导中心"，在该中心，可以按照社会正常生活的标准尽量为劳教人员创造接触社会的机会，设置三个处遇等级，根据考核确定行为人相应的处遇标准——包括通信自由、离所探亲、亲情电话、外出参观学习等。除了以上规定外，表现优秀者还可享受周末归假、夫妻团聚等待遇。在教育内容的安排上以职业技能教育为主，包括进行就业观念、社会保障知识和法律常识教育，职业技术以及应聘技巧培训等。同时，可针对劳教人员的具体情况，进行心理咨询和辅导，消除解教前心理上存在的不良情绪，为其顺利回归社会搭起一座桥梁。

其三，建立起开放式处遇和回归社会的有效衔接制度。开放式处遇可以借鉴西方矫正制度中对开放式处遇制度的规定，主要包括工作释放制度、归假制度和周末拘禁制。可以在借鉴国外做法和经验的基础上，结合我们以往的成功实践创设开放式处遇模式。具体措施有：第一，确立"社区考察"制度。具体做法是，为解决法律滞后的问题，可将在实践中取得良好效果的"三试"① 措施用制度化形式确定下来，并在条件好的省市大力推广。由劳教所对经过半开放考验期、表现好的教养人员实行社区考察，可白天在社区不受监督地从事劳动或学习，晚间返回劳教所集中住宿；也可设社区考察官，深入教养人员所在社区，实行就近考察督导。实行社区考察试点要制定严格的纪律和保护措施，以免对社会造成危害。教养人员在社区考察期间，没有违法违纪行为，则按期解除劳动教养；如果有违纪或违法行为，将被送回劳教所重新实行封闭式管教。第二，大力推行"请假离所"制度。在法定假日，给符合条件的劳教人员一定期限回家度假，这有利于感化劳教人员，也可以争取亲属对教育矫治工作的支持，以此昭示教养制度文明与人道。第三，取消"所外执行"措施，建立教养考察期消灭制度，即对符合条件的劳教人员，在规定考察期内没有违纪违法的，则宣布劳动教养考察期②归于消灭的制度。这既是对矫治表现好的劳教人员的

---

① 20世纪80年代中期以来，在山东等地一些劳教场所对改造表现良好的劳教人员实行在社会"试工、试农、试学"，作为回归社会前的考验和过渡，效果很好。

② 根据违法行为矫治法立法讨论中的多数意见，教养考察期可最长为6个月。

一种奖励，又能体现对其守法行为的有效监督与制约。

（二）强制隔离戒毒模式——矫治康复中心

自20世纪90年代以来，劳教场所依法收容戒毒的劳教人员数量大幅度增长，在所戒毒劳教人员的数量由1991年的6126人上升到2002年的13万余人，增长了约20倍。全国劳教系统累计收容戒毒劳教人员达到44万人次。戒毒劳教人员占劳动教养人员总数的比例也显著增长，由1991年的4.3%增长到2005年的42%。加上因其他罪错被决定劳动教养的有吸毒史的人员，涉毒劳教人员的数量占全部收容总数的比例已经超过了半数。截至2005年底，通过新建、改建、扩建，全国劳教戒毒场所已经具备了15万人左右的收容能力。

经过十几年的探索，劳教戒毒工作已形成相对完整的业务内容、工作程序和管理体系，戒毒工作过程分为四个阶段，即脱毒期、康复期、巩固期、适应期，设立相应的功能区并赋予明确的工作任务目标，实行标准化、流程化管理，司法部也通过制定戒毒工作规程使其进一步规范化。近年来，各地劳教单位也在戒毒教养模式创新上进行了积极、有益的探索[①]。但是，长期以来，强制戒毒管理体制分散化的问题始终未得到解决。随着《禁毒法》生效日期的临近，解决这一问题更显得迫切。从禁毒工作全局看，整合资源，构建科学、规范的新型戒毒模式，是提升戒毒工作整体水平、促进戒毒工作法治化、科学化发展的需要。根据现有的劳教戒毒效果的统计报告，劳教戒毒工作具有明显的优势和成效。

其一，对吸毒人员的科学认识，是建立科学的戒毒工作模式的前提：在新的历史条件下，我们应当坚持以人为本和科学发展观，改变对吸毒者的认识，吸毒者深受毒品危害，他们是一群特殊病人，是受害者，是需要挽救的人；是心理问题严重、并有一定程度的人格缺陷，需要特殊矫治的人；也是社会适应不良、社会对其负有救助责任的人，并以此为基础制定

---

① 如，湖南新开铺劳教所将治疗集体（TC）的戒毒理念融入劳教戒毒工作中创立的"L—TC模式"；广西戒毒劳教所借鉴国内外的做法建立的"六步治疗康复法"；广东省的"3+1劳教戒毒矫治康复模式"；四川的"三期九段戒治法"；上海市戒毒劳教所的"四疗并举、三个港湾工程"。

新的教育矫治对策。

其二，构建新的戒毒模式的重心在于确定分阶段教育矫治的方案。美国著名的矫正学者巴特勒斯曾经指出，制定矫正方案要有被矫治者自愿参与，充分考虑到被矫治者的需要与利益，允许他们有一定程度的自治；计划必须有安全可靠的环境保障，以及实施过程必须有高度的组织性和严密的程序等八项原则建议。我们认为，具体实施方案可以包括：第一，必须基于清晰的戒毒理念，提出明确、具体的戒毒工作目标；[①] 第二，以规范化为基础，创新戒毒工作标准，从而为实施科学化的矫治行动方案提供评价依据；第三，科学地制定具有矫治特色的操作规程、个案诊断标准和专业分工要求。根据戒毒工作的规律和戒毒人员所处的不同戒毒阶段，将戒毒过程分为强化脱毒、集中康复、适应考察三个时期，实行相应的动态管理、医疗戒护和针对性的教育矫治，并对回归社会的戒毒人员予以关注，提供帮助。

1）强化脱毒期：主要进行急性脱瘾工作，以医疗戒护为主，同时辅以心理治疗。脱毒期对戒毒人员实行全封闭管理，严密监控，防止自杀、自伤、自残等意外事故的发生。在实践中，由于吸毒人员往往伴有心理障碍、人格缺陷等问题，这些往往是常规的管理和行为矫正难以解决的问题，因此需要配备专业的人员对戒毒人员进行 MMPI 和 EPU 等多项测试，然后制定针对性的医疗与心理治疗方案，并在治疗过程中，认真开展医疗评价和心理矫治水平评估，使其在戒断毒瘾的同时，人格也得到不断完善。建立戒毒治疗档案，详细、规范记录戒毒人员的吸毒史、违法犯罪史等基本情况和戒治过程。

2）康复训练期：集中康复期需要 1—2 年，主要进行综合性的教育矫治活动。集中康复期可实行动态的管理方式，以封闭式处遇为主。实施严格的日常行为规范管理。加强生活卫生管理，严防艾滋病、性病、结核病、肝炎等传染病的传播。在康复期应引入常规的管理与教育矫治机制，通过

---

① 新加坡戒毒中心的矫治计划目标：灌输一种责任感；鼓励被矫治者树立自我信心；帮助被矫治者建立自尊心、培养其意志力；用事例"正反两方面"对比的形式帮助被矫治者能作出态度与行为方面的正确选择。

康复期的工作，使戒毒人员不良行为习惯得以矫正，逐步增强身体机能、促进心理健康、实现彻底脱毒。

3）适应考察期：适应考察期可实行开放、半开放管理，开展适应社会的教育和锻炼，进行回归社会指导。如重点抓好职业技术培训，让他们学会正当谋生的一技之长，同时提供就业信息，开展就业指导，为重返社会做好就业准备。进行挫折教育、远离毒品训练，提高戒毒人员应对挫折和克服困难的心理承受力和行为能力。

需要强调的是，强制戒毒是一项专业性很强的工作，目前的工作人员中普遍缺少戒毒工作的专业知识和技能，不能适应开展戒毒工作的需要。在构建新型戒毒模式过程中，必须重视解决戒毒工作人员队伍专业化问题，在人员配置上增加医务人员、心理学、社会学等专业人员比重。

（三）少年教养模式——教育保护中心

少年教养模式主要针对违法人员中行为已构成犯罪，但未达到法定责任年龄、需要政府予以教养的未成年人。由于未成年人处于体力、智力发育期，身心尚未成熟，缺乏独立性和辨别是非、自我控制的能力，容易走上犯罪道路[①]。因此，国际社会通过《北京规则》等一系列国际司法准则确立了未成年违法犯罪人员的司法保护原则，其要点包括：解决未成年人违法犯罪问题，应着眼于社会福利和预防；处理未成年人犯罪人时，应更多地注意他们的人格和引起违法行为的社会性因素，而较少地注意违法犯罪行为本身；采取司法干预措施时，应较多地考虑其利益，而不是惩罚，更加注意运用非正式的和个别化的处理程序，与成人司法程序相区别；采取设施收容，只能是其他方法不能奏效时而最后采取的一种手段，并且处遇方法中的教育及训练应当适应未成年人的特点和需要。尽管世界各国政治、经济、文化、生活方式和民族传统不尽相同，违法犯罪未成年人的司法制度也不尽相同，但是，改变传统的封闭式教养模式，采取更加开放式的教养模式，尽量采用社会化的手段对违法犯罪未成年人进行教育矫治，是当

---

① 笔者曾对安徽省少教所119名少年教养人员进行问卷调查和访谈，结果显示，少年教养人员走上违法犯罪道路是家庭、学校、社会等多方消极因素共同作用的产物。

今世界各国未成年人司法制度发展总的趋势。

犯罪社会学理论认为，未成年违法犯罪是各种消极社会因素作用与影响的结果，违法犯罪的未成年人作为社会弱势群体，需要社会通过各种途径和方式对其进行保护。我国《未成年人保护法》规定："对违法犯罪的未成年人，实行教育、感化、挽救的方针，坚持教育为主、惩罚为辅的原则。""应当尊重违法犯罪未成年人的人格尊严，保障他们的合法权益。"我国《预防未成年人犯罪法》规定："未成年人在被收容教养期间，执行机关应当保证其继续接受文化知识、法律知识或者职业技术教育，对没有完成义务教育的未成年人，执行机关应当保证其继续接受义务教育。"目前，我国的少年收容教养模式采用单一的剥夺自由的方式，具有明显的惩戒处分性质，社会救济性和保护性的特点较弱，存在以下弊端：

第一，在设施的建筑理念和管理制度上更多地考虑安全需要，将少年教养人员与社会完全隔离，管理体制与机制具有明显成人化特征，未能体现出社会对教养少年教育与保护的特殊需要。

第二，在教育矫治内容上存在三个方面问题：一是对教养少年的思想教育尚未形成适应其特点的内容和体系；二是文化课程教育只开设语文、数学等课程，限于师资等因素，无法开设物理、化学、历史、地理、美育等规定课程；三是文化教育时断时续，缺乏连贯性和渐进性，没有形成正规的课程教学进度规程和学制。

第三，对教养少年的教育经费没有纳入国家教育经费预算，导致正常的经费开销只得在行政经费中挤占，为了解决经费不足，一些少年教养所也在习艺的名义下搞生产加工，客观上冲击了教育任务与教学时间。

为了更好地体现对未成年人的保护，基于未成年人可塑性强，接受教育程度明显高于成年违法犯罪人的特点，可探索建立一种新型的少年教养模式，这种新型教育保护机构可以借鉴国外少年教养设施的模式，学习我国工读学校教育的经验，即军事化的集训生活条件，兼有学校、家庭的教育和保护功能，突出教育人、挽救人、造就人的特色。具体建议包括：

1）这种教育保护机构的设置上应当依托大中城市、中小型化。国外一些传统的大型少年教养机构，由于规模较大，设备陈旧，管理不善，造成经费上的困难，加之被教养者容易被相互感染等问题，教育矫正的效果不令人满意，受到了社会各界的批评，因此，许多国家纷纷将大型的教养机构小型化，建立小型或中型的教养机构。依托大中城市、并使教养机构的小型化，可以将少年教养设施交地方政府负责，既减少国家的经济负担，充分利用社会的资源，又可以使教育矫治形式多样化、个别化，取得较好的教养效果。

2）实行集中管束与开放式处遇相结合的管理制度。集中管束就是创设有利于教养少年接受教育矫治的环境，建立规范化的生活、学习制度，以此来影响和控制教养少年的不良倾向，并通过奖惩激励等训练途径矫正他们的恶习①。但是，这种管束不是惩戒，必须以尊重教养少年人格、保护其正当权利作为首要条件；同时，管教工作人员与教养少年要建立一种平等交流的新型人际关系，这种关系可以是学校的辅导员与学生的关系。开放式处遇就是尽可能地建立教养少年与社会的联系通道，使各种处遇措施体现出有利于他们回归社会的目的。近年来，越来越多的人士主张少年教养机构实行开放式处遇，认为开放式的教育矫治有利于少年顺利回归社会，适应社会。开放式的矫治处遇的设计包括：让社会各界参与教育矫治工作，并让教养少年参加在青少年公共活动设施安排的学习、习艺劳动和其他社会公益活动，有条件的可实行学期制，在假期放假或准予探亲等。

3）建立正规的学校教育制度。对少年教养人员的教育，是属于国民义务教育的一种特殊形式②。我国《教育法》明确规定："国家、社会、家庭、学校及其他教育机构应当为有违法犯罪行为的未成年人接受教育创造条件。"因此，少年教养新模式中应当包括正规的学校教育制度，以继续九年义务教育为主，讲授国家规定的课程。在组织教学过程中，应当根据少年教养人员的实际文化程度分级编班，进行正规的课堂教学，在师资配备、教材选用、课时安排、授课方式等都应与社会上普通中小学相似。对已经完成九年义务教育的少年教养人员，应当根据其实际文化程度和本人意愿，

---

① 行为主义心理学通过研究人的复杂行为习得的方式及机理，提出人类行为可以通过训练加以控制的结论，为规范化管理机制在教养少年的教育养成中的作用提供了理论依据。

② 参见力康泰《我国未成年人的法律保护》，引自《罪犯矫正与回归社会》（研讨会专集）。

安排其他文化课程或职业教育课程。

4）建立特殊的辅导和保护制度。在教养期间，应当根据少年教养人员的实际进行有计划、有组织、有考核标准的个别辅导工作，包括生活态度与方式辅导，情绪与情感辅导，心理健康辅导，人际交往辅导，社会角色与职业规划辅导等，工作人员与少年教养人员接触交谈时，应举止文雅、态度和蔼；少年教养人员的服饰、发型要与社会上一般青少年保持一样，非经本人同意，不允许报刊等媒体公布少年教养人员的姓名、照片等个人资料。通过这些辅导措施，保护少年教养人员的自尊心，培养他们的自信心和社会责任感。同时，教养机构应与社会密切配合，积极为少年教养人员的升学、就业创造条件，各级政府和全社会应注意保护少年教养人员回归社会后的名誉等正当权益，并在消除社会歧视、恢复其自尊心、自信心的基础上，做好其家庭、社区的接纳工作。

The Reform of the Mode of Enforcement of Re-education through Labor under the Circumstance of the "Rule of Law"

【Abstract】 The re-education through labor system in China, having been practiced for half a century, will undergo a historical change. The prospect of its criminalization and application in court has drawn the interest of more and more scholars. Just as the essence of law lies in its enforcement, the mode in which re-education through labor is enforced is essential for its value to be translated from cognitive reason to pragmatic reason. However the explore in the mode of re-education through labor enforcement ever since has reflected both achievements and problems in its legislation process. In the panoramic perspective that the re-education through labor system is currently undertaking a reform in accordance with the rule of law, the reform and innovation of its mode of enforcement has special significance. This article holds the opinion that, in order to construct a new enforcement mode of re-education through labor, efforts must be made to breakthrough the existing limitations, optimize available resources and to accomplish transformation. A more scientific, humanistic and reasonable mode of enforcement should be developed, following the trend of the development of the rule of law and meeting the needs of correctional education practice. Meanwhile, various forms of sanctions should be utilized to the maximum extent in order to satisfy the due rights and basic needs of those under correction, which will facilitate their re-integration process and make them more open to the community.

【**Keywords**】 Reeducation through labor   Mode of enforcement

犯罪定义与人权保障

轻微犯罪的国际人权标准及其处罚

（中国香港）安德鲁·比尔内斯[*]

一　介绍

国际人权法为当代国家刑事司法体制中相关人员的各种保护提供了保障。这些保护存在于各种条约、国际习惯规范以及"软法"文件之中，所谓"软法"是对上述条约、习惯规范中各种保护的明确和补充。

这些规范和标准保障在下列过程中实体性和程序性公正：刑事诉讼侦查、犯罪嫌疑人的待遇（包括对其审前羁押）、审理过程及对初审判决的上诉和对因刑事违法而被无罪释放或定罪者的审后待遇（包括对后者的处罚和监禁条件）。

国际上，以有效条约形式对这些权利作出最重要声明的是《公民权利和政治权利国际公约》（中国已签署但尚未批准[①]）；《禁止酷刑和其他残忍、不人道和有辱人格的待遇或处罚公约》（中国于1998年成为缔约国）。

---

　　[*] Andrew Byrnes，香港大学法学院教授。在此笔者非常感谢付华玲、Jan van der Made 和 Hulan Tsedev 提供本文的相关资料。

　　[①] 中国自然接受《公约》有关香港、澳门特别行政区方面的义务，实质上于1997年7月1日起接管英联邦对香港方面的义务及1999年12月22日起接管葡萄牙对澳门方面的义务。

地区上，欧洲委员会、美国缔约国组织、非洲缔约国联盟组织、全球各机构和缔约国依据性质类似的标准通过了地区性人权条约。①

本文旨在考察缔约国适用"刑事"程序的保障与缔约国对个人处以非本国法律归为"刑事"处罚之间的关联性。笔者在本文中将探讨的问题为：

1）国际法律对那些被提起"刑事控告"者的保护能否仅适用于国内法归为"刑事"的案件，抑或是否也适用于其他案件，尤其是被归为"轻微犯罪"或"行政违法"的案件。

2）如果是，那么对国际法律文件来说，在国际法中判断处罚或程序具体类型为"刑事性质"的标准是什么？

3）如果无论在国内法还是国际法中未将处罚或程序归为"刑事性质"，那么国际人权标准是否尚可从实体或程序上对适用此类处罚进行限制？换而言之，国际人权法律从何种程度上就缔约国在刑罚范围之外对其国民适用行政性和其他处罚的权力进行限制？

首先，本文二部分对刑事诉讼中国际人权法所保障的保护类型进行简短回顾。其次，三部分将探讨"刑事控告"和"刑事违法"术语中"自治"含义，以及此中涉及的刑事保障如何延展到国内法未归为刑事的案件。再次，四部分将关注国际人权标准在轻微犯罪处罚和国内法未归为刑事的其他处罚中的适用。最后，五部分将强调国际标准的各种要求并指出中国立法、司法实践中与相关国际标准明显不一致之处。

二　国际人权和刑事程序

《公民权利和政治权利国际公约》及与刑事程序有关的类似文件中规定的主要保障，为人权律师和其他所有人熟知，对这些保障在国际、国内司法实践和法理学说中存在各种解释。本部分将简短回顾公约中提供的主

① 本文重点围绕《公约》中规定的保障，但主要在地方性法律体系（尤其是欧洲人权法院的法律体系）中解释这些保障。

要保护。①

适用于刑事违法侦查、审讯和处罚的主要保障包括：

1. 程序性或宪法性保障

● 审前、审理和审后阶段的程序性保障，如：

● 不受任意拘禁的保障，尤其是非依法定程序和法律规定（均必须符合非任意性、相称性、可预见性要求），个人人身自由权不受剥夺［第9条（1）］。

● 逮捕后被带至法庭权、被告知逮捕理由权利、在合理期间受审或被释放权、获得保释权、请求审查拘禁是否合理权、不被强迫自证其罪或保持沉默权［第9条第（2）—（4）条］。

● 由依法建立的有管辖权、独立、不偏不倚法庭，就判定对任何人提出刑事控告进行公正公开听审的宪法性保障权。

● 法庭和裁判所前一律平等权和公开听审和公开宣判，包括对起诉平等适用相同诉讼手段的权利［第14条（1）］。

● 无罪推定的权利（和要求控方依证据规则证明被告人有罪）［第14条（2）］。

● 第14条（3）与审判有关、详尽的保障，包括获得法律援助权、不受歧视权、享有充分时间、便利准备答辩权［第14条（3）］。

● 就定罪和判决上诉至较高级法庭权［第14条（5）］、因误审获得赔偿权［第14条（6）］、不受双重审判权、获得较轻处罚及不受既往刑事法律溯及权［第15条（1）］。

● 此外，有关适用死刑保障（第6条）。

---

① 参见 Manfred Nowak《公民权利和政治权利联合国公约》，CCPR 评论（Kehl：N. P. Engel，1993），第159—192页和第233—281页和 Sarah Joseph, Jenny Schultz 和 Melissa Castan：《公民权利和政治权利国际公约》之案例，材料和评论（Clarendon Press, Oxford, 2000）第206—243页和第277—347页。为讨论《欧洲人权公约》相应规定，参见 D. J. Harris, M. O'Boyle 和 C. Warbrick：《欧洲人权公约的法律》（London：Butterworths, 1995）第196—202页，P. van Dijk 和 G. J. H. Van Hoof，《欧洲人权公约理论和实践》（The Hague：Kluwer, 3rd ed 1998），和 J. A. Frowein 和 W. Peukert, Europäische MenschenRechts Konvention：EMRK Kommentar（Kehl：N. P. Engel, 2nd ed 1996）。

2. 实体性/物质性保障

● 犯罪所需的最低构成要素：就个人而言，其罪行已显现在外 [第 14 条 (2)，7]。

● 保障有关被剥夺人身自由者的待遇：明确保障对被剥夺人身自由者正当的、人道的待遇 [第 10 条 (1)]、保障不同类别的被羁押者分押 [第 10 条 (1)]、限制要求个人从事强迫性劳动 [第 8 条 (3)]。

● 对适用处罚的限制：不受酷刑、非人道或侮辱人格待遇或处罚权既包括适用于具体罪行的刑罚种类，也包括对该刑罚的执行方式（第 7 条）。

3. 优先性权利保障

显而易见也值得一提的是，缔约国不能完全自由地将其所反对或认为对公共利益、公共安全或秩序、缔约国安全构成威胁的行为或者他人的权利加以刑事犯罪化：所有的刑事违法都受制于实体性权利的保障。如果违法行为对行使《公民权利和政治权利国际公约》所保障的权利存在无法允许的限制，或侵犯国际公认的人权或基本人身自由，那么即使缔约国在就该违法行为向个人提起起诉或定罪过程中，已审慎地遵守了上述所有刑法保障，也没有任何作用。就此而言，缔约国仍然违反了其就相关实体权利承担的国际义务。

此处所包含的法律和政策改革在于，缔约国仅仅审查"刑事控告"的程序和机制是不够的（从广义的国际意义上来说）。同样有必要考察具体的处罚或禁止是否涉及对一般性权利的侵犯。例如，若使劳教制度——当前对之的改革正在进行——完全符合《公民权利和政治权利国际公约》，那么将有必要不只涉及刑罚是否必须由法庭加以适用，也涉及具体案件中的任意拘禁形式、平等权侵犯、不被许可的对言论自由权限制的适用。

三 国际人权公约中的"罪行"

我们研讨的重点并不在于国际人权法在多大程度上适用于国内法归为刑事犯罪"的行为。而在于，针对实施的行为未被归为"刑事"，但在形式上被归为"行政违法行为"或"轻微犯罪",或依据行政、惩戒性程序或甚至无法定程序、适用其他非刑事处罚,缔约国如何受到国际条约的规制。

1. 国际法中适用于所有"刑事控告"和"刑事违法行为"的一般性保护——国际法中并未区分"轻微犯罪"和严重犯罪

首先国际人权法对严重犯罪和"轻微犯罪"或"刑事违法"和"行政违法"在术语上未加区分,如《公民权利和政治权利国际公约》仅提到"刑事控告"和"刑事违法"以及和与较严重犯罪适用一样,条约的保障也平等适用于严重犯罪。

2. 国际法中"刑事控告"和"刑事违法"的自治含义

其次,关键的一点是,《公民权利和政治权利国际公约》和《欧洲公约》中"刑事控告"和"刑事违法"术语具有自治性国际含义已被公认为国际法的一项内容。换而言之,如果在国内法中使用,它们未必具有同样的含义。由此引起的结果是依据国内法,具体的控告和处罚被归为"行政性"或"惩罚性",而依据国际法则会被描述为具有"刑事性"。

国际案件法已确定国内法的刑事违法性,就国际法而言,也具有刑事性。但是,国内法中所作的其他归类不具有决定性,被归为"行政性"违法或"民事性"处罚在国际法上则可以被归为刑事性。这两种不同归类的结果是,作为国际义务的一项内容,要求缔约国遵守《公约》中规定的所有刑事保障,但是在国内法中可以不作此类法律要求,而且在实践中也不可能遵守此类或相似保障。

3. 判断国际法内容的刑事控告或刑事违法所使用的标准

判断处罚性质的民事性或刑事性时,考虑的标准已在《欧洲公约》效力范围中确立(尽管对其的适用已经导致诸多争议)。在判断是否为国际意义上的"刑事性"违法或控告,有必要考虑到[①]:

● 国内法的归类:处罚是否在国内被归为刑事性(如果是,在国际标准中将为刑事性,但是在国内法中未被归为刑事性并不妨碍其在国际法上被作此归类)。

---

① Engel 诉荷兰、欧洲人权法院、1976 年 6 月 8 日判决、A 系列第 22。

● 规范或违法的性质：这里要考虑规范是否为一般性或是只针对特定团体适用（如医生、律师或类似职业团体、武装团体成员、在监狱中被拘留者）。如果规范是一般性适用，那么其更可能被视为刑事性。

● 处罚的严重性和程度：这里涉及对以下因素的评判：（1）处罚目的（若是威慑性或处罚性而不是保护性或赔偿性，则在几乎所有的、通常有处罚形式的案件中，这种处罚可能被视为刑罚）；（2）刑罚的严厉性。①

4. 国内法中未归为而国际法上认为是刑事违法的案例

国际案例法中大量案件表明此类方法如何适用。斯特拉斯堡组织发现即使争议的问题在国内法中未被归为"刑事性"，而在国际法上却作如此归类：②

● 适用于逃税的巨额经济处罚。③

● 剥夺人身自由"可被适用为处罚"的情况。④

● 法规竞合中规制性违法行为。⑤

● 德国法中疏忽大意驾驶规制性违法行为（尽管国内法中对违法行为"非刑事化"）。⑥

● 马其他众议院对非议员违反议会特权出版批判两名议员文章的定罪。⑦

● 对未交付人头税者宣判监禁刑的适用。⑧

● 为控告邻居挑起事端、没有辩护理由的违法行为，依据规制"轻微

---

① "如果法律明确目的是处罚，那么相对较轻的刑罚不会影响 Engel v Netherlands，European Court of Human Rights，Judgment of 8 June 1976，Series A，No 221 刑事性的法律"：Öztürk 诉德国、欧洲人权法院、1984 年 2 月 21 日判决，A 系列第 73 页，第 54 段；Lauko 诉斯洛伐克、欧洲人权法院、1998 年 9 月 2 日判决，第 58 段。

② 参见 J. A. Frowein 和 W. Peukert 讨论，Europäische MenschenRechtsKonvention：EMRK Kommentar（Kehl：N. P. Engel, 2nd ed 1996）在第 175—183 页。

③ Bendenoun 诉法国、欧洲人权法院、1994 年 2 月 234 日判决，A 系列第 284 页。

④ Engel 诉荷兰、欧洲人权法院、1976 年 6 月 8 日判决、A 系列第 221 页。

⑤ Deweer 诉比利时、欧洲人权法院、1980 年 2 月 27 日，A 系列第 35 页。

⑥ Öztürk 诉德国、1984 年 2 月 21 日判决，A 系列第 73 页，第 52 段。

⑦ Demicoli 诉马耳他，欧洲人权法院，1991 年 8 月 27 日，A 系列第 210 页。

⑧ Benham 诉大不列颠、欧洲人权法院、1996 年 6 月 10 日判决，报告 1996 – III。

违法行为"特别法对个人定罪和适用罚金。①

四　国际保障适用于"轻微犯罪"和其他
未被国内法归为刑事性处罚

1. 依据国际法将违法或处罚归为刑事性质的国内程序

对《公民权利和政治权利国际公约》来说，"轻微犯罪"、"行政违法"或"民事"罚金和处罚可以被描述为"刑事性"，这会引起某些国家（包括中国）国内法律体制与其承担的《公民权利和政治权利国际公约》义务不一致。

《公民权利和政治权利国际公约》将适用剥夺人身自由的处罚视为"刑事"处罚，必须遵守制定的公正法庭上正当抗辩式审判程序。由行政人员或委员会对此类案件作出判决不符合《公民权利和政治权利国际公约》第14条的要求（即使在受影响的个人获得某种形式的听审这一准司法程序之中）。正如个人未经正当程序受到"刑事处罚"一样，即使存在向法庭上诉或司法审查的可能性，也同样不符合。

可以得出同样结论的是，出于惩罚目的而适用除拘禁之外的处罚，对《公民权利和政治权利国际公约》而言，很可能被视为"刑事"处罚，且应当适用刑事保障。②

在各种中国法律中，可以由行政机关向公民适用大量的处罚（尽管如今很多情形，存在法庭审查的可能），包括：警告、罚金、没收非法所得和财产，停止生产和销售、临时吊销或撤销许可证、行政拘留等等。③

---

①　Lauko 诉斯洛伐克、欧洲人权法院、1998 年 9 月 2 日，报告 1998 – VI。

②　参见，如《中华人民共和国公共安全行政处罚条例》，第六届全国人民代表大会常委会通过，于 1986 年 9 月 5 日由中华人民共和国国家主席宣布，于 1987 年 1 月 1 日起生效 [轻于刑法的处罚，被描述为第 2 条规定的行政处罚：促使行政人员坚持"教育与惩罚相结合的原则"（第 4 条）]。

③　这些律例见《中华人民共和国行政处罚条例》，1996 年 3 月 17 日第八届全国人民代表大会通过。

这些行政处罚针对的各种行为已经被明确排除于《刑法》范围之外，由于认为这些行为不够严重到适用严厉《刑法》的程度，[①] 或是因为惩罚性处罚不被视为正确处理特定人或行为的方式。[②]

许多此类处罚等同于刑罚，因此适用的程序将必须符合《公约》第14条。需要根据可适用性国际标准，[③] 重新审阅和修改中国法律中此类及其他规定，对此中国官员、专家和学者非常清楚。

2. "非刑事"性质的拘禁

在中国法律中，某些情况下由行政主体决定对个人进行拘禁，其所依据的法律在《公民权利和政治权利国际公约》看来并非是犯罪。由此引起的问题是此类对人身自由的剥夺——如果假设《公民权利和政治权利国际公约》不认为是"犯罪"——由行政机关来决定其适用是否恰当（如没有独立法庭的授权）。

《公民权利和政治权利国际公约》第9条（1）禁止"任意性"拘禁，可以合理地认为，无论在最初还是后来对无限期拘禁的定期审查，决定延长或不确定未经独立法庭处理的拘禁期限，此为不合理的、任意性拘禁。[④]

人权事务委员会的实践证明了上述理解，认为尽管第9条各款涉及刑事程序，禁止任意、非法剥夺人身自由的保障［第9条（1）］和对个人拘禁合法性的司法审查权利并不限于刑事程序中的拘禁——而是包括对人身自由任何形式的剥夺。[⑤]

第9条涉及人身自由和安全的权利，对此缔约国的报告经常从狭义上理解，因此其所提供的资料并不完全。人权事务委员会指出第1款适用于对人身自由各种性质的剥夺，无论是刑事案件或是其他案件，例如精神疾病、流浪、吸毒、教育目的、移民管理等。第9条规定的部分内容（第2款部分

---

① 《中华人民共和国刑法》，1979年7月1日第五届全国人民代表大会第2次会议通过，1997年3月14日第八届全国人民代表大会第5次会议修改。

② 参见付华玲《新领域"刑法"》，《在中国经商》（纽约：法律出版，2000）§7.4.01。

③ 《中华人民共和国行政处罚法》，1996年3月17日第八届全国人民代表大会通过。

④ 此解释源于《欧洲人权公约》相应规定，其中列出一系列不被许可的剥夺人身自由的情形。

⑤ 人权事务委员会：第8号一般性评论，联合国文件HRI/GEN/1/Rev.4, at 87，第1段。

和第 3 款整体内容）仅适用于被提起刑事控告者。但是，其余部分，尤其是第 4 款规定的重要保障，如法庭对拘禁合法性监管的权利，适用于所有以逮捕或拘禁方式被剥夺人身自由者。而且，在个人主张对其人身自由剥夺违反公约的其他案件中，缔约国应根据第 2 条 (3) 确保提供有效的救济。

因此，基于上述目的（或出于有关劳动改造规定中被允许的其他目的，或出于拘禁和遣返目的）而被剥夺人身自由的，可适用第 9 条 (1) 和 (4) 的保障。这就意味着拘禁不能是任意性的，必须根据国内法规定的程序进行，拘禁的合法性也必须由独立的、不偏不倚的法庭进行审查。（事实上，对是否只能依据此类法庭或裁判所发布的命令适用拘禁尚有争议。）

明显的是，即使国内法授权拘禁，但是如果它对行使被保障的权利产生不合理的限制，则既具有第 9 条 (1) 的"任意性"，也对争议问题的实体性权利构成侵犯。[①] 超出授权目的行使此类权利同样如此。（如，对从事政府反对的政治或宗教活动的非精神病者，以精神病为由进行拘禁。）

3. 与拘禁和劳动教养有关的、其他特别重要的保障——拘禁和强迫劳动的适当条件

和上述的保障一样，在有关拘禁或劳教案件中应被强调的两种更为重要的保障。第一种是确保人道的、有尊严的和可忍受的拘禁环境，确保被拘禁者不仅享有《公约》第 7 条、第 10 条中明确列出权利，[②] 还确保其享有《反对酷刑公约》和其他法律文件如《囚犯待遇最低限制标准规则》[③]、《保护所有遭受任何形式拘留或监禁者原则》权利。[④]

《公约》第 8 条 (3) 保障不被强迫劳动的权利。通过劳动使个人接受

---

① 人权委员会在第 9 条 (1) 中声明："在起草第 9 条第 1 款过程中，肯定的是'任意性'并不等同于'违法'，但是必须从更广义的角度去理解，包括不恰当性、不公正和缺乏可预见性的因素。这就意味着依据合法逮捕的关押监禁必须从各个方面来说均合法合理。而且，必须从各个方面来说者也为必要，如为防止潜逃、干扰作证或再次犯罪"。

② 参见人权事务委员会，第 21 号—一般性评论 21 (1992) 代替早期的第 9 号评论 (1982)，联合国文件 HRI/GEN/1/Rev. 4，在 110。

③ 有关防止犯罪和罪犯待遇的第一届联合国：秘书长报道，UN Sales No. 1956. IV. 4, Annex I. A, 由 ESC Res. 663 C (XXIV), E/3048 (1957) 批准，经 ESC Res. 2076 (LXII), E/5988 (1977) 修改。

④ GA Res. 43/173, Annex (1988).

改造违反该条保障，既然个人未经法庭定罪和宣判，对其要求劳动就不属于该条保障的例外情形。

五 将国际人权法与中国法适用行政
和其他非刑事惩罚相联系

根据国际标准分析中国法律及实践的难点在于，适用行政处罚目的不同，其中有的实际上涉及"刑事控告的裁决"后宣告适用拘禁，有的涉及为保护有关人员（如精神病人、未成年人的行为或其他问题）而有目的性采取措施（包括拘禁）。但是其他措施涉及对特定团体成员权利的限制（包括对他们的拘禁），这些人似乎具有社会危害性，为更广泛社会利益而不能让他们逍遥法外（妇女卖淫、吸毒者、邪教团体成员）。所有团体均在劳动教养法律和法规范围内，因此说明此机制使用的多样性。①

根据国际人权标准分析各种行政处罚，有助于强调下列内容：

1）上述（本文二部分）实体性和程序性刑事保障的整体应当适用于，尤其是独立法庭举行听审和裁决的权利。

2）以拘禁作为处罚只能是根据法定程序加以适用，不能是任意性或不恰当的处罚，② 且必须公开以接受独立的、不偏不倚法庭的审查。

3）适用处罚的"违法行为"必须不能对公约和其他国际文件保障的其他实体性权利存在不被允许的限制。

不涉及"刑事"处罚的行政处罚：

1）对于不牵涉"刑事"处罚的行政处罚而言，虽然受影响的人有权根据第14条（1）规定在法庭或裁判所受审，若裁判的内容涉及对其"法律诉讼上权利或义务"的判断（如民事权利或义务）——这代表刑事程序中

---

① 不同团体通过的、调整该领域的法律、判决和规章综合性网络使得该体系难以控制，也提出依法确立程序是否既是国内法也是国际法上的内容这一问题。

② 参见A诉澳大利亚、人权事务委员会、第93/560通讯，A/52/40，在125，第9段．297）。

听审权的民事方面。

2）作为处罚的任何拘禁必须由独立的法庭或裁判所适用，必须只能依据法定程序加以适用，且不得是任意性或不适当的处罚，如果拘禁是不确定期限或情况发生变化，必须能接受法庭或裁判所定期的审查。①

3）处罚适用的"违法行为"不得等同于对公约和其他国际法律保障的其他实体性权利不被允许的限制。

六 结论

《公民权利和政治权利国际公约》第14条（1）要求将刑事控告审判与诉讼上法律权利义务的判断联系起来，这对许多法律体系提出挑战，根据刑事、民事和行政制度的区别构建法律体系。这些标准对中国法律体系提出挑战，而后者具有欧洲民事法律体系中的许多特点，这使得为遵守《欧洲人权公约》类似保障而不得不对行政和刑事法律体系作些重大的改变。

正如每个国家决定认真执行国际人权标准一样，在许多领域内需要对中国法律和实践进行一些重大变革，使之与《公民权利和政治权利国际公约》和其他可适用性规范相一致。这些问题不仅已经被国际评论者并且为许多中国评论者认识到——因此挑战并不在于获得知识、进行无尽的分析，而在于将知识和分析转换成中国大陆法律体制中实实在在的变化以及由谁来实施转变的观念。

---

① 参见 A 诉澳大利亚、人权事务委员会，第 93/560 通讯，A/52/40，在 125，第 9 段 . 2（1997）。（每个对人实施拘禁的决定应当公开定期审查以评估对其拘禁的合理性）。亦参见 A 诉新西兰、人权事务委员会、第 97/754 通讯、联合国文件 CCPR/C/66/D/754/1997（MessrsPocar 和 Schein-in 的个人意见）要求有监管体制和对精神病者强制性拘禁以避免任意性拘禁情况下，对继续拘禁医疗科学性的监管和定期审查。

中国轻罪处罚中的人权保护

（中国香港）韩梅英*

本文研究了中国法律中的轻罪及其处罚。通过讨论劳动教养的法律背景及其带来的法律和人权问题，以及目前围绕它的前景进行的争论，集中分析劳动教养这一处罚轻罪的制度。最后，本文提出了应当废除劳动教养的理由。

一 轻罪的处罚

（一）轻罪

在中国的刑法①中，特定的行为是否具有犯罪性质以及是否处罚，取决于行为的情节是严重或是轻微。但是，刑法并没有明确的规定"轻罪"这一概念，即使严重和轻微的区分遍及刑法条文中。

《刑法》第 13 条对犯罪的定义是"一切危害国家主权、领土完整和安全，分裂国家、颠覆人民民主专政的政权和推翻社会主义制度，破坏社会

* Veron Mei-ying Hung，香港城市大学法学院副教授；斯坦福大学亚太学者项目香港学者；斯坦福大学法学院 JSD 候选人。笔者特别感谢斯坦福大学法学院教授 Stanley Lubman 和香港大学教授 Hualing Fu 的评论。

① 《中华人民共和国刑法》，1979 年 7 月 1 日颁布，1997 年 3 月 14 日修改，10 月 1 日生效。

秩序和经济秩序，侵犯国有财产或者劳动群众集体所有的财产，侵犯公民私人所有的财产，侵犯公民的人身权利、民主权利和其他权利，以及其他危害社会的行为，依照法律应当受刑罚处罚的，都是犯罪"。不过，13 条规定"但是情节显著轻微危害不大的"行为不是犯罪。

即使一种行为构成犯罪，《刑法》第 37 条又规定："对于犯罪情节轻微不需要判处刑罚的，可以免予刑事处罚，但是可以根据案件的不同情况，予以训诫或者责令具结悔过、赔礼道歉、赔偿损失，或者由主管部门予以行政处罚或者行政处分。"

刑法并没有规定"情节"的具体含义，但是学者们普遍认为其含义非常宽泛。它包括："与某一行为相关但是法律又没有书面明确规定的所有方面"，[1] 特别是，它指"行为人的主观恶性"和"犯罪的外部的社会和政治影响"。[2]

有学者指出"情节一词需要从常识的角度出发来理解"，[3] 他也承认"这样一般也不太有用"，因此，最高人民法院和最高人民检察院通过相关的司法解释进行明确的规定是非常必要的。[4] 最高人民法院有权解释"凡属于法院审判工作中具体应用法律、法令的问题"，而最高人民检察院仅有权解释"凡属于检察院检察工作中具体应用法律、法令的问题"。[5]

已经有很多关于某一犯罪的情节是否轻微的司法解释。下面两个例子具有典型意义，《刑法》第 294 条规定："组织、领导和积极参加以暴力、威胁或者其他手段，有组织地进行违法犯罪活动，称霸一方，为非作恶，欺压、残害群众，严重破坏经济、社会生活秩序的黑社会性质的组织的，

---

① 《中国打击犯罪运动中的法律概念》，98 HARV. L. REV. 1890, 1901 n. 52（1985）。另参见：Fang Huicheng, [*Do Not Punish Multiple Crimes As a Single Crime Committed Under "Serious Circumstances"*], FAXUE [JURISPRUDENCE], No. 3, 1984, 24; Wen Jing, [*My Humble Opinion on the Circumstances of a Crime*], FAXUE JIKAN [JURISPRUDENCE QUARTERLY], No. 1, 1984, 44。

② 同上。

③ 王世洲：《中国刑法中的司法解释》，43 AM. J. COMP. L. 569, 575（1995）。

④ 同上。

⑤ 《全国人大常委会关于加强法律解释工作的决议》，1981 年 6 月 10 号通过。

处三年以上十年以下有期徒刑；其他参加的，处三年以下有期徒刑、拘役、管制或者剥夺政治权利。"

《最高人民法院关于审理黑社会性质组织犯罪的案件具体应用法律若干问题的解释》① 进一步明确"对于参加黑社会性质的组织，没有实施其他违法犯罪活动的，或者受蒙蔽、胁迫参加黑社会性质的组织，情节轻微的，可以不作为犯罪处理"。②

《刑法》第 264 条规定："盗窃公私财物，数额较大或者多次盗窃的，处三年以下有期徒刑、拘役或者管制，并处或者单处罚金。"《最高人民法院关于审理盗窃案件具体应用法律若干问题的解释》③ 规定"数额较大"为 500—2000 元及以上数额的人民币（60—250 美元），各省、自治区、直辖市高级人民法院可根据本地区经济发展状况，并考虑社会治安状况，在前款规定的数额幅度内，分别确定本地区执行的"数额较大"、"数额巨大"、"数额特别巨大"的标准。④ 如果情节轻微，盗窃上述数额内的财物也可以不视为犯罪。⑤ 这一解释并没有穷尽式的列举情节轻微的情形，但是指出了几项情形作为例子，"已满十六周岁不满十八周岁的未成年人作案的；全部退赃、退赔的；主动投案的；被胁迫参加盗窃活动，没有分赃或者获赃较少的。"⑥

尽管司法解释有助于明确刑法的规定并因此被称赞为理解中国法律必不可少的渊源。⑦ 但是，正如上述两个例子说明的，这些司法解释中的用语

---

① 2000 年 12 月 4 日通过，2000 年 12 月 10 日生效。

② 《最高人民法院关于审理黑社会性质组织犯罪的案件具体应用法律若干问题的解释》第 3 条第 2 款。

③ 1997 年 11 月 4 日通过，1998 年 3 月 17 日生效。

④ 同上。

⑤ 同上。

⑥ 同上。

⑦ 王世洲认为司法解释具有重要的作用，因为其具有六项功能：1. 指导正确理解法律含义；2. 解释法律问题；3. 在法定刑范围内确定量刑的标准；4. 区别有罪和情节严重以及特别严重的情况；5. 明确某一特定法律的时限；6. 解释如何实施法律，同上出处。

的宽泛和不明确，为适用和解释提供了很大的自由裁量空间。① 上面提到的两个司法解释都把"轻微"同义解释为"轻微"，这样的同义反复无法为法院和行政机关提供真正的澄清和指导。

（二）处罚

当行为人的行为因情节轻微而不被认为是犯罪的时候，或者因行为人的犯罪行为情节轻微而不进行刑事处罚时，上述行为人可能受到行政处罚。劳动教养（将在本文第二部分讨论）和《治安管理处罚法》规定的处罚是最重要的行政处罚措施。公安机关是唯一具有实施这些处罚措施的机关。1998 年，公安机关处理了超过 300 万件的行政处罚案件，处罚了大约 300 万人。②

二 劳动教养

（一）法律背景

劳动教养适用于那些行为没有严重到需要实施刑事制裁，而相对《治安管理处罚条例》规定的处罚措施来说，行为情节又比较严重而不能仅按照该条例处罚的行为人。劳动教养主要有三项法规依据。根据 1957 年《国务院关于劳动教养问题的决定》（1957 年决定），劳动教养的目的是"为了把游手好闲、违反法纪、不务正业的有劳动力的人，改造成为自食其力的新人；为了进一步维护公共秩序，有利于社会主义建设"，③ 下属四种类型

---

① 对中国立法的更详细的研究，参见：Perry Keller, *Legislation in the People's Republic of China*, 23 U. BRIT. COLUM. L. REV. 653 (1989)；PETER HOWARD CORNE, FOREIGN INVESTMENT IN CHINA：THE ADMNISTRATIVE LEGAL SYSTEM, 95 – 104 (1997)；Claudia Ross & Lester Ross, *Language and Law：Sources of Systemic Vagueness and Ambiguous Authority in Chinese Statutory Language*, in THE LIMITS OF THE RULE OF LAW 221 (KAREN G. TURNER, JAMES V. FEINERMAN, AND R. KENT GUY, eds. 2000)。

② 参见：《1999 年中国法律年鉴》，法律出版社 2000 年版，第 1029 页。

③ 《国务院关于劳动教养问题的决定》，1957 年 8 月 1 日通过，1957 年 8 月 3 日生效。

的人将被实施劳动教养："（1）不务正业，有流氓行为或者有不追究刑事责任的盗窃、诈骗等行为，违反治安管理、屡教不改的；① （2）罪行轻微，不追究刑事责任的反革命分子、反社会主义的反动分子，受到机关、团体、企业、学校等单位的开除处分，无生活出路的；② （3）机关、团体、企业、学校等单位内，有劳动力，但长期拒绝劳动或者破坏纪律、妨害公共秩序，受到开除处分，无生活出路的；（4）不服从工作的分配和就业转业的安置，或者不接受从事劳动生产的劝导，不断地无理取闹、妨害公务、屡教不改的。"

很多机关和机构都可以申请对上述属于四种类型的人实施劳动教养，这些主体包括"由民政、公安部门，所在机关、团体、企业、学校等单位，或者家长、监护人"，申请必须由"经省、自治区、直辖市人民委员会或者它们委托的机关批准"。《1957 年决定》规定劳动教养应在"在省、自治区、直辖市一级建立或者经省、自治区、直辖市人民委员会批准建立"，它还规定劳动教养机关的工作，应由民政、公安部门共同负责领导和管理。

1979 年，国务院发布了《关于劳动教养问题的补充规定》（1979 年规定），进一步补充了相关规定。根据《1957 年决定》，一个人被劳动教养的期限是不确定的，《1979 年规定》把期限限制为一年至三年，必要时可以再延长一年。③ 《1979 年规定》明确"省、自治区、直辖市和大中城市人民政府成立劳动教养管理委员会④，由民政、公安、劳动部门的负责人组成，领导和管理劳动教养的工作。"另外，《1979 年规定》规定只"收容大中城市需要劳动教养的人"，"对于需要实行劳动教养的人，由省、自治区、直辖市和大中城市劳动教养管理委员会审查批准。"即劳动教养不适用于农村人口。

---

① 《国务院关于劳动教养问题的决定》，1957 年 8 月 1 日通过，1957 年 8 月 3 日生效。

② 《国务院关于劳动教养问题的决定》，1997 年修改刑法时，"反革命罪"被修改成"危害国家安全罪"，而 1957 年《决定》中的"反革命"一词却没有修改。

③ 1979 年 11 月 29 日通过和生效。

④ 同上。

1982 年，公安部发布了经过国务院批准的《劳动教养试行办法》（1982 年办法）。① 根据这项文件，劳动教养不仅适用于《1957 年决定》规定的四种人，还适用于"结伙杀人、抢劫、强奸、放火等犯罪团伙中，不够刑事处分的"，和"教唆他人违法犯罪，不够刑事处分的"。另外，"对家居农村而流窜到城市，铁路沿线和大型厂矿作案，符合劳动教养条件的人，也可以收容劳动教养。"

（二）劳动教养中存在的法律和人权问题

1. 大范围的适用

劳动教养适用范围一步步地扩展，《1957 年决定》、《1979 年规定》、《1982 年试行办法》的规定说明了这一点，引起了中国学者们对法规之间冲突②和劳动教养已经被公安机关转变为"犯罪控制工具"因而与《1957 年决定》的初衷背离的批评。③

关于劳动教养问题大范围适用的众多报道，引起了对劳动教养中存在的人权问题的普遍的关注。劳动教养是由各级公安机关在其中占主导地位的劳动教养管理委员会批准实施的，④ 据报道，很多公安机关滥用劳动教养措施来处罚犯罪嫌疑人，以避开刑事诉讼法⑤中的程序要求和监督机制。特别是，有报道说很多公安机关使用劳动教养来处理那些没有证据支持起诉的犯罪人，即使这些犯罪的情节并不轻微。⑥

官方的数据是自从 20 世纪 50 年代建立以来，劳动教养处罚了大约 300

---

① 1982 年 1 月 21 日发布和生效。

② 参见：Shen Fujun，《废除劳动教养制度的几点思考》，FAXUE ［JURISPRUDENCE］，No. 7，1999，18，at 18。

③ 参见：Hualing Fu，*Criminal Procedure Law*，*in* INTRODUCTION TO CHINESE LAW 129，134（Chenguang Wang and Xianchu Zhang eds. ，1997）。

④ 参见：Tao Jigang，：《劳动教养制度相关法律的几点思考》，载《中国人民警察大学学报》，No. 3，1995，12，at 12；马克昌：《加强改革，修改、完善刑法》，载《法学评论》1996 年第 5 期。

⑤ 《刑事诉讼法》，1979 年 7 月 1 日制定，1996 年 3 月 17 日修改。

⑥ 同注 36。

万人。[①] 目前，劳动教养所里关押了30万人。[②]

2. 处罚的严厉

《1979 年决定》和《1982 年试行办法》却规定劳动教养的期限最长为四年。这比某些由 5 种主刑[③]和 3 种附加刑[④]组成的刑罚更为严厉。

5 种主刑为：

- 管制（三个月至二年）[⑤]
- 拘役（一个月至六个月）[⑥]
- 有期徒刑（六个月至 15 年，当死刑减为有期徒刑和数罪并罚时，最高为 20 年）[⑦]
- 无期徒刑
- 死刑

附加刑，与它的字面含义不同，也可能独立适用，[⑧] 包括：

- 罚金（罚金的数额由犯罪的情节决定）[⑨]
- 剥夺政治权利[⑩]
- 驱逐出境

批评者指出，由于劳动教养比某些刑罚，例如罚金、管制、拘役更严厉，它的适用违背了劳动教养制度的建立基础：该制度是适用于那些严重性不足以判处刑罚的行为的。[⑪]

---

① 参见：*China-Government Re-education System on Legal Basis*，CHINA DAILY，Nov. 2, 1998。

② 参见：*Minister Says 1. 7 Million Held In Prisons*，*Labour Camps*，XINHUA NEWS AGENCY，BBC SUMMARY OF WORLD BROADCASTS，May 22, 2000，*available in* LEXIS，News Library，News Group File。

③ 《刑法》第 33 条。

④ 《刑法》第 34 条。

⑤ 《刑法》第 38 条。

⑥ 《刑法》第 42 条。

⑦ 《刑法》第 45、50、69 条。

⑧ 《刑法》第 34 条。

⑨ 《刑法》第 52 条。

⑩ 《刑法》第 54 条。

⑪ 参见陈泽宪［*Re-education Through Labor System and Educational Reform of Prisoners in China*］，*in*［HUMAN RIGHTS AND ADMINISTRATION OF JUSTICE］30，33 – 4（Liu，Li and Kjaerum. eds.，1999）。

（三）与《行政处罚法》不一致

劳动教养还被批评与《行政处罚法》① 不一致。该法要求任何限制人身自由的行政处罚措施都应当由法律来规定。② 行政法规和规章只能规定例如警告、罚款、没收非法收入和财产、暂停和吊销营业执照的处罚。③ 根据中国立法的等级结构，只有全国人民代表大会及其常务委员会有权制定法律。④ 作为一项限制人身自由的行政处罚措施，不是由法律规定的，而是由国务院或者公安部规定的，它的合法性存在疑问。⑤

（四）缺乏有效的监督

作为一种行政处罚而不是刑罚，劳动教养没有刑法和刑事诉讼法中人权保障机制，尽管这些机制也存在不足。

1979 年，中国制定了刑法，1997 年进行了修改。1997 年的修改废除了类推制度，⑥ 增加了促进刑法正义的若干原则，例如刑法面前人人平等原则⑦和罪刑相适应原则。⑧ 但是，涉及在国外实施的犯罪并没有采纳避免双重危险原则。⑨

---

① 1996 年 3 月 17 日公布，1996 年 10 月 1 日生效。

② 同上书，第 9 条。

③ 同上书，第 8、10、11 条。

④ *See* XINGZHENG FAXUE JIAOCHENG［TEXT OF ADMINISTRATIVE JURISPRUDENCE］205（Ying Songnian, ed. , 1988）.

⑤ *See* Shen Fujun, *supra* note 35, at 19; Chen Zexian, *supra* note 53, at 34 − 5; JIANFU CHEN, CHINESE LAW：TOWARDS AN UNDERSTANDING OF CHINESE LAW, ITS NATURE, AND DEVELOPMENT 193（1999）.

⑥ 1979 年《刑法》第 79 条规定："本法分则没有明文规定的犯罪，可以比照本法分则最相类似的条文定罪判刑，但是应当报请最高人民法院核准。"1997 年修改《刑法》后，第 3 条规定："法律明文规定为犯罪行为的，依照法律定罪处刑；法律没有明文规定为犯罪行为的，不得定罪处刑。"

⑦ 《刑法》第 4 条："对任何人犯罪，在适用法律上一律平等。不允许任何人有超越法律的特权。"

⑧ 《刑法》第 5 条："刑罚的轻重，应当与犯罪分子所犯罪行和承担的刑事责任相适应。"

⑨ 对《刑法》修改更详细的讨论，参见：LAWYERS COMMITTEE FOR HUMAN RIGHTS, WRONGS AND RIGHTS：A HUMAN RIGHTS ANALYSIS OF CHINA'S REVISED CRIMINAL LAW（1998）；CHEN, *supra* note 58, at 174 − 183。

1996 年刑事诉讼法的修改增加了很多规定，例如无罪推定原则、加强辩护权、加强了庭审的作用以避免以前存在的先定罪后审判的做法，拉近了与国际刑事司法标准的距离。尽管有这么多的进展，刑事诉讼程序仍然存在各种各样的缺陷，[①] 例如，允许长时间的逮捕前羁押，公安机关有权拘留"流窜作案、多次作案和结伙作案的"犯罪嫌疑人至 30 天的期限。[②] 要求公安机关在拘留后的 24 小时内通知被拘留人的家属拘留的原因和拘留的地点的权利，也会应"可能妨碍侦查和无法通知"的原因而不执行。[③]

即使这些有限的人权保障措施也无法适用于那些被劳动教养的人员。受害方只能通过《行政诉讼法》保障机制维护自己的权利，[④] 该法规定任何人认为行政机关的诸如行政处罚之类的行为侵犯了自己的合法权益，可以向法院提出诉讼。[⑤] 如果法院认为该行政行为违法，将撤销该行政行为。[⑥]

基于对 8 件行政案件审理的观察以及对超过 120 位中国的法官、法学教授、律师、行政官员、原告、记者和法律援助中心负责人的访谈和文件资料，笔者注意到中国的行政诉讼制度有一些的进步，例如对程序规定更加尊重。不过，下面将要谈到的目前存在的一系列问题，会限制法院审查例如劳动教养制度一类的行政行为的作用：

- 对报复的恐惧

根据访谈的信息，受害方通常不敢起诉行政机关，特别是公安机关，几十年以来，中国的公安机关享有极其宽泛的权力。受害方害怕因与公安机关对抗而遭到报复。不过，官方统计显示，1991—1998 年，相当大比例

---

① 对《刑事诉讼法》修改的更详细的讨论，参见：Fu, LAWYERS COMMITTEE FOR HUMAN RIGHTS, OPENING TO REFORM?: AN ANALYSIS OF CHINA'S REVISED CRIMINAL PROCEDURE LAW (1996)；CHEN, supra note 58, at 200 – 16；Daphne Huang, *The Right To A Fair Trial In China*, 7 PAC. RIM. L. & POL'Y 171 (1998)。

② 《刑事诉讼法》第 61 条第 7 款，第 69 条第 2 款。

③ 《刑事诉讼法》第 64 条。

④ 1989 年 4 月 4 日发布，1990 年 10 月 1 日生效。

⑤ 《行政诉讼法》第 1、2 条。

⑥ 《行政诉讼法》第 54 条。

(15%—30%）的行政诉讼案件是公安案件（包括治安案件、劳教案件和其他)① （见表1）。如果存在恐惧的情况，为什么还有这么大比例的公安案件呢？

表1 　　　　　　　　1991—1998 年间中国一审行政诉讼案件的数量②

年份	案件数量	公安案件	百分比③
1991	25667④		
1992	27125	7863	28.99
1993	27911	7018	25.14
1994	35083	8624	24.58
1995	52596	11633	22.12
1996	79966	15090	18.87
1997	90557	14171	15.65
1998	98350	14288	14.53

针对这个问题，受访对象解释说较高比例的公安案件反映出的是公安机关拥有影响公民日常生活的各个方面极其广泛的权力这一事实。受访对象进一步认为，尽管他们害怕报复，一些受害方最终还是选择起诉这些权力机关，是因为他们受到的损害难以忍受，并且诉诸行政诉讼也是他们最后的维权手段。

其他一些证据佐证了上述解释，根据1992 年的一项调查，90 位原告中有 51 位说，他们根据《行政诉讼法》起诉是因为，他们认为行政诉讼是他

① 中国的行政诉讼案件分为约30 种，包括公安、工商、土地、城建、海关、环保、专利、税务等。公安案件及进一步细分为治安、劳教和其他类型。对法官的访谈是 1998 年 12 月和 1999 年 1月在广东进行的。

② 《中国法律年鉴 1992—1999》。

③ 公安案件占全部行政案件的比例。

④ 没有1991 年的关于公安案件的数据，不过，1992 年的《中国法律年鉴》统计有 7729 件治安案件，占 1991 年所有行政诉讼案件的 30.08% 。

们最后的手段了。①

- ● 难以聘请律师

律师费用因所聘请的律师的经验和能力而有很大差别。平均下来，基层法院审理的案件的律师费可能达到 2000—3000 元（250—375 美元），中级法院审理的案件的律师费可能达到 5000 元（625 美元）。② 而一名普通工人的平均月收入在 1000 元以下（125 美元）。③

也可以得到免费的法律援助，但是它在行政诉讼中的有效性让人怀疑。④ 由于中国还没有一部全国性的法律援助的法律，在不同的地区，有不同的关于法律援助的规定。这些规定一般要求合格的申请人的月收入应当低于一个固定的数额（一般在 200—400 元之间，25—50 美元），⑤ 只有那些生活在贫困线以下或者失业的很少一部分人才符合这些标准。⑥ 另外，免费的法律援助，被优先赋予那些可能被判处死刑的刑事被告人，以及聋哑人和老幼要求身体伤害赔偿的案件⑦。行政诉讼似乎没有引起法律援助人员的注意。事实上，从 1995 年设立，到 1999 年 1 月，广州的法律援助中心只接受了 2 件行政诉讼案件。⑧ 与之相比较，1998 年，接受了 700 件刑事和经济案件。⑨ 重庆市的所有法律援助机构在 1999 年接受了 2400 件刑事案件和 3500 件民事案件，只有 10 件行政诉讼案件。⑩

即使受害方有能力聘请律师，他们也会由于律师不愿意接手行政诉讼

---

① 《法治的理想与现实》，第 322 页，（Gong Xiangrui et al. eds., 1993）。

② 1998 年 12 月—1999 年 1 月在广东的访谈和 1999 年 12 月至 2000 年 1 月在重庆的访谈。

③ 同上。

④ 关于中国的法律援助，请参见：David Lee, *Legal Reform in China: A Role for Nongovernmental Organizations*, 25 YALE J. INT'L L. 363 (2000); Benjamin L. Liebman, *Legal Aid And Public Interest Law In China*, 34 TEX. INT'L L. J. 211 (1999)。

⑤ 广州法律援助中心采取的标准是 340—380 元，参见广州法律援助中心 1999 年发布的小册子。

⑥ 1999 年 1 月与广州法律援助中心主任的访谈；2000 年 1 月与重庆法律援助中心主任的访谈。

⑦ *See Backgrounder: Qualifications for Chinese Citizens to Receive Legal Aid*, XINHUA GENERAL NEWS SERVICE, JUNE 16, 2000, available in LEXIS, News Library, News Group File.

⑧ 1999 年 1 月与广州法律援助中心主任的访谈。

⑨ 同上。

⑩ 2000 年 1 月与重庆法律援助中心主任的访谈。

案件而遇到很大困难。不像经济和民事案件，行政诉讼的标的额一般很小，律师不能收取很高的律师费，另外，律师们也不愿与政府作对，因为政府有权决定是否吊销他们的律师执照。①

- 行政机关的干预

多数受访者认为，行政机关和党组织的干预是行政诉讼中存在的最大问题。在案件的整个过程中，都可能出现这样的干预情况，但立案之前的情况最为普遍。在接下来的阶段，法官可能被施加压力去维持行政机关的决定，受害方或者法官被施加压力撤销案件。

在公安案件中，据报道一些公安机关利用他们实施刑事侦查和实施行政制裁之间的双重角色之间的模糊界限。当公安机关想要避开刑事诉讼程序中的人权保障机制，他们会声称对嫌疑人采取的措施是行政处罚。当这些处罚在行政诉讼中被起诉时，公安机关通常会根据这些处罚是刑事侦查措施而不是行政处罚的理由，主张法院没有管辖权，进而影响法官不受理这些案件。②

三　劳动教养的未来和结论

鉴于劳动教养制度存在的法律和人权问题，很多学者呼吁废除或者根本改革劳动教养制度。③ 支持废除劳动教养制度的学者建议修改《行政处罚法》，增加行政拘留的最长期限到一个月④，轻罪的犯罪人可以根据《行政处罚法》适用拘留一个月的处罚，其他犯罪人则根据刑法适用拘役，其期

---

① 1999 年 1 月与广州法律援助中心主任的访谈；2000 年 1 月与重庆法律援助中心主任的访谈。

② Dong Hao, *Some Thoughts About Reforming Multiple Responsibilities System Of Our Country's Judicial Organs*, ZHONGGUO FAXUE [CHINA'S LEGAL STUDIES], No. 4, 1997, 24, at 26.

③ 参见陈泽宪文；陈兴良《刑法修改的双重任务：价值改造和结构调整》，《中国法学》1997 年第 1 期；陈光中、张建伟：《〈联合国公民权利与政治权利公约〉与我国刑事诉讼》，《中国法学》1998 年第 6 期。

④ 参见本文第一大部分的第 2 部分。

限从一个月到六个月。① 既然两种羁押之间没有空当，就没有必要保留劳动教养制度。

如果不废除劳动教养，就应当根本性的改造它，最长羁押期限应从 4 年减为 1 年或者 2 年。实施这些处罚的也不应当是公安机关而应当是法院，当事人并且可以对决定提出上诉。如果可能，这个制度应当并入到刑法中，称为"警察命令"或者"保安处分"，这与西方社会中以社区为基础的社区令相似。

上文中提到的改革措施会减轻劳动教养制度中存在的问题，但并不能有效解决劳动教养制度中存在的人权问题。如果并且只有在法院能独立决定的情况下，给予法院决定是否采取劳动教养措施的权力将会是一种有效的改革。

刑法和刑事诉讼法的修改标志着中国法制在反映变化中的社会和经济环境上的不断地成熟，但是，目前的刑事诉讼法只提供了有限的人权保障，何时完全符合国际准则的要求还是个未知数。辽宁省最近发布的一个规章认可了犯罪嫌疑人的沉默权，这给中国的刑事诉讼制度完全采纳国际准则的要求带来了希望。② 把劳动教养纳入到刑法中来，至少可以使其享有目前刑事诉讼制度中的人权保障机制。

经过对六个省、自治区和城市的广泛检查，包括天津、内蒙古、黑龙江、浙江、陕西、湖北等，全国人大常委会得出的结论是：1996 年刑事诉讼法修改以后并没有得到完全的实施。对犯罪嫌疑人的超期羁押和强迫供述仍然是存在于全国大部分地区的突出问题。有的法官、检察官、公安机关通过阻碍辩护律师会见犯罪嫌疑人和查阅与案件有关的案件材料等方式，限制辩护律师的活动。全国人大常委会把这些不令人满意的实施问题归结为执法人员对法律的"错误理解"，即执法人员认为这些法律对于中国来说

---

① 《刑法》第 42 条。

② See China: New Regulation Sees Introduction of Criminal Suspects' Right to Silence, XINHUA NEWS AGENCY, BBC WORLDWIDE MONITORING, Nov. 22, 2000, available in LEXIS, News Library, News Group File.

"过于先进"。① 在这样的大背景下，把劳动教养制度纳入到刑法中，也只能提供执法人员允许的在最低限度的人权保障。劳动教养制度在这样一个应当是法治的法律体系中，是一个主要的不正常的制度，因此，应当完全废除它。

---

① See *Official Admits Detention, Forced Confessions A Major Problem*, XINHUA NEWS AGENCY, BBC SUMMARY OF WORLD BROADCASTS, Dec. 30, 2000, *available in* LEXIS, News Library, News Group File.

犯罪的构成与构成的犯罪

——兼论对《公民权利与政治权利国际公约》中犯罪概念的理解

陈 晖[*]

一 公约中犯罪概念的模糊性与犯罪刑法概念的实然性

《公民权利与政治权利国际公约》中涉及"crime"犯罪一词的共有 8 个出处，归纳起来，有四种情形：一是指称"最严重的罪行"（the most serious crimes），第 6 条第 2 项中规定，在未废除死刑的国家，判处死刑只能是作为对最严重的罪行的惩罚；二是指称"所犯的罪"（the commission of crime，crimes committed by persons），第 6 条第 2 项规定对死刑的判处应按照犯罪时有效并且不违反本公约规定和防止及惩治灭绝种族罪公约的法律，同条第 5 项规定对十八岁以下的人所犯的罪，不得判处死刑；三是特指"灭绝种族罪"（the crime of genocide），该词出现在第 6 条第 2 项、第 3 项

---

* 作者系中国社会科学院法学研究所博士后研究人员，复旦大学哲学博士，上海海关学院法律系副主任、副教授。

中；四是指称"一项犯罪"（a crime），第 8 条第 3 项（2）中规定"在把苦役监禁作为一种对犯罪的惩罚的国家中……"第 14 条第 5 项规定"凡被判定有罪者……"此外，和 crime 有关的还有 criminal 和 guilt 等词。Criminal 出现最多的是 criminal charge（刑事指控）和 criminal offence（刑事罪），而 guilt 分别和 confess、prove、hold 组成词组构成承认犯罪、证实有罪和认为有罪等。

公约没有对犯罪进行定义，尽管我们根据《关于保护死刑犯权利的保障措施》第 1 条规定："在没有废除死刑的国家，只有对最严重的罪行可判处死刑，应理解为死刑的范围只限于对蓄意而结果为害命或其他极端严重后果的罪行。"可以推断，"最严重的罪行"（the most serious crimes）一般是指严重的侵害生命权的暴力犯罪行为或犯罪行为所侵犯的客体之价值与人的生命权利相当的故意犯罪。① 但我们不可能同样推断出"crime"犯罪一词的含义，因为国际社会尚无类似国内法中规定一国基本政治和经济制度的根本法——宪法，并据此可推导出犯罪的实体概念。② 因此，对犯罪一词还必须深入到各国刑法体系中加以认识和理解。

一般认为，刑法对犯罪定义有形式定义、实质定义和混合定义这几种类型。形式定义是从犯罪的法律特征上来描述犯罪而形成的犯罪的法定概念，如根据犯罪的法律后果来给犯罪下定义，来确定是什么犯罪，目前各国较通行的违警罪、轻罪和重罪，就是典型的形式定义。实质定义是从犯罪的社会内容上来描述犯罪而形成的犯罪概念，如将犯罪定义为反社会的行为或社会侵害性的行为。混合定义是综合犯罪的形式定义和实质定义而形成的犯罪概念。我们注意到，目前世界各国普遍采用形式定义，究其原因，一方面，犯罪的形式概念是以罪刑法定原则为前提的。因为罪刑法定

---

① 参见高铭暄《从国际人权公约看中国部分非暴力犯罪的死刑废止问题》，Http：//www. criminallaw. com. cn/students. htm, visited on Nov. 24, 2003。

② 耶赛克曾指出："由于《基本法》（第 2 条第 1 款）是保障一般的行为自由，所以，刑法中的要求和禁止规定，只有当刑罚这一国家最为严厉的制裁方式，是在保障人类社会的共同生活的权利所必需时，始可提出（实体的犯罪概念）"，参见［德］汉斯·海因里希·耶赛克、托马斯·魏根特著，徐久生译：《德国刑法教科书》（总论），中国法制出版社 2001 年版，第 64—65 页。

原则要求法无明文规定不为罪，法不明文规定不处罚。因此犯罪的根本特征是形式违法性，犯罪的形式定义为当然。另一方面，犯罪实质概念或是定义过宽，无法划清犯罪行为与其他违法行为甚至不道德行为的界限，或是定义过窄，不能说明所有犯罪的共性。加上这类概念的内容都具有极不确定的特征，以致无可奈何地接受"犯罪的实质是不可描述的"的结论。①

犯罪的形式定义又是靠什么来具体化的呢？答案是犯罪的构成要件。德日通行的犯罪成立理论认为，犯罪是符合构成要件、违法的、有责的行为。这说明犯罪的形式定义是通过构成要件对生活中危害行为类型化和定型化后，再通过违法性和有责性的评价而具体化的。"犯罪，就其形式来看，是指实现犯罪构成、应当受刑法处罚的作为和不作为。"② 这里的构成要件概念不等于犯罪构成概念，前者在德日犯罪论体系中只是构成犯罪的第一步，此外还必须经过违法性和有责性判断，才能得出是否成立犯罪的结论。英美国家实行的是双层次犯罪构成体系，一个是本体要件，包括行为和意图；另一个是抗辩事由。只有符合本体要件，同时不具备排出抗辩事由的情形方能定罪。这种定罪模式倾向于把犯罪定义为"是一种能够继之以刑事诉讼并具有作为这些诉讼程序的必然结果中的一种结果的行为"。③但不能否认的是，尽管英美国家没有形成高度抽象概括的构成要件的概念，但其依然存在犯罪构成的观念。

需要探讨的问题是：犯罪构成要件为何物？它是不是如我们一般所认为的仅仅是对犯罪客观方面或主观方面的总结，方法论上是对经验事实的归纳总结，并以演绎方法返回具体案件。真的如此这般，那它又如何成为"类型化"的指导形象的呢？

---

① 参见陈忠林《意大利刑法纲要》，中国人民大学出版社 1999 年版，第 71—73 页。

② ［德］李斯特著，徐久生译：《德国刑法教科书（修订译本）》，法律出版社 2006 年版，第167 页。

③ ［英］J. C. 史密斯、B. 霍根著，李贵方译：《英国刑法》，法律出版社 2000 年版，第 26页。

二 犯罪的构成是主体先验建构的，
而不是对经验的总结

刑法规定的可罚行为形成了各种犯罪类型，这些犯罪类型是从违法行为中提取出来，经刑法选择后而规定在刑法分则中。"刑法的总则部分就是对犯罪的一般说明。所以我们与其认为刑法总则刑法分则的逻辑先导，还不如说它是把各种犯罪类型的共同要素加以归纳总结而成的"。[①] 犯罪类型由主观和客观方面的许多要素所组成，但彼此之间没有一个逻辑先导作为指导，则杂乱无序。因此必须有一个"指导形象"作为统率，构成要件的出现就是起到了这样一个统率的作用。如杀人罪这一犯罪类型，其客观要素必须是实行了杀人的行为，而主观要素则以有杀人的故意为必要。可是主观和客观的两个要素必须统一在"杀人"这个指导形态之下才能形成杀人罪这一犯罪类型的要素。否则，使用"杀人"这一违法类型（客观要素）加上"盗窃他人财产"这一责任类型（主观要素），就既不能构成杀人罪的犯罪类型，也不能构成盗窃罪的犯罪类型。在实行杀人行为和杀人故意被"杀人"这一指导形态统一起来以后，才能考察杀人罪的犯罪类型。[②]

"指导形态，就是'法定构成要件'。每个指导形态必定要进一步表现为一种'类型'，像'杀人'类型、'盗窃他人动产'类型等等"。"可是必须注意这种纯粹的——'构成要件性的'——类型与犯罪类型不能同等对待的，前者和后者不是同一的，不得认为前者是后者的组成部分。前者是观念形态，它不过是规定性地担任着理解的条件，同时对各种犯罪类型作逻辑上的先导"。[③] 泷川幸辰先生也这样评价构成要件，说构成要件是犯罪

---

① 参见［日］泷川幸辰著，王泰译：《犯罪论序说》，法律出版社 2005 年版，第 4 页。

② 同上书，第 4—5 页。

③ Beling, Die Lehre vom Tatbestand, 1930. s. 3f. 转引自［日］泷川幸辰，王泰译：《犯罪论序说》，法律出版社 2005 年版，第 36 页。

构成的 Leitomotiv（德语，意为"主旋律"，这里译为"主导"），构成要件对犯罪类型起着逻辑先导作用，二者不是同一个东西。但构成要件作为"范畴"，是没有内容的。说它有内容也无非是指它对犯罪类型提出的要求。① 小野清一郎类似认为，构成要件是一种将社会生活中出现的事实加以类型化的观念形象，并且进而将其抽象为法律上的概念。如此一来，它就不是具体的事实……构成要件作为特殊性规定的概念，在某种程度上是具体的，但是作为法律上规定的概念，它又未免是抽象的、形式的。② 为什么说构成要件是范畴？它作为范畴，是形式的，非内容的，是抽象的，非具体的呢？笔者认为，倘若我们不理解康德的先验哲学，我们依然在"构成要件"门外徘徊，终究不得门而入。③

康德的先验哲学又叫批判哲学，他把不是有关对象而只是有关我们认识对象的方式的所有知识，叫做先验的。这种概念的系统叫做先验哲学。"凡一切知识不与对象相关，而惟与吾人认知对象之方法相关，且此种认识方法又限于其先天的可能者，我名此种知识为先验的。此一类概念之体系，可以名为先验哲学"。④ 因此，先验哲学不是去研究各种先天综合判断等知识内容，而是要研究认识所以可能的一切先验的条件、根源、形式。先验的含义并不意味着超经验的什么东西，而是指虽先于经验却只为使经验知识成为可能的那些条件。

通过批判唯理论和经验论，在康德看来，以形式逻辑的演绎法为主要工具的唯理论，从所谓先验的不证自明的公理、天赋观念出发演绎知识，实际上只是一种分析判断，结论已预先包含在判断之中，并不能扩充知识。而以归纳法为主要工具的经验论，从感觉、经验出发所获得的知识，是后

---

① 参见［日］泷川幸辰著，王泰译：《犯罪论序说》，法律出版社 2005 年版，第 5 页。

② 参见［日］小野清一郎著，王泰译：《犯罪构成要件理论》，中国人民公安大学出版社 1991 年版，第 6—7 页。

③ 我国刑法学界有学者提出"犯罪认知体系"的概念，并将其界定为"特定法域下运用刑法甄别具体事案从而厘定'犯罪'的思维模式及相应操作程式"（参见冯亚东《犯罪认知体系视野下之犯罪构成》，《法学研究》2008 年第 1 期）。但笔者认为，所谓"犯罪认知体系"的概念属于认识论的范畴，是将犯罪构成纳入认识论进行考察。而对认识论的把握，显然绕不开康德哲学。

④ ［德］康德著，蓝公武译：《纯粹理性批判》，商务印书馆 1960 年版，第 44 页。

天的综合判断，它虽然能获得新的知识，但不能保证其普遍必然的客观有效，而这是一切科学知识所应具备的基本条件，所以，它也不是获取知识的途径。因此，康德认为，一切科学知识不可能通过演绎和归纳的方法获得，只能是感性与知性两大因素所构成，是感性材料与知性形式的结合。通过感性，对象被给予我们，通过知性，它们被思维。"思维无内容则空，直观无概念则盲。"具体讲，我们的知识发自心灵的两个基本源泉，一个是接受表象的能力（印象的承受性），一个是通过这些表象以认识对象的力量（概念的主动性）。他把心灵的承受性，即当心灵被刺激而接受表象的力量，叫做感性。把心灵从自身产生表象的力量，认识的主动性，叫做知性。通过前者，对象被给予我们。通过后者，对象在与表象的关联中被思维。因此，直观与概念构成我们一切知识的要素。有概念而无与之相适应的直观，或有直观而无概念，都不能产生知识。我们的直观永远是感性的，它只是我们被对象所刺激的方式，另一方面，使我们能思维感性直观的对象的是知性。因此，康德说，知性不能直观，感性不能思维。只有通过它们两者的联合，才能产生认识。

康德认为，知性的作用在于综合统一直观表象以构成各种判断，产生出各种判断形式，起着综合统一的主动功能。这里"综合"是关键。"我之所谓综合，就其最普泛之意义而言，即联结种种不同表象而将其中所有杂多包括于一知识活动中之作用"。① 要形成认识，必须通过综合，把两者结合起来，在综合过程中，起决定作用的是知性。康德把给各种不同表象在判断中以统一的功能，也就是在直观中给各种表象以综合功能的这种统一，称为"知性纯粹概念"，也就是范畴。"'与判断中所有种种表象以统一'之机能，亦即为'与直观中所有种种表象之综合以统一'之机能；此种统一，就最普泛之意义表述之，吾人名之为纯粹悟性概念。在概念中经其作用由分析的统一而产生'判断之逻辑方式'之悟性，亦由普泛所谓直观中杂多之综合统一，而输入先验的内容于其表象。以此吾人乃得名此类表象为纯粹悟性概念，且视之为先天的适用于对象者——此为普泛逻

① ［德］康德著，蓝公武译：《纯粹理性批判》，商务印书馆1960年版，第87页。

辑所不能建立之结论。"① 因此，"知性纯粹概念"是各种逻辑判断的前提和基础，是使那些判断所以能进行的条件。只有追溯到这"知性纯粹概念"，才可能找到知识的根源。

理解以上康德关于认识来源的思想十分重要，正是在康德先验哲学的前提下，我们才能更好地理解"构成要件"的含义。

正像康德业已证明的，知识的来源是不可能通过经验和演绎的方法获得的，因为它们无法获得新的知识或普遍的知识。因此，"构成要件"观念的形成，绝不是通过所谓对实践中无数案件的归纳总结，将犯罪形形色色的诸多方面要素，分成主观和客观的方面，并归于其名下，然后再形成"构成要件"之概念。因为这种归纳方法由于不可能穷尽所有的案件，所以我们仍然不能排除"构成要件"在某些案件中的不适应性，它仍然不是普遍有效的，"构成要件"的提法仍然是有疑问的。同样的道理，"构成要件"也不可能通过犯罪概念演绎的方法来获得，因为如果那样的话，"构成要件"概念包含在犯罪概念中，我们通过对犯罪概念的演绎就可获得"构成要件"的概念，"构成要件"概念的出现应该是在有犯罪概念出现的时候就出现，而不是出现在近代。因为它不是所谓的新知识，它已蕴涵在犯罪概念之中。

德语 Tatbestand 这个词，本意是"实情、事实构成"的意思，② 日语翻译过来为"构成要件"并不直接反映原意，可是因为已经被广泛地使用，所以只好用这个译语。③ 倘若依照"构成要件"乃犯罪构成事实的原始含义进行考察，"构成要件"源于中世纪的提法也未必可靠。因为只要有犯罪现象的存在，自然就会有构成犯罪的事实存在。甘雨沛先生就认为以上说法过于牵强，认为还不如把发展的起点追溯到更为远古的时代。古代印度《人类法典》就提出了"法不溯及既往原则"，关于庭审、取证等诸多诉讼程序也有具体的规定，这些都是有关确定罪与非罪以及各罪之间的差异问题，比中世纪"诉讼程序"、"确证犯罪文献"

---

① ［德］康德著，蓝公武译：《纯粹理性批判》，商务印书馆 1960 年版，第 88—89 页。
② 《精选德汉汉德词典》，商务印书馆 1994 年版，第 312 页。
③ 参见 ［日］泷川幸辰著，王泰译：《犯罪论序说》，法律出版社 2005 年版，第 5 页。

等看成是"犯罪构成论的发展起点"更为现实、更为具体、更富有论证的力量。古代罗马法提出犯罪行为侵害的对象是"社会利益",犯罪行为必须有"犯意",无犯罪意思的行为不罚,由此引申出对精神病患者及未成年者不罚,对正当防卫、紧急避险的行为不罚,对累犯加重处罚,并有限于同种罪再犯的范围性规定,对共同犯罪根据主、从犯的不同情况给予不同的刑罚的规定等等,都是犯罪构成中的主要和必要的实体规范。如果把上述实际情况看成是犯罪构成理论的"发展起点",则较为实际、明确,较为直截了当些。①

即使放眼中世纪,早于13世纪意大利纠问程序,在11世纪的欧洲教会法关于犯罪规定中,就蕴涵了丰富的犯罪构成思想。在教会法院中使一项罪孽②得以确认必须包含三个要件:第一,它必须是一项严重的罪孽,只有那些根据情节足以严重到应受宗教法院命令所规定的惩罚的不赦之罪才能构成犯罪。第二,罪孽必须表现为一种外在的行为,有罪的思想和欲望只可以由上帝加以惩罚。仅仅是犯罪准备尚不能受到惩罚,至少要有犯罪的企图,即开始犯罪行为过程的外在行为,除非是叛逆和异端。教会法还进一步区分了故意和过失、直接故意和间接故意,因果关系中区分了远因和近因。第三,行为必须是对教会产生滋扰后果者。除非同时损害了其法律正在适用的这个共同体,那么即使是道德上的罪恶行为,法律也不应该予以惩罚。③ 对于中世纪教会法这一犯罪法规定,伯尔曼这样评价:"正是在修道院对'罪孽环境进行的精确和详尽的分析……[和]对在任何既定案件中的意图……和行为的外部环境进行准确的调查'的实践基础之上,11世纪晚期和12世纪的教会法学家们建立了他们关于犯罪的主观

---

① 参见甘雨沛《比较刑法学大全》下,北京大学出版社1997年版,第1107—1108页。

② 在早期,"犯罪"与"罪孽"两词可以互换使用,不仅所有犯罪都是罪孽,而且所有罪孽都是犯罪。随着教会与世俗社会的分离,到了11世纪晚期和12世纪,在罪孽和犯罪之间第一次进行了明显的程序上的区别。从那时起,王室的或其他世俗的官员所惩罚的行为都是作为对世俗法律的违反而予以惩罚的,而不是作为一种罪孽。参见〔美〕伯尔曼著,贺卫方等译:《法律与革命——西方法律传统的形成》,中国大百科全书出版社1993年版,第225—226页。

③ 参见〔美〕伯尔曼著,贺卫方等译:《法律与革命——西方法律传统的形成》,中国大百科全书出版社1993年版,第228—229页。

方面与客观方面的学说。"①

对于甘雨沛先生的观点以及伯尔曼的提法，实际上是站在唯理论的立场上得出的结论。所谓唯理论，就是从一些不证自明的公理出发来推演知识，具体表现为分析判断，但由于结论已包含在命题之中，所以并不能带来新的知识，而这正是康德先验哲学所批判的。将犯罪构成要件概念追溯到远古时代，实际上是从犯罪概念出发，来演绎推导出犯罪构成的一些要素。这些要素实际上就蕴涵在犯罪概念之中，并不是什么新鲜东西。无论是在远古，还是在当代，如杀人这样的自然犯罪其基本要素并没有什么改变。若要认定某行为是否杀人，当然要考察是谁的行为、行为的对象结果如何、行为和结果以及二者之间的因果关系等②，并揭示出杀人行为的本质是非法剥夺他人的生命或生存权。今天我们如此寻找构成杀人行为的这些要素，中世纪乃至古代自然也是要寻找这些要素。

近代以来德日所形成的"构成要件"概念，正是在康德先验哲学意义上的。犯罪观念的形成，首先是通过我们直观感受到的，但这些直观的感受，只是一个一个具体案件的经验的杂多，如具体的某个人、某个对象、某个行为、特定的时间空间等等，这些直观的杂多是不可能直接在我们的头脑中形成所谓的犯罪概念的，正如动物世界没有犯罪概念一样，因

---

① ［美］伯尔曼著，贺卫方等译：《法律与革命——西方法律传统的形成》，中国大百科全书出版社1993年版，第234页。

② 伯尔曼在探讨中世纪教会法的犯罪法时，特别提到教会法学家们界定了因果关系的种类，他们区分了远因（causae remotae）和近因（causae proximae）。他们讨论了关于介入原因的复杂案例——包括实际发生和虚构的。例如，一名教士扔出一块石头，想以此吓唬他的同伴。为躲避石头，同伴撞在一块岩石上受到重伤。后来由于受伤者的父亲和一名医生的过失，他死去了。扔出那块石头是不是死亡的近因？这样的例子不计其数。伯尔曼还提到，教会法学家在对人的意志自由进行审查时，发展出这样的规则——现在所有的西方法律体系都包含这样的规则——即如果一个人是在精神不健全、熟睡、醉酒或认识错误的状态下做了违反法律的事情，便可以免于刑事责任，但必须以下述两点为条件：（1）作为他的状态的后果，他不能知道他正在进行的行为是错误的，和（2）他并没有错误地将自己置于这种状态之中（例如故意醉酒）。（参见［美］伯尔曼著，贺卫方等译：《法律与革命——西方法律传统的形成》，中国大百科全书出版社1993年版，第229—231页。）对于以上我们今天称为必然因果关系和偶然因果关系，原因中的自由行为这一问题在中世纪已有探讨，这些记载读来不免令人惊讶，这提示我们若是站在经验论或唯理论的立场上，我们的知识和古代、中世纪的人们没有什么差异，因为他们也懂得运用归纳和演绎的方法来获取知识。因此，若不了解康德先验哲学之于犯罪构成之意义，我们关于犯罪构成的思想仍停留在中世纪或更早。

为动物是没有知性能力的。但人类除了感性的直观之外，我们还拥有知性。知性具有先天的综合能力，将这些对犯罪直观的杂多综合成一个一个的概念，形成诸如犯罪主体、犯罪行为、犯罪对象、因果联系等诸多概念，这些概念一方面具有感性的特征，反映具体案件的事实，另一方面具有知性的特征，是知性的概念。但仅此仍不够，知性具有先天的综合能力，还将概念进一步综合成"纯粹的知性概念"，即范畴。"构成要件"作为"纯粹的知性概念"即"范畴"，将犯罪主体等诸概念统率在其名下。这就是"构成要件"产生的秘密。

德国古典哲学，特别是康德的先验哲学直接影响了构成要件范畴这个观念的形成，并进而影响了德日整体犯罪构成体系的构筑。"贝林格和麦耶尔的这种以为构成要件是纯客观的、记叙性的思想倾向，如果再往上溯，可以说是萌芽于康德以来的所谓'道德的主观性、法律的客观性'的思想和一般所说的'保障个人自由'的自由主义思想。"① "哲学上的新康德主义是新古典犯罪理论的思想基础。新康德主义努力使社会科学从自然科学以及实证科学的方法中解放并独立出来，并主张，现实应当从具体的、作为单个学科基础的最高价值为基础而进行整理、分类和体系化。它给犯罪理论在逻辑结构上带来的变化是，违法与责任应分别根据法益侵害和可谴责性这样的价值标准来进行评价。"② 李斯特在评价康德哲学思想对刑法学的影响时说："只要略为翻一下法学文献就可以证明，康德的伦理学和认识论直至今天仍对刑法科学，对整个科学工作均产生着非常

---

① ［日］小野清一郎著，王泰译：《犯罪构成要件理论》，中国人民公安大学出版社1991年版，第13页。

② 李海东：《刑法原理入门（犯罪论基础）》，法律出版社1998年版，第21页。新康德主义是19世纪70年代以后广泛流行的一个哲学流派，它包含了许多在理论上各具特色的支派，其共同之处是企图通过复活和重新解释康德的有关理论来建立自己的理论体系。他们所接受的主要是康德的主观主义、现象主义、先验论和信仰主义。其中尤为他们所强调的是康德关于主体创造客体（康德所谓"哥白尼倒转"）的学说。他们结合当时迅速发展的自然科学，企图按照19世纪下半期生理学、数学、逻辑学等科学发展的新成就来论证康德关于主体创造客体的理论和先验论。参见刘放桐等《现代西方哲学上》（修订本），人民出版社1990年版，第111—116页。

有益的影响。"①

对犯罪构成要件先验性质，拉德布鲁赫说得更为直接："在法律概念中还包含有一系列的单一法律概念，它们都具有先验的本质，这个属性不是法律科学的结果，而是法律科学的工具，不是经验法律现象的偶然一般化，而是法学思想的必然范畴。这样，就从既是实证的又是规范的法律本质中得出了法律原则的概念，而且由法律原则得出了其组成部分的概念：我们可以先验的，也就是说事先宣称，不可能存在什么都不规定的法律原则，即必须既包含事物又包含规定的法律原则：事实构成（Tatbestand）和法律结果（Rechtsfolge）。"② "构成要件"，准确来讲，是纯粹的知性概念，是对知性概念的进一步综合。由此综合，知性将对犯罪事实感性的直观纳入到知性的范围，并通过知性的综合作用，"做"成关于犯罪构成的概念，进而形成关于犯罪类型的指导形象。这样，我们就可以理解泷川幸辰先生所一再强调的，"构成要件这个东西在作为'范畴'的性质上，是没有内容的"。"杀人罪第一个要素中的'杀人'看起来大体上好像与作为构成要件的'杀人'是同一的似的，可是这种观察是不精确的，是把观念和实在混淆起来了。"③

---

① ［德］李斯特著，徐久生译：《德国刑法教科书》（修订译本），法律出版社2006年版，第65页注1。对于康德哲学之重要性，何兆武先生这样评价："哲学终究是绕不过康德这一关的，无论是你同意他，还是不同意。如果硬是要不理睬他，那就不可避免地要自甘愚昧而受到惩罚。在过去一个漫长的世纪里，这曾使得我们的所谓的科学始终被滞留在实证主义乃至实用主义的牢笼里。而所谓的知识，也就始终被局限在感性的和悟性的两个层次上。这些都是明证。"（何兆武：《关于康德的第四批判》，《读书》2005年第3期。）张汝伦先生课堂上说得更为直白：懂得康德哲学未必能成就好的哲学，但绕开康德哲学则一定是坏的哲学。因此，在笔者看来，若探究人类思想史对于刑法观念之影响，必定绕不开康德哲学。康德哲学对于刑法学之影响，如哥白尼革命一般，是刑法学发展的分水岭。

② ［德］G.拉德布鲁赫著，王朴译：《法哲学》，法律出版社2005年版，第35页。

③ ［日］泷川幸辰著，王泰译：《犯罪论序说》，法律出版社2005年版，第5页。

三　犯罪构成的伦理特征决定唯有
通过程序达至犯罪共识

正如康德先验哲学业已证明的，"构成要件"作为知性只是我们认识的先验条件，正是在"构成要件"的综合作用下，我们能够在心中"画出"犯罪的形象，犯罪现象说成是客观存在的，倒不如说是我们用"心"做出来的。问题在于，我们心中的犯罪形象，是否就是犯罪本身，而这恰恰是康德所认为的是我们认识的界限。康德用"物自体"这个概念指称物自身。尽管物自体刺激我们的感官，是我们认识的来源，但物自体本身是什么，我们实际上无从知晓，我们所知道的只是它的现象，即当它作用于我们感官时在我们之内所产生的表象。同理，"犯罪"本身到底是什么，我们在知性范围内无法获得，我们获得只是在经验范围内感知的犯罪现象而已，即使通过构成要件构筑起了完整的犯罪形象，那也只是经验或事实层面上的犯罪，至于对犯罪好或坏，正义非正义，允许还是谴责，这已经超过了"构成要件"知性（理论理性）的范围，而必须走向理性（实践理性）。康德用理论理性指称经验世界，用实践理性指称伦理世界。经验世界最终要走向伦理世界。因此，"构成要件"概念不足以承担伦理上的重任，而必须走出经验世界，步入伦理世界。

贝林格的犯罪论体系正是在此意义上体现了康德哲学的逻辑。贝林格将犯罪论体系概括为构成要件的符合性、违法性和有责性，其中，构成要件的符合性是关于犯罪诸要素的事实评价，它是中性、无色、客观的评价；违法性则是对犯罪的价值评价，它包含形式违法评价和实质违法评价，实质违法评价中又交织着行为无价值论和结果无价值的争论；受刑事人类学派从关注行为到行为人的影响，有责性则将具体的责任落实到人，更是体现了价值评价的内容。由此我们看到，贝林格的犯罪论体系满足了康德先验哲学从感性到知性，最终归宿到理性的逻辑。尽管后期犯罪论体系围绕构成要件与违法性、有责性关系发生了争论，贝林格中性无色的构成要件理论，受到了怀疑和批判。麦耶尔指出了构成要件中规范性要素的存在，这意味着构成要件和违法性之间的界限变得模糊起来，违法性要素渗透到构成要件中，构成要件要素也包含有违法性要素。梅兹格向前更进了一步，主张构成要件是违法行为的类型，构成要件与违法性之间的关系不仅是认识根据，而且是存在根据，即行为符合构成要件，原则上就成为违法性的根据。以上争论尽管交织着构成要件是否是无色中性，是否包含价值评价内容，但并没有逃脱康德以来对经验世界和理性世界、事实评价和价值评价划分的界限，首先是在构成要件外部体系上肯定其价值倾向的前提下，围绕构成要件自身是否具有价值属性所展开的争论。

问题依然存在：构成要件自身如何实现其伦理价值并克服伦理价值上的多义性，防止出现"犯罪的实质是不可描述的"的结论呢？实际上，作为构成要件理论之前提的康德先验哲学内部面临着内在的紧张和矛盾：一是经验世界和理性世界是如何沟通的；二是人与人之间的理性世界是如何通达一致的。休谟早就指出从事实判断是不可能获得价值判断的，也就是从"是什么"的命题中不可能推导出"应当"的命题，这也成为著名的"休谟"问题。康德看到了事实与价值，经验与理性二元区分带来的问题，他试图用实践理性跨越理论理性，并由经验世界通达伦理世界。但康德只是区分了界限，而并没有填平它们之间的沟壑，康德把这个难题留给了后人。

对于前一个难题，马克斯·韦伯指出，社会科学的对象是文化事件，它包含价值和意义两个要素。尽管社会科学和自然科学研究对象都是实在，而实在之所以进入社会科学的研究视野，是因为它在与研究者的价值关联中变得重要了，它便对我们有意义了。拉德布鲁赫认为，法律只有在涉及价值的立场框架中才可能被理解。法律是一种文化现象，即是一种涉及价值的事物。对法律，或对任何一个个别的法律现象的无视价值的思考是不可能成立的。他进而区分了涉及价值、评判价值和超越价值的三种对法律可能的思考方式。① 阿图尔·考夫曼进而认为，"价值"和"事实"在规

① 参见［德］G. 拉德布鲁赫著，王朴译：《法哲学》，法律出版社 2005 年版，第 4 页。

范制定以前，两者已相互联结，彼此相关，思考时两者相互适应。法律的意义并非存在于抽象的、空洞的法律概念中，而是存在于比较具象的、相关的具体生活事实中，如果不参照应受判断的生活关系之本质，就无从获得法律的意义。只要我们由"事物的本质"出发，我们就必然同时触及案件的价值与事实，由此，我们体会到实存与当为之间不可分割的结构交织。① 阿图尔·考夫曼由此强调类推的重要性，"在类推的程序中法律（应然）与案例事实（实然）交互地予以分析处理，以使抽象的法律经由'解释'（以个案为对象）成为具体化的'构成要件'，而个别的（无固定结构的）案例事实经由结构化（依据法律）成为类型化的'案情'；作为比较过程的比较点就是'意旨'（法律规范的目的），在这一点上面构成要件与案例事实彼此'对应'（如果这二者未能吻合，法律规范不得适用）"。② 对所谓"意旨"的领悟，则归结到第二个难题，人与人之间的理性世界如何通达一致？

　　显然，对犯罪的解读不能固守主体——客体的解读模式，而必须寻求通达主体和主体之间理性沟通的模式，这样才能克服犯罪概念的多义性，达成犯罪共识。主体——客体模式需要解构，主体间性需要替代主体性，刑法解释过渡到刑法诠释。诠释的过程也是解构主体—客体刑法模式的过程③，犯罪构成模式因此向外部敞开，追求所谓客观刑法价值的努力变成了正当化的过程，主体间性替代了主体性，人与人之间的理性世界由此通达

---

　　① 〔德〕卡尔·拉伦茨著，陈爱娥译：《法学方法论》之《引论》，商务印书馆 2003 年版，第19 页。

　　② 〔德〕考夫曼著，刘幸义等译：《法律哲学》，法律出版社 2004 年版，第 22 页。

　　③ 典型的主体—客体刑法体系模式就是站在国家的立场来评价犯罪，换句话说，就是只承认国家权力在评价犯罪过程中的作用，视犯罪构成标准为司法机关所掌握。事实上，权力的自构和运行往往具有自足和独立性，国家"权力"最多只能算作是真正权力的形成的促成力量之一。除国家权力外，刑事案件中的典型事实、被害人或其亲属的震惊与愤怒、公众的同情以及行为人个人的忏悔，都是笼罩在与犯罪构成事实有关的权力场域中的权力构成要素。问题的要害在于与确认犯罪有关的主、客观方面的要件及相关事实是如何通过各种权力因素的交互作用而符合或该当立法者所确定的构成标准的。犯罪构成的解释论就是去发现被人为建构的理论框架所遮掩的复杂的意义世界，竭力去叩问犯罪构成的不确定性、非客观性和生动性，从而建构一种富有解释力的犯罪构成理论。参见周光权《行为评价机制与犯罪成立——对犯罪构成理论的扩展性思考》，《法学研究》2000 年第 3 期。

一致。"现代法律秩序只能从'自决'这个概念获得其合法性：公民应该时时都能够把自己理解为他作为承受者所要服从的法律的创制者。社会契约论用资产阶级契约法的范畴来想象公民的自主，也就是想象成签约各方的私人性质的自由选择。……今天，在语言学转向之后，这种义务论道德观获得了一种商谈论理解。由此，一种商谈理论或商议模式代替了契约模式：法律共同体不是通过一种社会契约构成的，而是基于一种商谈地达成的同意而构成的。"① "合法性的唯一的后形而上学来源，显然是由民主的立法程序提供的。但这个程序又是从哪里得到提供合法性的力量呢？对这个问题，商谈论提供了简单的、初看起来不大可能的回答：民主程序使得议题和提议、信息和理由能自由地流动，确保政治意志形成过程具有一种商谈的性质，并因此而论证了这样一种可错论的假设；从正当程序产生的结果，多多少少是合理的。"②

这样，我们就可以理解《公民权利与政治权利国际公约》为什么并不试图给多义的犯罪概念下一个完整的或权威的犯罪定义，实际上它也做不到这点，而是在刑事诉讼程序上规定了最低的标准，通过程序达成对犯罪的共识。公约设计的这些程序和原则包括：司法救济、限制死刑适用、禁止酷刑或不人道待遇、人身自由和安全的程序保障、给予自由被剥夺之人的人道待遇、司法独立、无罪推定、刑事被告的最低限度保障、未成年人的特殊保障、上诉复审、刑事赔偿、禁止双重危险、不溯及既往和有利被告等。

这样一种通过程序获得犯罪的共识得到了西方现代法哲学的理论支持。西方现代法哲学中的中心立场是采用"程序原理"，这种理论尝试着单单从一种思想过程中获得内容上的表述，如富勒相信，一个遵从他的法律内在道德的法律秩序，在实体内容上通常具有实质上的合理性和

---

① ［德］哈贝马斯著，童世骏译：《在事实与规范之间》，三联书店 2003 年版，第 449 页。
② 同上书，第 448 页。

正当性。① 罗尔斯从人类原初状态出发来考察正义，或从"唯理性的论辩"之中，如哈贝马斯以一种虚拟的"理想的对话情境"来保证取得的合意的效力。但一种唯理的法哲学必须不仅只注重法权形式、概念和逻辑上的结构，而且还要首先关注其内容。康德的《纯粹理性批判》已经证明，抛开经验，仅单从形式的先天原理中，不可能推导出形而上学——自然法的内容，因而，内容的形而上学从不可能是普遍适用的。现代法哲学始终都试图在形式或程序的过程中融合进材料或内容，在材料和形式、内容和程序之间进行调和。这种斗争和调和，反映在刑法犯罪论中则不仅表现为犯罪的实质定义和形式定义、犯罪的实体定义和程序定义的交锋，而且还关涉刑法的基本立场，正如有的学者敏锐指出的，刑法的实质解释论和刑事法治形式的一面有某种内在的冲突，这或许将是中国刑法下一阶段理论碰撞的地带。②

Constitution of Crime and Criminal Definition

【Abstract】International Covenant on Civil and Political Rights doesn't define the term of crime. However, National legislations define the term of crime from the point of the constitution of crime and specify through the Tatbestand. The constitution of crime doesn't conclude the experience in the life and deduct to deal with the cases. Tatbestand is the concept of transcendental philosophy. The idea of crime comes into

---

① 参见［英］韦恩·莫里森著，李桂林等译：《法理学——从古希腊到后现代》，武汉大学出版社 2003 年版，第 414—415 页。富勒的程序自然法区分了法律的内在道德和外在道德。法律的外在道德指法律本身合乎一种外在的道德标准，是指法律的实体目标，比如正义、公正、好坏和正误，即所谓的实体自然法。法律的内在道德则是一种法律制度所必须具备的一系列条件或法制原则，是一种特殊的、扩大意义上的程序问题，即所谓的程序的自然法。这种法律的内在道德归结为八个方面：一、法律规则的普遍性；二、法律规则必须公布；三、法律不能溯及既往；四、法律必须明确，为人们所能容易理解；五、法律规则不能互相矛盾；六、法律不应要求不可能实现的事情；七、法律规则应该具有相对的稳定性；八、法律的规定与实施必须相一致。参见富勒《法律的道德性》，耶鲁大学出版社 1977 年版，第 209—210 页。

② 参见邓子滨《〈法学研究〉三十年：刑法学》，《法学研究》2008 年第 1 期。

being from the transcendental subject. The gap of fact and value make Tatbestand solve the problem of ethic and form the system of the constitution of crime. To avoid of being not able to describe the essential of crime, intersubjectivity substitute for subjectivity. It is the key to understand the term of crime through the due process.

【**Keywords**】 Constitution of crime   Definition of crime

收容教养制度及其改革

陈泽宪 *

收容教养制度及其改革，是我国建立社会主义法治进程中无法回避和不容忽视的一个重大理论和实践问题。本文试对此作初步探讨。

一　收容教养制度的沿革与现状

收容教养制度是我国所特有的对少年犯罪人进行收容，集中教育管理的一项制度。新中国成立以来，我国出台了一些关于收容教养的政策性文件，最早可追溯至 1956 年 2 月 7 日最高人民检察院、最高人民法院、内务部、司法部、公安部的《对少年犯收押界限、捕押手续和清理等问题的联合通知》，其中规定，在少年犯管教所收押的人员中，其犯罪程度不够负刑事责任的，对无家可归的，则应由民政部门负责收容教养。

1965 年 5 月 15 日，公安部、教育部联合发出《关于加强少年管教所工作的意见》。1979 年我国刑法首次提到收容教养一词，但此外并无任何说明，因而收容教养制度具体包括哪些内容，在法律中没有规定。之后，公安部陆续出台了一些涉及收容教养的文件，对一些内容作了粗略的规定。

---

* 中国社会科学院国际法中心主任、研究员、博士生导师。

如公安部在 1982 年 3 月 23 日下发的《关于少年犯管教所收押收容范围的通知》中规定："对确有必要由政府收容教养的犯罪少年，应当由地区行署公安处或者省辖市公安局审批，遇有犯罪少年不满十四岁等特殊情况，须报请省、市、自治区公安厅审批。收容教养的期限，一般为一至三年。办案单位对收容教养的犯罪少年，应填写《收容教养犯罪少年呈批表》。详细写明犯罪事实并附罪证材料，提出教养期限。少年犯管教所凭上述公安机关《收容教养犯罪少年决定书》和《收容教养犯罪少年通知书》收容教养。"该通知对 1979 年《刑法》第 14 条的规定明确了犯罪少年由政府收容教养的审批机关、收容教养的期限和收容教养的场所，但对该条款适用的条件并没有作出详细的规定，对刑法所指的"在必要的时候"也没有作出具体的解释。此外还有：1982 年 3 月 23 日公安部《关于决定收容教养后能否进行变更的批复》，1982 年 3 月 23 日下发的《关于少年犯管教所收押收容范围的通知》，1984 年 11 月 30 日公安部《关于收容劳动教养人员年龄问题的通知》，1985 年 11 月 14 日公安部、司法部《关于外地到北京犯罪的少年被收容教养后送户口所在地执行的通知》，1993 年 4 月 26 日公安部《关于对不满十四岁的少年犯罪人员收容教养的通知》，1994 年 7 月 30 日公安部《关于决定收容教养后能否进行变更的批复》等等。

这些文件由于颁发于不同历史时期，比较零散，有些甚至互相抵触。1994 年公安部对现行公安规章和规范性文件进行了全面系统的清理，编辑了《中华人民共和国规章汇编》（1957—1993），但上述有关犯罪少年收容教养的文件并没有编入。1995 年 5 月 15 日公安部颁发了《公安机关办理未成年人违法犯罪案件的规定》，规定："凡是可以由其家长负责管教的，一律不送。"1997 年刑法修改后，仍然在《刑法》第 17 条第 4 款规定："因不满 16 周岁不予刑事处罚的，责令他的家长或者监护人加以管教，在必要的时候，也可以由政府收容教养。"同时，《中华人民共和国未成年人保护法》第 39 条也规定："已满十四周岁的未成年人犯罪，因不满十六岁不予刑事处罚的，责令其家长或者其他监护人加以管教，必要时，也可以由政府收容教养。"可以说，刑法和未成年人保护法是目前我国收容教养制度的主要法律依据。但由于缺乏系统具体的规定，缺少配套的法规、规章，导致了我国收容教养制度的先天缺陷，在实践中出现了一些问题，严重影响到收容教养制度的正确有效实施。

（一）关于收容教养的性质

收容教养制度自形成以来，对其性质的争议一直没有停止。一方面，它规定在刑法之中，并且收容教养的期限之长，处罚之严重，似乎应当属于刑事处分的一种。但刑罚种类并不包括收容教养，同时，刑法有关条文又明确规定，有权收容教养的机关是政府部门，这似乎又应归属于行政处罚。那么，收容教养制度到底应当属于什么性质呢？

1956 年 2 月 7 日最高人民检察院、最高人民法院、内务部、司法部、公安部《对少年犯收押界限、捕押手续和清理等问题的联合通知》中规定，对于十三周岁以上未满十八周岁的少年犯，"如其犯罪程度尚不够负刑事责任的……对无家可归的，则应由民政部门负责收容教养"。"刑期已满的少年犯，应当按时履行释放手续……无家无业又未满十八周岁的应介绍到社会救济机关予以收容教养。"从该规定看，最初收容教养的性质带有较强的社会救济性质，而处罚性较弱。

但是，从 1979 年刑法和 1997 年修订刑法的有关规定看，收容教养具有明显的惩戒处分性质，而社会救济性趋弱。

因此，一种观点认为，犯罪少年的收容教养属于刑事强制措施，因不服收容教养决定而提起的诉讼不属于人民法院的受案范围。收容教养的对象是犯罪少年，政府对犯罪少年收容教养的决定是依据刑法条款，而不是行政法律、法规的规定；劳动教养则属于行政强制措施，最高人民法院已明确为行政诉讼受案范围，而在《行政诉讼法》施行后，最高人民法院《关于贯彻〈中华人民共和国行政诉讼法〉若干问题的意见（试行）》并没有将收容教养列入行政诉讼的受案范围。[1]

第二种观点认为收容教养犯罪少年属于一种特殊的刑事处罚。其理由是收容教养的对象是已触犯刑律的少年，收容教养的原因是该少年有犯罪

---

[1] 参见张敏、皮宗泰《浅谈收容教养犯罪少年行为性质的认定和审理》，《行政法学研究》1994 年第 2 期。

行为，收容教养的目的是对犯罪少年实行惩罚。其特殊性在于收容教养的对象是特定的，只能是不满十六岁的有犯罪行为的少年，由公安机关在政府内部履行教养职责，收容教养的场所是特定的，是少年犯管教所，而不是一般的行政改造场所。[①]

第三种观点认为，收容教养犯罪少年的行为属于行政强制措施，属于人民法院受案范围。其理由是依据刑法规定，作出收容教养行为的主体是政府行政机关，行为的性质是政府的一种强制性的教育挽救措施，是政府为维护社会治安而采取的限制人身自由的行政强制措施。[②]

第四种观点认为，犯罪少年的收容教养是一种限制人身自由的行政处罚，应属于人民法院行政诉讼受案范围。主要理由是：

首先，刑法的有关规定表明作出收容教养决定的主体是政府行政机关。刑法条文涉及收容教养的规定，并不当然意味着收容教养制度就应当由刑法来调节，就自然归属于刑事处罚。因为在刑法条文中不乏这种例子，例如《刑法》第 37 条规定，对于犯罪情节轻微不需要判处刑罚处罚的，可以由主管部门予以行政处罚或者行政处分。

其次，犯罪少年的收容教养，针对的是已满十四岁不满十六岁的少年构成犯罪，不具备《刑法》第 17 条第 2 款所规定的犯罪类型，不需要追究刑事责任的行为。虽然构成犯罪但法律规定不予刑事处罚的，当然不属于刑罚的范围，而只能是行政处罚。

再次，《刑法》第 17 条第 4 款的规定，实际上是刑法对于不予刑事处罚的犯罪少年可由政府采取教育措施的法律授权。基于这项规定，政府有权对犯罪少年进行收容教养，并可据此制定相应的规范性文件。公安部制定的《关于少年犯管教所收押、收容范围的通知》即为实例。

最后，对于因不服收容教养决定而提起的诉讼，尽管《行政诉讼法》没有把收容教养明确列入人民法院受案范围，但是并不能据此说明人民法院就一定不予受理因不服收容教养而提起的诉讼。因为早在 1962 年公安部

---

① 阮京人、方新文、邓俊彬：《收容教养犯罪少年的若干问题》，《政法学刊》1994 年第 1 期。
② 参见张敏、皮宗泰《浅谈收容教养犯罪少年行为性质的认定和审理》，《行政法学研究》1994 年第 2 期。

就根据 1960 年 4 月 21 日最高人民法院、最高人民检察院、公安部关于少年儿童一般违法犯罪不予逮捕判刑，采取收容教养的办法进行改造的规定，明确批复对少年教养的性质，"对有轻微犯罪行为、屡教不改、家庭、社会管不了，而又不够逮捕判刑的少数青少年，年龄小的，送工读学校，年龄大的，送劳动教养"。由此可见，收容教养实际上是针对特定对象的劳动教养，收容教养的审批过程和收容期限均与劳动教养类似，收容教养的场所往往与劳动教养的场所合二为一，因此，收容教养实际上与劳动教养一样同属行政处罚，也应列入行政诉讼的受案范围。并且，由于收容教养剥夺了被处罚人的人身自由，而根据《行政诉讼法》的有关规定，对于限制人身自由的强制措施不服的，可以向人民法院提起诉讼。

（二）关于收容教养的审批权和审批程序

这包括予以收容教养的审批权和审批程序，以及提前解除或减少收容教养期限的审批权和程序。

《刑法》第 17 条第 4 款规定，对于因不满十六岁不予刑事处罚的，在必要的时候，可以由政府收容教养。这似乎可以认作是收容教养审批权属的法律依据。在司法实践中收容教养的决定一般是由公安机关作出的。然而，并非历来如此。最早在 1956 年 2 月 7 日最高人民检察院、最高人民法院、内务部、司法部、公安部《对少年犯收押界限、捕押手续和清理等问题的联合通知》中规定，"由民政部门负责收容教养"，"对刑期已满的少年犯，……应介绍到社会救济机关予以收容教养"。由此可见，最早收容教养的机关应当是民政部门和社会救济机关。但到了 1982 年，公安部《关于少年犯管教所收押、收容范围的通知》中明确规定："对于确有必要由政府收容教养的犯罪少年，应当由地区行政公署公安处或者省辖市公安局审批，遇有犯罪少年不满十四岁等特殊情况，须报请省、市、自治区公安厅审批。"从此，收容教养的审批权被归属于公安机关。

（三）关于收容教养的对象

1956 年 2 月 7 日最高人民检察院、最高人民法院、内务部、司法部、公安部《对少年犯收押界限、捕押手续和清理等问题的联合通知》中规定：
"少年犯管教所仅限于收押管教十三周岁以上未满十八周岁的少年犯"，"如
其犯罪程度尚不够负刑事责任的……对无家可归的，则应由民政部门负责
收容教养。""刑期已满的少年犯，应当按时履行释放手续。……无家无业
又未满十八周岁的应介绍到社会救济机关予以收容教养。"可见，在当时，
收容教养的对象有两类：一是十三周岁以上未满十八周岁的少年犯，其程
度尚不够负刑事责任，且无家可归的。二是未满十八周岁但刑期已满的少
年犯，且无家无业。

1979 年《刑法》第 14 条第 2 款规定，对于不满十六岁的人犯罪又不需
要追究刑事责任的，在必要的时候，可以由政府收容教养。这一规定将收
容教养的对象限定在十六岁以下的人犯罪但不需要追究刑事责任的范围，
完全排除了 1956 年《联合通知》中的第二类收容教养的对象。1991 年《未
成年人保护法》第 39 条规定："已满十四周岁的未成年人犯罪，因不满十
六周岁不予刑事处罚的，责令其家长或者其他监护人加以管教，必要时也
可以由政府收容教养。"由此可知，收容教养的对象应当是已满十四周岁、
不满十六周岁的犯罪少年。但是，1993 年公安部《关于对不满十四岁的少
年犯罪人员收容教养问题的通知》明确地将收容教养的对象扩大至不满十
四岁的犯罪少年。《通知》明确规定，对未满十四岁的人犯有杀人、重伤、
抢劫、放火、惯窃罪或者其他严重破坏社会秩序罪的，应当依照原《刑法》
第十四条的规定办理，即在必要的时候，可以收容教养。

（四）关于收容教养的条件

关于收容教养的条件，同样并无明确的法律规定。1995 年 10 月 23 日
公安部《公安机关办理未成年人违法犯罪案件的规定》第 28 条规定："未
成年人违法犯罪需要送劳动教养、收容教养的，应当从严控制，凡是可以
由其家长负责管教的，一律不送。"但《修订刑法》第 17 条第 4 款仍然仅
规定"在必要的时候，也可以由政府收容教养。"对于如何才算是"必要的
时候"，没有明确规定。除了"在必要的时候"这一抽象模糊的条件外，在
现有法律法规找不到其他具体规定。这就难以避免实践中收容教养的随意

性，公安机关的自由裁量权过大，亦容易导致徇私舞弊等滥用职权现象的产生。因此，必须对"在必要的时候"加以明确的具体的说明，以防止收容教养的随意性。

（五）关于收容教养的场所

在实践中，执行收容教养的场所不一，各地差异很大。有的地方将收容教养人员送进工读学校进行教育，有的则送进收容所，有的则是在少年犯管教所，还有的则是在劳动教养场所。

首先，在工读学校执行的情况。1987 年 6 月 17 日国务院办公厅转发国家教委、公安部、共青团中央《关于办好工读学校的几点意见》中规定："工读学校的招生对象是十二周岁至十七周岁有违法或轻微犯罪行为，不适宜在原校，但又不够劳动教养、少年收容教养或刑事处罚条件的中学生。"从该规定看，收容教养在工读学校执行显然有抵触。

其次，在收容所执行的情况。这种办法达到了收容的目的，但教养的力度不大。随着收容审查制度的终结，在收容所执行的情况也一去不复返。

再次，在少年犯管教所执行的情况。这是较长时期内最普遍的执行场所。其依据是 1982 年公安部《关于少年犯管教所收押、收容范围的通知》，规定"今后少年犯管教所只收押和收容下列两种人：（1）由人民法院判处有期徒刑、无期徒刑和判处死刑缓期二年执行的年满十四岁和不满十八岁的少年犯；（2）根据《刑法》第 14 条的规定，由政府收容教养的犯罪少年。"这一规定实际上确定了收容教养的场所就是少年犯管教所。少年犯管教所关押的不仅仅是收容教养的犯罪少年，还包括受到刑事处罚的少年犯。尽管 1996 年 1 月 22 日司法部《关于将政府收容教养的犯罪少年移至劳动教养场所收容教养的通知》规定，收容教养人员要与少年犯分别关押，由劳教所负责管理，但从当前的实际情况看，仍有部分收容教养人员与少年犯关押在一起，这种做法是十分有害的。由于收容教养与刑罚惩罚在性质上不同、目的不同，当然改造的方法也就有区别，而将这两种行为的性质、改造目的不同的人集中在同一管理机构进行管理，对外容易造成公众理解上的误差，以为收容教养和刑罚处罚性质相同，不利于对收容教养人员的教育挽救。

最后，在劳动教养场所执行的情况。将少年收容教养人员与成年劳动教养人员混合关押的情况仍非鲜见。这不仅导致在管理方法和教育方式上难以区别对待，而且容易使少年收教人员感染某些成年劳教人员的恶习。

（六）关于收容教养的方式

我国收容教养的方式十分单一，只有一种方式，即剥夺人身自由，区别仅在于期限的长短。本来，收容教养制度的首要目的是要通过收容这一方式，教育犯罪少年，使其成为守法的自食其力的公民。这一目的只有通过有效的教育来实现。可以说，收容教养的核心在"教"，教育工作应当是收容教养制度最重要的内容，它的成功与否直接关系到收容教养制度目的的实现。我国《预防未成年人犯罪法》第 39 条规定："未成年人在收容教养期间，执行机关应当保护其接受文化知识、法律知识或者职业技术。对没有完成义务教育的未成年人，执行机关应当保护其继续接受义务教育。"《教育法》第 32 条规定："国家、社会、家庭、学校及其他教育机构应当为有违法犯罪行为的未成年人接受教育创造机会。"被收容教养人员不应当被剥夺受教育的权利。

然而，实际情况是，我国的少年犯管教所实行半工半读制，不满十六岁的一般是半天劳动半天学习，但在一些地方，少管所为了弥补经费不足或为了追求经济利益，生产任务繁重，教育时间无法保障，教育工作根本无法开展。对收容教养人员"以教育为主，习艺劳动为辅"的目的难以达到。

（七）关于收容教养的期限

1982 年 3 月 23 日下发的《关于少年犯管教所收押收容范围的通知》中规定，收容教养的期限一般为 1—3 年。1997 年公安部在《关于对少年收容教养人员提前解除或减少收容教养期限的批准权限问题的批复》中还规定，在执行过程中不能对少年收容教养人员加期。如果收容教养人员在收容教养期间有新的犯罪行为，符合收容教养条件的，由公安机关对新的犯罪行为作出收容教养的决定，并与原收容教养的剩余期限合并执行，但实际执行期限不得超过 4 年。

二 当前收容教养制度存在的
一些主要问题

（一）作为一种行政处罚，收容教养制度的性质与其处罚的严厉程度不相符

收容教养制度作为一种剥夺人身自由最长可达 4 年的严厉处罚，其性质与其处罚的严厉程度是极不相称的。

如前所述，收容教养制度属于行政处罚性质，相对于刑罚处罚，它的性质较轻，处罚内容当然也相应地较轻。然而，实际上，将一个人的人身自由剥夺 1—3 年最长达 4 年的处罚，无论如何都不能说是一种较轻的处罚。收容教养作为一种行政处罚，它的对象是已构成犯罪、但因不满十六岁而不予刑罚处罚的未成年人，它的性质较之刑事处罚无疑较轻，其处罚当然也应当较轻。然而，从其内容上看，收容教养的严厉程度较之一些刑罚有过之而无不及。

首先，与管制刑相比，管制作为刑罚的一种，期限为 3 个月以上 2 年以下，其内容是在一定程度上限制犯罪人的人身自由，并没有完全剥夺人身自由。在管制期间，除履行报告自己活动情况、离开居住市、县或迁居应经执行机关批准等义务外，犯罪人可以自由活动，可以在不违反管制规定的情况下自由安排其活动，例如，可以自由选择学习资料、交友、工作，基本保持其正常生活秩序。而在收容教养期间，被收容教养人被完全剥夺了人身自由，其正常生活秩序完全被打乱，其活动范围较之管制刑要窄得多，其严厉程度显然比作为刑罚方式之一的管制要厉害得多。

其次，与拘役刑相比，拘役作为刑罚的一种，虽然其内容是剥夺犯罪人的人身自由，但期限较短，最长不过 6 个月，最短只有 1 个月，且就近执行，每月可以回家一天至两天。而收容教养动辄就是 1 年，最长可达 3 年，合并执行甚至可以达到 4 年，明显比拘役严厉。

再次，与有期徒刑相比，尽管有期徒刑作为刑罚的一种，最长可达 15 年，数罪并罚可达 20 年，但是，从起刑点看，有期徒刑的起刑点为 6 个月，明显低于收容教养的 1 年，并且，由于相当一部分犯罪的量刑均在 3 年以下，加之有缓刑的规定，实际上被判处 3 年以下有期徒刑的犯罪人中有相当一部分并未在监所执行，其人身自由并未被完全剥夺。而收容教养则是铁板一块，除了规定收容期限为 1—3 年，即剥夺被收容教养人的人身自由 1—3 年外，并无类似缓刑的规定。

（二）作为一种剥夺人身自由的处罚，收容教养缺乏必要的法律依据

我国《宪法》第 37 条规定："公民的人身自由不受侵犯。""禁止非法拘禁和以其他方法非法剥夺或者限制公民的人身自由。"我国《立法法》第 8 条规定："下列事项只能制定法律：（五）对公民政治权利的剥夺，限制人身自由的强制措施和处罚。"第 9 条规定："本法第八条规定的事项尚未制定法律的，全国人民代表大会及其常务委员会有权作出决定，授权国务院可以根据实际需要，对其中的部分事项先制定行政法规，但是有关犯罪和刑罚、对公民政治权利的剥夺和限制人身自由的强制措施和处罚、司法制度等事项除外。"《行政处罚法》第 9 条规定："限制人身自由的行政处罚，只能由法律设定。"第 10 条规定："行政法规可以设立除限制人身自由之外的行政处罚。"而且法定的行政处罚种类也不包括收容教养。从上述法规的规定可以清楚地得出结论，剥夺人身自由的行政处罚，必须有明确的法律规定方可施行，行政法规无权规定剥夺人身自由的处罚。而依据《立法法》第 7 条的规定，只有全国人大和全国人大常委会才具有法律的立法权。因此，剥夺人身自由的处罚，必须经由全国人大和全国人大常委会制定法律予以设定。

然而，目前的实际情况是，收容教养实际剥夺公民人身自由长达 1—4 年之久，但并无明确的法律依据。尽管普遍认为，现行收容教养制度存在的法律依据是《刑法》和《未成年人保护法》。但这两法规定仅仅提到了收容教养一词，对于收容教养制度的具体内容，并无任何规定。可以说，现有的收容

教养制度的具体内容如收容教养的方式是剥夺人身自由、收容教养的期限为1—4年、收容教养的审批机关是公安机关等均是由部门规章的形式（大多是以公安部规章的形式）规定的，其中收容教养的方式即剥夺人身自由明显地超越了行政机关的权限，有悖于我国宪法、立法法、行政处罚法等关于剥夺人身自由必须依据国家立法机关制定的法律所确定的根据进行的规定。

（三）作为一种剥夺人身自由的处罚，收容教养缺乏必要的正当司法程序

少年收容教养作为一种可长达4年之久的剥夺被劳教人的人身自由的严厉处罚，不通过正当司法程序由法院依法作出判决，而是由行政机关一家作出决定，这在世界范围内恐怕是绝无仅有的。

我国现有的收容教养制度的设计过于简略，对于作出收容教养决定的程序缺乏科学合理的设计。公安部现有的几个涉及收容教养的文件的主要内容是赋予公安机关作出收容教养决定的权利，以及不同级别的公安机关对不同收容教养的对象的审批权限分工等等。收容教养的审批权属于公安机关，事实上，从确定被收容教养人构成犯罪，无须刑罚处罚，至收容教养决定的作出，始终只是公安机关一家之言，在确定犯罪少年不满十六周岁不予刑事处罚后，办案单位便填写《收容教养犯罪少年呈报表》，写明犯罪事实并附带罪证材料，提出教养期限，然后公安机关便直接依据权限分工，由不同级别的公安机关作出对犯罪少年的收容教养决定，然后送交执行单位执行，之后少年犯管教所便凭上述公安机关《收容教养犯罪少年决定书》和《收容教养犯罪少年通知书》即可对犯罪少年进行收容教养。在这个过程中，没有检察机关的审查，没有辩护律师的参与，再未经人民法院的判决，一个人的自由就这么被剥夺了。从始至终，公安机关都占据着主动权和决定权，没有受到任何权力的有效制约，收容教养的过程缺乏透明度。由于法律并未对收容教养的审批程序作出明确规定，对于不服收容教养决定缺乏必要的救济手段，一个最突出的问题就是被收容教养的犯罪少年没有辩护权。由于收容教养的决定是由公安机关单方面作出，在决定作出期间，犯罪少年缺少法律手段和法定途径为自己的行为进行辩护，从而完全处于被动地位。由于《刑法》第 17 条"在必要的时候"规定含混，造成实践中对这一规定的理解不一，在决定是否对犯罪少年收容教养方面，公安机关有过大的自由裁量权，出现了只要公安机关办案人员认为需要收容教养，即可付诸现实的情况。在收容教养决定作出的过程中，犯罪少年及其家长、监护人没有任何权利和机会予以申辩，陈述意见。此外，我国《刑事诉讼法》第 12 条规定，未经人民法院依法判决，对任何人都不得确认有罪。换句话说，是否构成犯罪应当由人民法院判决而定，只有人民法院才有权认定是否构成犯罪，其他任何机关包括公安机关都无权认定一个人的行为构成犯罪。而收容教养正是基于"不满十六岁的人已构成犯罪但不予刑事处罚"而作出的，其收容教养的决定由公安机关直接审批，并不以人民法院的有罪判决为前提，因此，也势必违背刑诉法中的无罪推定原则。

（四）收容教养过多地使用了剥夺自由的管理方式，缺乏有效的替代措施

《儿童权利公约》第 37 条规定："不得非法或任意剥夺任何儿童的自由。对儿童的逮捕、挽留或监禁应符合法律规定并仅应作为最后手段，期限应为最短的适当时间。"从一些国家的立法和实践看，对少年违法行为的非监禁化处分措施已经越来越受到人们的赞同，其价值受到肯定。建立起以非监禁措施为核心的少年违法行为处罚体系，如增加社区活动、易科处分等等，相对于单一的剥夺人身自由的处罚而言，更容易达到教养的目的。但事实上，我国收容教养制度单一的剥夺人身自由，严重妨碍了收容教养目的的实现。本来，收容教养制度的首要目的是要通过收容这一方式，教育犯罪少年，使其成为守法的自食其力的公民。这一目的只有通过有效的教育来实现。可以说，收容教养的核心在"教"，教育工作应当是收容教养制度最重要的内容，它的成功与否直接关系到收容教养制度目的的实现。

（五）混合关押问题

尽管 1996 年 1 月 22 日司法部《关于将政府收容教养的犯罪少年移至劳

动教养场所收容教养的通知》规定，收容教养人员要与少年犯分别关押，由劳教所负责管理，但从当前的实际情况看，在多数的收容教养人员仍与少年犯关押在一起，或者收容在成年劳教人员的劳教所中。由于未成年人与成年人在心理和作为上的不同特点，以及其行为性质的差别，采取相同的管理方式进行管理，必然会产生许多问题，主要有：

1. 将被收容教养人员与少年犯混合关押容易混淆收容教养与刑罚惩罚的性质差别。尽管少年犯管教所"是我国矫治青少年罪犯的学校式的场所"（引自"中国审理未成年人刑事案件的司法制度"——最高人民法院副院长林准在未成年人犯罪的预防、审判和矫治国际研讨会上的演讲），但不可否认，少管所实质上仍然是监狱的一种，是国家的刑罚执行机关，它除了对少年犯进行教育改造外，还具有刑罚惩罚性。而收容教养针对的是虽然实施了违反刑法的行为、但不予刑罚处罚的未成年人，其目的是为了对未成年人进行教育和重塑，是一种政府行政处罚，因而收容教养不具有刑罚惩罚性。将这两种行为性质不同、矫治目的不同的人集中在同一机构进行管理，不仅不符合管理的原则，更容易造成公众认识上的误差，混淆收容教养与刑罚惩罚的根本差别，以为收容教养也属于刑罚惩罚，容易造成被收容教养人员和公众对收容教养的恐慌，不利于对被收容教养人员的矫正。

2. 被收容教养人员与成年教养人员混合关押容易造成"交叉感染"。一些地方将少年收容教养人员与成年收容教养人员关押在一起，尽管对于少年教养人员在管理上采取了单独编队或编班的管理方式，但由于客观条件所限，实际管理过程中并不能将少年收容教养人员与成年管教人员完全隔离开来，一些地方甚至出现成年劳动教养人员对少年收容教养人员进行管理的情况，因此，在耳濡目染下，恶习较深的成年劳动教养人员对少年收容教养人员的负面影响很大，"交叉感染"的情况十分严重，不但不能达到教养的目的，甚至在收容教养后，少年收容教养人员完全沦为罪犯的情况屡见不鲜。

3. 混合关押从根本上侵害了未成年收容教养人员的合法权利，实际阻却了收容教养制度目的的最终实现。

将未成年收容教养人员关押在少年犯管教所内，实际上意味着对他们实行与少年犯一样的管理制度。由于少管所是监狱的一种，是刑罚的执行机关，因此，应当按照《监狱法》的规定，要设立警卫机构，负责警戒、看押工作，可以安装电网、监控、报警装置，并且对少年犯而言，其活动范围、通信、会见、接受物品、离所探亲、考核奖惩等方面均有限制。而收容教养作为一种行政处罚，当然不能依据《监狱法》的规定对未成年人进行管理，对他们的处分不具有刑罚惩罚的性质，因而不需要电网、监控等设施。而在实践中，这两类性质不同的人处于同一环境中，少年收容教养人员必然会受到影响，其合法权利不能得到全面保护。比如，犯罪少年的受教育权容易受到忽视。在少年犯管教所和成人劳动教养所，每天的劳动时间多在 6 小时以上，常常占用教育时间，犯罪少年的学习时间无法得到保障。

（六）与有关国际公约规定的差距

1. 与《儿童权利公约》的差距

（1）不符合《儿童权利公约》第 12 条第 2 款关于"儿童特别应有机会在影响儿童的任何司法和行政诉讼中，以符合国家法律的诉讼规则的方式，直接或通过代表或适当机构陈述意见"的规定。

（2）不符合《儿童权利公约》第 37 条中关于"不得非法或任意剥夺任何儿童的自由。对儿童的逮捕、拘留或监禁应符合法律规定并仅应作为最后手段，期限应为最短的适当时间"的规定。

（3）不符合《儿童权利公约》第 40 条中关于"所有被指称或指控触犯刑法的儿童至少应得到下列保证：（一）在依法被判定有罪之前应视为无罪；（二）获得准备和提出所需要的法律或其他适当协助；（三）如被判定触犯刑法，有权要求更高一级独立公正的主管当局或司法机构，依法复查此一判决及由此对之采取的任何措施"的规定。

2. 与《联合国少年司法最低限度标准规则》（《北京规则》）的差距

譬如，不符合《北京规则》第 13 项关于"审前拘留的少年应与成年人分开看管，应拘留在一个单独的监所或一个也拘留成年人的监所的单独部分"的规定。

三　改革我国收容教养制度的建言

青少年是国家的未来和民族的希望。少年群体作为一个弱势群体，必须通过各种方式对其进行特殊的保护。由于未成年人正处于体力、智力发育时期，尚未成熟，缺乏独立性和辨别是非、自我控制的能力，同时，其可塑性较大，模仿性和冒险性强，因而容易走上违法犯罪的道路。但是，对于这一部分违法青少年，绝不能单单对其违法犯罪行为进行惩处，还必须对他们进行特殊的保护。早在 1959 年 11 月 20 日联合国大会通过的《儿童权利宣言》阐明"儿童因身心尚未成熟，在其出生以前和以后均需要特殊的保护和照料，包括法律上的适当保护。"《儿童权利公约》指出，关于儿童的一切行动，不论是由公立或私立社会福利机构、法院、行政当局或立法机构执行，均应以儿童的最大利益为一种首要考虑。《联合国预防少年犯罪准则》提出了预防少年犯罪的原则，提出要成功地预防少年违法犯罪，就需要整个社会进行努力，确保青少年的均衡发展，应当制定进步的预防少年违法犯罪政策并系统研究和详细拟订相关措施。在防止少年违法犯罪中，应当发展以社区为基础的防治机构和方案，正规的社会管制机构只应作为最后的手段来利用。官方干预的指导原则应当是着重于青少年的整体利益。各国政府应颁布和实施一些特定的法律和程序，促进和保护所有青少年的权利和福祉。《联合国少年司法最低限度标准规则》（北京规则）也提出应努力在每个国家司法管辖权范围内制定一套专门适用于少年犯的法律、规则和规定。因此，在制定针对犯罪少年的处罚措施时应当以此为出发点，对于违法犯罪少年的处理应当适用不同于成年犯罪人的方式，并且在处理方式上应当多样化。

（一）从立法上确立收容教养的法律依据

关于收容教养的立法，有两种模式可供选择：

1. 将少年收容教养与劳动教养、强制戒毒、（卖淫嫖娼人员）收容教育等具有保安矫治处分性质的制度，统一纳入《矫治处分法》或《保安处分法》。并在该法中设定"少年收容教养"专章。

2. 制定专门的《少年教养法》。对少年收容教养的宗旨和目的；收容教养的基本原则；收容教养的对象范围；收容教养的条件和期限；收容教养的司法程序；收容教养的执行场所；收容教养的管理方式；被收容教养人员的回归社会等，作出明确具体的规定。

（二）完善少年司法制度

凡是涉及限制或剥夺违法犯罪少年人身自由的案件，均应通过专门的少年法庭依照特定的司法程序审理和裁决。

少年司法制度应充分保障涉案少年的合法权益，包括不公开审理以保护有关少年的隐私权。

（三）有关少年教养的立法、司法规定应与《北京规则》等国际约法的基本要求相协调

譬如：1.《少年教养法》应当符合《联合国少年司法最低限度标准规则》（北京规则）中规定的少年司法问题的两个最重要的目的，一是增进少年的福祉，二是处罚与违法行为相称的原则。

2. 针对的对象是违法尚未构成犯罪的未成年人和已经构成犯罪但不予刑罚处罚的未成年人两部分。

3. 尽量少用剥夺人身自由的方式，即使要用，也尽可能为最短的必要时间。

4. 在处理过程中，应当保证犯罪少年拥有基本程序方面的保障措施，诸如无罪推定，指控罪状或案由应通知本人，有权保持沉默，有权聘请律师，有权要求父母或监护人在场，质证的权利和上诉的权利。

5. 警察、检察机关和其他机构自行处理少年犯罪案件而无须正式审判时必须获得法律授权。但剥夺人身自由的处罚，均必须经过法庭程序。

6. 应当规定多种形式的处理措施，使其具有灵活性，从而最大限度地避免剥夺人身自由。包括：在提交法庭前，警察、检察机关或其他机构经

法律授权可以安排少年犯到适当地点或机构予以观护（但应事先取得少年、父母或监护人的同意，并经主管当局审查）、短期监督和指导、对受害者的赔偿和补偿等等，在提交法庭后，可予以多种裁决，如照管、监护和监督的裁决，缓刑，社区服务的裁决，罚款、补偿和赔偿，中途待遇和其他待遇的裁决，参加集体辅导和类似活动的裁决等等。

（四）少年收容教养制度具体内容的完善

1. 收容教养的对象。主要应当是已满十四周岁不满十六周岁的犯罪不予刑事处罚的未成年人。

2. 收容教养的条件。应当对《刑法》第十七条"在必要的时候"作出具体规定。可以考虑从以下几方面来界定"在必要的时候"：

一是犯罪人主观恶性较重，仅仅责令家长或监护人加以管教尚不能够对其进行教育和挽救；

二是犯罪人没有适当的监护人，如系流浪儿或弃儿，收容教养更有利于其成长；

三是家长或监护人无力或不愿履行管教职责，并且犯罪人再次犯罪的。

应当注意的是，不能完全依据犯罪人所犯罪行的危害结果来考虑是否收容教养。这是由于除了故意杀人、故意伤害致人重伤或死亡、强奸等少数犯罪外，对于不满十六岁的人而言，由于其辨别和控制自己行为的能力尚不成熟，不能清楚地认识到不同行为导致的不同危害结果。因此，以危害结果作为标准来决定是否收容教养显然是不适当的。

此外，应当对《刑法》第十七条规定的"由家长及其监护人负责管教"的方式予以完善。如由公安机关监督，责令家长或监护人制订管教计划，由公安部门或社会团体如共青团、未成年人保护委员会监督执行，限定期限、定期汇报检查，如在规定期限内不能约束其行为，则可由家长或监督机构提出申请，再由政府收容教养。

3. 收容教养的场所。必须彻底纠正将犯罪少年与少年犯或成年劳教人员混押在一起的做法。应当设立专门的收容教养所。其环境必须充分考虑到他们的具体需要、身份和特殊要求，确保他们免受有害的影响和不至于遭遇危险的情况。收容教养所应当采取开放式管理方式，其设置应当是很少警备设施的场所，人数不应太多，以期可进行个别管教。并且，收容教养所的规模不应太大，应便于少年与其家庭的联系和接触，并与社区的社会、经济和文化环境相融合。

4. 收容教养的决定权。再次重申，剥夺人身自由的处罚必须经由法庭予以作出，因此，收容教养的决定权应当归属于法庭。

5. 收容教养的方式。《儿童权利公约》指出，不得非法或任意剥夺任何儿童的自由。对儿童的逮捕、拘留或监禁应符合法律规定并仅应作为最后手段，期限应为最短的适当时间。1990 年《联合国保护被剥夺自由少年规则》申明把少年置于监所的办法，任何时候都应作为最后的一种处置手段，时间应尽可能短。因此，收容教养的方式不应局限于剥夺人身自由，而应当采取多种方式，如观护、社区服务、限制在一定时间内进入特定场所、参加集体辅导、寄养等。

6. 被收容教养犯罪少年的权利保护。其中最重要的是应当予以犯罪少年以辩护权。《儿童权利公约》规定，所有被剥夺自由的儿童均有权迅速获得法律及其他适当援助，并有权向法院或其他独立公正的主管当局就其被剥夺自由一事之合法性提出异议，并有权迅速就任何此类行动得到裁定。其次，受教育权也是一项重要内容，应当鼓励和允许被收容教养的少年学习，并尽力向他们提供学习适当教育课程的机会。

（五）建立起少年违法犯罪的社会防治体系

要成功地预防少年违法犯罪，就需要整个社会努力，确保青少年身心的健康发展。应通过一系列的预防政策使违法犯罪少年通过家庭、社区、学校、职业培训和工作环境及各种自愿组织成功地走向社会化和达到融合。应发动志愿人员、自愿组织、当地机构及其他社区资源在社区范围内尽可能为教育挽救犯罪少年作出努力，如通过设立独立机关如未成年人保护委员会，定期监察收容教养所的情况，并负有义务监督和保护被收容教养的少年。

犯罪定义与刑事司法

程序法上的犯罪定义及相关问题

熊秋红[*]

关于犯罪定义，在中国刑事法学界的讨论中，原来只有刑法学上的犯罪定义与犯罪学上的犯罪定义之说。近年来，有学者提出了"程序法上的犯罪定义"问题，主张划分刑法上的犯罪概念与诉讼法上的犯罪概念。[①]那么，是否存在着诉讼法上的犯罪概念？程序法对于实体法中的犯罪界定，其作用何在？如何看待刑事诉讼中的"犯罪指控"以及相关的程序保障？因非刑罚措施被剥夺自由者应享有怎样的程序保障？本文拟就上述问题展开探讨。

一 "程序法上的犯罪定义"问题之提出

在英美法国家，犯罪定义与诉讼程序存在着密切的相关性。犯罪被看作是法院认定或者国会规定的，依照刑事诉讼程序加以处理的错误行为。[②]这是因为：在英美法传统中，犯罪不完全是国会通过制定法规定的，除了

　＊　中国社会科学院法学研究所研究员。

　①　参见王宗林《犯罪概念的诉讼法角度辨析》，《理论探索》2007 年第 2 期。

　②　参见［英］J. C. 史密斯、B. 霍根著，李贵方等译：《英国刑法》，法律出版社 2000 年版，第 22 页。

国会的制定法所规定的犯罪之外，还存在由判例形成的"普通法"上的犯罪，后者是法院通过刑事诉讼程序自行认定的。在这样的法律体制下，犯罪定义当然不可能撇开司法程序而单纯从实体法意义上加以把握。

中国是典型的成文法国家，但近年来，学界也出现了从程序法上界定犯罪概念的主张。

一种观点认为，犯罪概念有立法上的犯罪概念和司法上的犯罪概念之别，立法上的犯罪概念是指实体法所规定的犯罪；司法上的犯罪概念则是指"经过法定机关认定为犯罪的行为，具体包括不起诉的犯罪、宣告有罪并予以处罚的犯罪和有罪但免于刑事处分的犯罪"。① 另有人提出，司法上的犯罪定义是指"经过必要的刑事诉讼程序、由依法生效的判决确认的、受到刑事责任之追究的行为"。②

这种观点把刑法上的犯罪与刑事诉讼法上的犯罪看作是判断"犯罪"的两个阶段，前者是立法者进行价值判断的结果，后者则是司法者具体认定的结果，后者的外延比前者的外延要窄。即这种观点并不否定刑法上的犯罪概念，而是要在刑法的犯罪概念的基础上，再确立一个增加了诉讼法内涵因而外延更小的犯罪概念。依此理解，会逻辑地得出如下结论，即刑法意义上的犯罪可分为两类：一类是经司法程序确认了的犯罪，另一类是符合刑法规定但未经司法程序确认的犯罪。

另一种观点认为，在刑法的犯罪规定与刑事诉讼法的程序规定之上，还应有一个"刑事法治领域的犯罪概念"。其理由是：刑事法治的本义是以刑事实体法和刑事程序法来限制国家的刑罚权，正确界定犯罪，就应当站在刑事法治的高度，以限制公权、保障人权的视角，从《刑法》和《刑事诉讼法》两个方面对犯罪概念进行全面考察。因此，"刑事法治领域的犯罪概念应该是违反刑法规范，经正当法律程序由法官根据刑法判处一定刑事处罚的行为"。依此理解，实体法上的犯罪和程序法上的犯罪都不能构成一个完整的犯罪概念，只有"刑事法治领域的犯罪概念"才能作为犯罪的一般概念。这种从实体法上和程序法上进行双重界定的犯罪概

---

① 王宗林：《犯罪概念的诉讼法角度辨析》，《理论探索》2007 年第 2 期。
② 狄世深：《我国犯罪概念的反思与重构》，《湖南省政法管理干部学院学报》2002 年第 6 期。

念，将犯罪限定在一个狭小的范围内。

从实体法与程序法的双重视野看犯罪定义，是刑事一体化思维的产物。那么，是否真的存在着所谓程序法上的犯罪定义呢？应该如何评价上述两种观点呢？从有关论述看，提出"程序法上的犯罪定义"，其理论初衷是为了赋予犯罪概念在诉讼法上的解释功能，即通过这样的犯罪概念阐明"无罪推定"、"疑罪从无"等诉讼法原则和理念。根据无罪推定原则，任何人在未经司法程序最终确认有罪之前，在法律上应推定或假定其无罪，或者说不得被认定为有罪的人。以此看第一种观点，我们不难发现其中的逻辑矛盾：

第一，该观点将犯罪分为两类：一类是经司法程序确认了的犯罪，另一类是符合刑法规定但未经司法程序确认的犯罪。这就是说，没有经过司法程序认定的犯罪也是犯罪，这岂不与其贯彻"无罪推定"的理论初衷相背离？

第二，如果认为只有经司法程序确认了的"犯罪"，才属真正的"犯罪"，它将面临如下难以克服的障碍：司法裁判不可能百分之百正确，错误的有罪判决难以完全避免。而一旦发生生效裁判错误，就需要面对这样的问题：这种被错误定罪的行为是不是犯罪？如果得出肯定的结论，恐怕在情感和理智上都不会被人们接受，而且逻辑上也否定了提起再审程序的可能；如果答案是否定的，也就同时否定了司法裁判意义上的犯罪概念的恰当性。由于刑事诉讼法规定了审判监督程序，使得生效裁判存在着提起再审的可能性。如果从司法裁判结果上界定犯罪，那么犯罪概念将永远处于不确定状态。而一旦提起再审程序，其裁判的标准还是得回到刑法规定的实体标准上来。

第二种观点存在着与第一种观点类似的问题，因为"刑事法治领域的犯罪概念"要求犯罪既符合刑法的规定，又要经过司法判决的确定，将会导致逻辑上否定提起再审程序的可能，并且将使犯罪概念失去其确定性。

事实上，刑事程序从启动到终结，都是以承认刑法规定的定罪标准为前提的，即实体法上的犯罪定义对于诉讼程序具有先在性。在刑事司法实践中，公安机关的立案、侦查，检察机关的审查起诉，法院的审判，在诉讼各阶段公安司法机关对犯罪嫌疑人、被告人有罪的认定，都是以刑法上的犯罪规定为依据的。

在实体与程序二分的刑事法体制下，刑法上的犯罪定义与刑事诉讼法上的无罪推定是两个不同的问题。前者从实体上明确定罪的范围和标准，后者从程序上明确审判机关对于被告人有罪的裁判权。无罪推定并不构成对刑法上的犯罪概念的否定，而只具有程序上的人权保障意义，即一个人在被法院的生效裁判确定为有罪之前，他不能被作为罪犯对待，而应享有一系列的程序保障。反之，刑法上的犯罪定义也不是对无罪推定原则的否定，无罪推定原则不需要通过对犯罪定义在诉讼法上的重新解释来获得实现。上述两种观点将实体法上的"犯罪定义"与司法裁判上的"犯罪认定"相混淆，带来了对"犯罪"认识的逻辑上的混乱；试图通过赋予犯罪概念的诉讼法内涵来阐释无罪推定原则，更是一种理论上的错位，除了文字游戏般的概念演绎，并无实质意义。据此，我们可以得出结论说：在一个以制定法为唯一法源的刑法制度下，确立一个"程序法上的犯罪定义"并不可取。

二 程序法对实体法中的犯罪界定之影响

尽管在"实体法上的犯罪定义"之外，提出所谓"程序法上的犯罪定义"是一种误入歧途，但是，由于刑事实体法与刑事程序法之间存在密切关系，我们不应忽视程序法对于实体法中的犯罪界定之影响，或者说，我们需要考察程序法对于实体法中的犯罪界定究竟有何影响。

程序法的功能主要体现在认定犯罪的领域，这种认定依据实体法对犯罪的界定进行。从程序法与实体法的关系看，可以说，程序法确保实体法的规定从抽象走向现实。"实体刑法虽然规范国家刑罚权产生的要件，但却不是一个能自我实现的法律。从实体刑法与刑事诉讼法的关系来看，刑事诉讼法正是确定并实现国家于具体刑事个案中对被告刑罚权的程序规范，实体刑法借此而得以实现。"① 刑法规定的犯罪，其范围和界限不可能绝对明确，刑法上的犯罪需要借助司法裁判进一步明确化。在此过程中，刑事诉讼程序如何运作，直接影响行为人最终能否依照实体刑法而受制裁，"审判方式大大地影响实体法规则在各国起作用的方式；举证规则可能使实体法规则完全不起作用"。② 证据法是刑法与刑事诉讼法交错适用的典型领域。刑法所解决的是"已知"的犯罪事实在刑法上如何评价，而刑事诉讼法必须处理的根本难题是：犯罪事实从何得知？在事实真相不明的情况下，对案件该如何处理？

具体而言，程序法在认定犯罪方面的作用表现为：第一，通过刑事程序可以将事实上有罪与法律上有罪区分开来。无论被告人事实上是否有罪，也无论被告人事实上是否实施了某一行为，法院依法定程序所作出的有罪裁判或无罪裁判对其刑事责任的确定具有合法和权威的效力，法院的裁判意味着国家在法律上判定某人是否有罪。这种作用是实体法无法达到的，是程序法的独特价值。第二，通过刑事程序可以使刑事实体法的目标得到适当选择。如果严格按照实体法上的罪刑法定主义，那么，在刑事程序法上就会相应地要求采取"不枉不纵"的原则。但是，在不枉与不纵发生冲突的情况下怎么办呢？刑事实体法显然无法解决这样的问题，这个时候，发挥作用的是刑事程序法。无罪推定、疑罪从无的规定表明，在不枉与不纵发生冲突的情况下，法院应当以不枉作为优先的价值选择，在事实真相不明的情况下，应采取"罪疑唯轻"原则，这样做会使一些实际有罪者逃脱法网，但它有助于确保无辜的人免受不公正的定罪和判刑，因而对于刑事实体正义的适当选择具有保障作用。

三 "刑事指控"及其程序保障

刑事诉讼是公安司法机关在当事人和其他诉讼参与人的参加下，依照

---

① 林钰雄：《刑事诉讼法》，中国人民大学出版社 2005 年版，第 4 页。
② 同上书，第 5 页。

法律规定的程序和要求，解决被追诉者刑事责任的活动。《公民权利和政治权利国际公约》（以下简称《公约》）第14条规定了受刑事指控者在刑事诉讼中所享有的"公正审判权"，具体包含无罪推定、最低限度的程序保障（包括迅速获知指控、辩护权、不迟延地被审判、法律援助、询问证人、免费获得翻译、不得被迫自证其罪7项权利）、少年案件的特殊程序、上诉制度、刑事错案赔偿制度、禁止双重受罚等内容。

在刑事诉讼中，享有公正审判权的主体是受刑事指控者。"刑事指控"似乎是一个不言自明的概念，它涉及对刑事犯罪的追诉，而何谓"刑事犯罪"，由各国刑事实体法加以规定。但实践中，国家当事人可能通过行政处罚或纪律处罚回避对《公约》第14条的适用。在一国法律中被认为是犯罪的行为，在他国法律中可能被作为违纪行为。因此，对"刑事指控"一词的解释，关系到在什么情况下公民享有《公约》第14条规定的法律保障。在此方面，欧洲人权法院存在大量的案例。欧洲人权法院制定了判断是否存在"刑事指控"的三条标准：（1）国内法上的定性；（2）应受处罚的行为的性质；（3）处罚的严厉程度。法院综合这三条标准，以决定一种处罚是否属于刑事处罚，而不论有关成员国将其称为行政处罚或纪律处罚。这些标准是从对不同制度及其哲学基础的比较中抽象出来的。一般而言，当处罚不仅具有预防性特征，而且具有报复性和威慑性，且针对一般的公众适用，它便符合欧洲人权法院所称的刑事处罚，如交通犯罪的罚金。但欧洲人权法院认为，针对特定群体或职业（如军人、囚犯等）的未超过一定强度（如5天拘禁）的纪律性处罚，不被视为刑事处罚。驱逐外国人或者从警察部门中开除，不被认为是刑事处罚。①

联合国人权事务委员会在此方面未提供更多的指导，欧洲人权法院所制定标准可以转移到《公约》第14条的适用中来。欧洲人权法院在解释"刑事指控"与"刑事处罚"方面采取了形式与实质相结合的判断标准，导致对"犯罪圈"的划定，并不仅仅依赖于各国刑法的规定，从这个意义上说，国际人权法有其自身的"犯罪定义"，它关系到被追诉者在受到处罚之

---

① See Stephanos Stavros, The Guarantees for Accused Persons under Article 6 of the European Convention on Human Rights, Martinus Nijhoff Publishers 1993, pp. 2—8.

前所享有的公正程序方面的保障。

　　根据欧洲人权法院对"刑事指控"和"刑事处罚"的解释，中国的劳动教养本质上属于"刑事处罚"，从其剥夺人身自由 2—3 年的严厉程度以及适用对象的不确定性分析，可以得出上述结论。因此，被劳动教养者应当享有《公约》第 14 条所规定的程序保障，即使依照中国现行法律的规定，劳动教养被视为行政处罚，被劳动教养者也应享有公约第 14 条所规定的公正审判权。

四　因非刑罚措施被剥夺
自由者的程序保障

　　除了因犯罪而导致的刑事处罚之外，还存在着剥夺人身自由的其他非刑罚措施，如刑事诉讼中的拘留和逮捕，对精神病患者、游荡者、吸毒成瘾者或者为教育目的、管制移民等原因所采取的限制人身自由措施。根据《公约》第 9 条的规定，因非刑罚措施被剥夺自由者，也应享有一定的程序保障。《公约》第 9 条第 1 款规定："人人有权享有人身自由和安全；任何人不得加以任意逮捕或拘禁。除非依照法律所确定的根据和程序，任何人不得被剥夺自由。"

　　联合国人权事务委员会通过的一般性意见认为，《公约》第 9 条关于不受任意逮捕或拘禁的规定，适用于审判前的逮捕或拘留和审判后的关押，也适用于刑事的和非刑事的各种羁押措施。对于剥夺人身自由，《公约》第 9 条第 1 款确立了合法性和禁止任意性的原则，即只有当逮捕和拘禁是"依照法律所确定的根据和程序"时，它们才是被许可的。"法律"一词应理解为一般的或抽象的议会立法（或相当于普通法的不成文规范）。没有法律依据的行政法规是不合格的。行政行为对人身自由的限制，仅在执行这种限制有明确的法律规定时，才是许可的。法律必须规定应当遵守的程序。如果逮捕或拘禁某人在国内法中并没有明确规定的依据，或与法律规定相悖，这就违反了合法性原则。"禁止任意"是指法律规定的剥夺人身自由的情况，在表述上必须不是明显不适当、不公正的或不可预测的。并且，实施逮捕的具体行为方式不得带有歧视性，它必须根据案件的情况适当地予以确定。① 据此，如果法律存在弊端，则一些按照国内法认为是"合法"的逮捕或拘禁措施，也可能构成公约所禁止的"任意"逮捕或拘留。②

《欧洲人权公约》第 5 条第 1 款对于合法的逮捕和拘禁作了列举③，该规定可以作为理解《公约》第 9 条之参考。不过，对于《欧洲人权公约》第 5 条第 1 款的规定，也存在不少争议。比如：关押未成年人与关押成年人在程序上是否应当有所不同？所谓福利性的少年司法制度是否反而不利于保障少年人受公正审判的权利？有暴力倾向的精神病人是否可以无限期关押治疗？关押精神病人应当由什么机关来决定？什么是流浪者？国家关押这些人是否是对穷人的迫害？移民局关押非法移民怎样受司法机关监督？这些问题，即使在欧美发达国家，也是存在严重分歧的话题。④

从总体上说，《公约》第 9 条第 1 款规定了不受任意逮捕或拘禁的基本原则，其宗旨是保护个人的人身自由不受侵犯，限制政府剥夺个人人身自由的权力，特别是限制警察机关等政府执法部门以及监狱等行使惩罚权的机关和人员执行逮捕或拘禁的权力。

中国宪法和法律对于公民的人身自由权利予以明确保护，目前已经形

---

① 参见国际人权法教程项目组编《国际人权法教程》第一卷，中国政法大学出版社 2002 年版，第 126 页。

② 参见程味秋等主编《公民权利和政治权利国际公约培训手册——公正审判的国际标准和中国规则》，中国政法大学出版社 2002 年版，第 32 页。

③ 《欧洲人权公约》第 5 条第 1 款规定："人人享有自由和人身安全的权利。任何人不得被剥夺其自由，但在下列情况并依照法律规定的程序者除外：（甲）经有管辖权的法院的判罚对某人加以合法的拘留；（乙）由于不遵守法院合法的命令或为了保证法律所规定的任何义务的履行而对某人加以合法的逮捕或拘留；（丙）在有合理地怀疑某人犯罪或在合理地认为有必要防止某人犯罪或在犯罪后防其脱逃时，为将其送交有管辖权的司法当局而对某人加以合法的逮捕或拘留；（丁）为了实行教育性监督的目的而依合法命令拘留一个成年人或为了将其送交有管辖权的法律当局而予以合法的拘留；（戊）为防止传染病的蔓延对某人加以合法的拘留以及对精神失常者、酗酒者或吸毒者或流氓加以合法的拘留；（己）为防止某人未经许可进入国境或为押送出境或引渡对某人采取行动而加以合法的逮捕或拘留。"

④ 参见程味秋等主编《公民权利和政治权利国际公约培训手册——公正审判的国际标准和中国规则》，中国政法大学出版社 2002 年版，第 36 页以下。

成较为完善的法律保护体系，其针对的对象包括刑事诉讼中的犯罪嫌疑人、被告人；醉酒者①；乞讨者②；卖淫、嫖娼者③；吸毒者④等。国家专门机关对于上述对象采取逮捕、刑事拘留、监禁、行政拘留等措施，均应依照法律所确定的根据和程序进行。

但是，在这一体系中，还存在某些疏漏和不足，其中较为突出的问题有：

1. 劳动教养制度。劳动教养制度的法律依据主要包括：1957 年全国人大常委会批准的国务院《关于劳动教养问题的决定》（以下简称《决定》）、1979 年全国人大常委会批准的国务院《关于劳动教养的补充规定》（以下简称《补充规定》），还有全国人大常委会制定的《关于处理逃跑或者重新犯罪的劳改犯和劳教人员的决定》、《关于禁毒的决定》、《关于严禁卖淫嫖娼的决定》。此外，公安部颁布了《劳动教养试行办法》（以下简称《试行办法》）、司法部制定了《劳动教养管理工作执法守则》。以国务院行政法规和部门规章的形式对劳动教养制度予以规定，其"合法性"就产生了问题。《决定》和《补充规定》虽经全国人大常委会批准，但由于它们都是由国务院颁布的，因而其本质上应属行政法规。退一步来讲，如果说对于《决定》和《补充规定》是否属于法律还有争议的余地的话，那么对于《试行办法》不属于法律则是毫无疑义的。虽然《试行办法》第 1 条的规定表明它是根据前述《决定》和《补充规定》而制定的，但纵观其内容，我们不难发现，它实际上是对《决定》和《补充规定》的全面修改和补充，因此，事实上《试行办法》就成为劳动教养工作的主要法律依据。如果保留现行的劳动教养制度，应当由全国人大及其常委会通过法律的形式对其予以规范。

---

① 《治安管理处罚法》第 15 条规定："醉酒的人在醉酒状态中，对本人有危险或者对他人的人身、财产或者公共安全有威胁的，应当对其采取保护性措施约束至酒醒。"

② 《治安管理处罚法》第 41 条规定："反复纠缠、强行讨要或者以其他滋扰他人的方式乞讨的，处五日以下拘留或者警告。"

③ 《治安管理处罚法》第 66 条规定："卖淫、嫖娼的，处十日以上十五日以下拘留，可以并处五千元以下罚款；情节较轻的，处五日以下拘留或者五百元以下罚款。在公共场所拉客招嫖的，处五日以下拘留或者五百元以下罚款。"

④ 《治安管理处罚法》第 72 条规定："对于吸食、注射毒品的，处十日以上十五日以下拘留，可以并处二千元以下罚款；情节较轻的，处五日以下拘留或者五百元以下罚款。"

从现行劳动教养制度的具体内容看，它难以达到公约所确定的"禁止任意性"原则的要求。一方面，劳动教养对象存在不确定性。《决定》规定，对以下4种人可进行劳动教养：（1）不务正业，有流氓行为或者有不追究刑事责任的盗窃、诈骗等行为，违反治安管理，屡教不改的；（2）罪行轻微，不追究刑事责任的反革命分子、反社会主义的反动分子，受到机关、团体、企业、学校等单位的开除处分，无生活出路的；（3）机关、团体、企业、学校等单位内，有劳动力，但长期拒绝劳动或者破坏纪律、妨害公共秩序，受到开除处分，无生活出路的；（4）不服从工作的分配和就业转业的安置，或者不接受从事劳动生产的劝导，不断地无理取闹、妨害公务、屡教不改的。《试行办法》则规定对以下六种人实行劳动教养：（1）罪行轻微，不够刑事处分的反革命分子、反党反社会主义分子；（2）结伙杀人、抢劫、强奸、放火等犯罪团伙中，不够刑事处分的；（3）有流氓、卖淫、盗窃、诈骗等违法犯罪行为，屡教不改，不够刑事处分的；（4）聚众斗殴、寻衅滋事、煽动闹事等扰乱社会治安，不够刑事处分的；（5）有工作岗位，长期拒绝劳动，破坏劳动纪律，而又不断无理取闹，扰乱生产秩序、工作秩序、教学科研秩序和生活秩序，妨碍公务，不听劝告和制止的；（6）教唆他人违法犯罪，不够刑事处分的。这是有关劳动教养对象比较集中规定的两个文件。此外，还有大量的法律文件中对某一种劳动教养对象作了专门规定。例如，全国人大常委会《关于禁毒的决定》规定，吸食、注射毒品的，可以实行劳动教养，在劳动教养中强制戒除；全国人大常委会《关于严禁卖淫嫖娼的决定》规定，因卖淫嫖娼被公安机关处理后又卖淫嫖娼的，实行劳动教养，并由公安机关处5000元以下罚款；等等。《决定》对劳动教养对象作了规定，但时隔久远，情况已发生很大变化，许多内容难以适应当今情况，还有些规定虽然是立法机关作出的，但比较零散，这种状况容易造成执行中随意伸张，有关部门和地方各取所需，扩大适用范围，对象适用的随意性很大。另一方面，劳动教养缺乏严格的程序控制。《决定》规定，需要实行劳动教养的人，由民政、公安部门，所在机关、团体、企业、学校等单位，或者家长、监护人提出申请，经省、直辖市、自治区人民委员会或者它们委托的机关批准。《补充规定》

改为：对于需要实行劳动教养的人，由省、直辖市和大中城市人民政府成立的劳动教养管理委员会审查批准。劳动教养管理委员会由民政、公安、劳动部门的负责人组成。长期以来，实际上由公安机关代行劳动教养管理委员会的审批权，对劳动教养缺乏严格的司法控制，不符合公约有关禁止任意性剥夺人身自由的要求。

改革劳动教养制度，首先需要对其进行立法，由国家立法机关对劳动教养的对象、决定机关、决定程序等作出明确规定，名称可为《矫治处分法》或《保安处分法》，以准确反映该制度的性质。其次，应当通过立法严格限定劳动教养的适用对象，大体包括以下几种人：（1）违反《治安管理处罚法》、屡教不改的，包括有重复吸毒和卖淫嫖娼等违法行为的；（2）犯罪情节轻微可免予刑事处分或者不起诉，但又由于行为人具有较大人身危险性不宜马上放回社会的；（3）依照《刑法》第 17 条第 4 款的规定，因不满 16 周岁不予刑事处罚，而需要由政府收容教养的。[①] 再次，将劳动教养纳入司法程序，由目前的行政机关决定改为由人民法院依照法定的程序对案件进行审理并做出决定。最后，在执行方法上，除了原有的限制人身自由的方法之外，可以考虑采取非羁押性的社区矫正等方法，尽可能减少羁押性方法的采用。[②]

2. 收容教养制度。收容教养制度是中国所特有的对少年犯罪人进行收容，集中教育管理的一项制度。新中国成立以来，中国出台了一些关于收容教养的政策性文件，最早可追溯至 1956 年 2 月 7 日最高人民检察院、最高人民法院、内务部、司法部、公安部《对少年犯收押界限、捕押手续和清理等问题的联合通知》，其中规定，在少年犯管教所收押的人员中，其犯罪程度不够负刑事责任的，对无家可归的，则应由民政部门负责收容教养。1965 年 5 月 15 日，公安部、教育部联合发出《关于加强少年管教所工作的意见》。1997 年《刑法》第 17 条第 4 款规定："因不满 16 周岁

---

① 参见刘仁文《劳动教养制度及其改革》，中国法学网 http：//www. iolaw. org. cn，2007 年 3 月 20 日；滕炜：《论劳动教养立法问题》，载陈泽宪主编：《刑事法前沿》第一卷，中国人民公安大学出版社 2004 年版，第 21 页以下。

② 参见滕炜《论劳动教养立法问题》，载陈泽宪主编：《刑事法前沿》第一卷，中国人民公安大学出版社 2004 年版，第 25 页以下。

不予刑事处罚的，责令他的家长或者监护人加以管教，在必要的时候，也可以由政府收容教养。"同时，《中华人民共和国未成年人保护法》第39条也规定："已满十四周岁的未成年人犯罪，因不满十六岁不予刑事处罚的，责令其家长或者其他监护人加以管教，必要时，也可以由政府收容教养。"刑法和未成年人保护法是目前中国收容教养制度的主要法律依据。中国现行收容教养制度在"禁止任意性"方面存在问题。其一，收容教养制度作为一种剥夺人身自由最长可达4年的行政处罚，其性质与其处罚的严厉程度极不相称。其二，作为一种剥夺人身自由的处罚，收容教养缺乏必要的法律依据。现行收容教养制度的法律依据主要是《刑法》和《未成年人保护法》。但这两法规定仅仅提到了收容教养一词，对于收容教养制度的具体内容，并无任何规定。可以说，现有的收容教养制度的具体内容如收容教养的方式是剥夺人身自由、收容教养的期限为1—4年、收容教养的审批机关是公安机关等均是以部门规章的形式（大多是以公安部规章的形式）规定的，其中收容教养的方式即剥夺人身自由明显地超越了行政机关的权限，有悖于中国宪法、立法法、行政处罚法等关于剥夺人身自由必须依据国家立法机关制定的法律所确定的根据进行的规定。其三，少年收容教养作为一种可长达4年之久地剥夺被收容教养人的人身自由的严厉处罚，不通过正当司法程序由法院依法作出判决，而是由行政机关作出决定。其四，收容教养过多地使用了剥夺自由的管理方式，缺乏有效的替代措施。[1] 上述问题的存在，使得收容教养制度与公约所确立的关于剥夺人身自由的合法性和禁止任意性原则存在明显的冲突。

改革收容教养制度，首先需要从立法上确立收容教养的法律依据，可以考虑将少年收容教养与劳动教养、强制戒毒、（卖淫嫖娼人员）收容教育等具有保安矫治处分性质的制度，统一纳入《矫治处分法》或《保安处分法》，并在该法中设定"少年收容教养"专章；或者制定专门的《少年教养法》。在法律中，对少年收容教养的宗旨和目的、收容教养的基本原则、收容教养的对象范围、收容教养的条件和期限、收容教养的司法程序、收容

---

① 参见陈泽宪、彭伶《收容教养制度及其改革》，载陈泽宪主编：《刑事法前沿》第一卷，中国人民公安大学出版社2004年版，第30页以下。

教养的执行场所、收容教养的管理方式、被收容教养人员的回归社会等，作出明确具体的规定。其次，完善少年司法制度，以与《北京规则》等国际性文件相适应。例如，通过专门的少年法庭依照特定的司法程序审理和裁决涉及限制或剥夺违法犯罪少年人身自由的案件；对《刑法》第 17 条"在必要的时候"作出具体规定（包括犯罪人主观恶性较重，仅仅责令家长或监护人加以管教尚不能够对其进行教育和挽救的；犯罪人没有适当的监护人，如系流浪儿或弃儿，收容教养更有利于其成长的；家长或监护人无力或不愿履行管教职责，并且犯罪人再次犯罪的）；设立专门的收容教养所；等等。特别需要注意的是，应当改变由现行的由行政机关作出收容教养决定的做法，将收容教养的决定权归属于法院。

3. 强制戒毒制度。目前中国的戒毒方式主要分四种：一是医疗戒毒；二是家庭戒毒；三是强制戒毒；四是劳教戒毒。其中，强制戒毒和劳教戒毒是最主要的戒毒方法。强制戒毒是一种行政措施，仅适用于吸毒成瘾的人员，强制戒毒的决定权在公安机关，它剥夺吸毒人员的人身自由，并通过对吸毒成瘾人员进行药物治疗、心理治疗和法制教育等来戒除其毒瘾。关于强制戒毒，中国目前尚未出台相关法律，仅有一些部门规章和全国性、地方性法规。全国性的行政法规始见于 1995 年 1 月 12 日国务院颁布的《强制戒毒办法》，还有 2000 年 1 月 17 日公安部颁发的《强制戒毒所管理办法》。中国在禁毒方面的法规零散，现有的规定缺乏对戒毒的系统全面的规定，尤其是涉及限制人身自由的部分。因此，有必要由全国人大及其常委会制定一部统一的法律，对于有关禁毒的问题进行全面系统的规定。应当将强制戒毒和劳教戒毒合而为一，强制性戒毒仅适用于吸食、注射毒品成瘾的人员。在立法中应当淡化劳教戒毒的处罚色彩，突出强制戒毒措施的功能，将劳教戒毒改革成一种完全意义上的强制戒毒措施。可以考虑将强制戒毒与劳动教养、收容教养、收容教育制度一起，作为《矫治处分法》或《保安处分法》规范的内容；在基层人民法院和中级人民法院设立"治安法庭"，审理包括强制戒毒案件在内的尚未构成犯罪的严重治安违法案件。强制戒毒所对收戒对象的管理方式，应区别于监狱对罪犯的管理方式。前者应以有利于吸毒人员戒除毒瘾和身心康复为原则，在戒毒的不同阶段，人身自由的限制程度也应有所不同。戒毒所应当改革单一的监狱式的监管理念与管理模式，逐步探索实行必要封闭与适度开放相结合的管理方式。国家应鼓励自愿戒毒，扶持和指导民办戒毒，发展医院戒毒。对于已经采取自愿戒毒措施的，不要再强行收容于强制戒毒所。政府要留给社区、社会团体、非政府组织、民间组织更大的工作空间，发展更多有效的和多元化的戒毒模式。①

4. 收容教育制度。收容教育是指对卖淫嫖娼人员集中进行法律教育和道德教育、组织参加生产劳动以及进行性病检查、治疗的行政强制措施。收容教育的直接法律依据是 1993 年 9 月 4 日国务院颁布的《卖淫嫖娼人员收容教育办法》。而国务院的这个行政法规的立法依据则是 1991 年 9 月 4 日全国人大常委会审议通过的《关于严禁卖淫嫖娼的决定》。该《决定》规定，对卖淫、嫖娼的，除了依据《治安管理处罚条例》第 30 条的规定进行处罚外，可以由公安机关会同有关部门强制集中进行法律、道德教育和生产劳动，使之改掉恶习。期限为六个月至二年。具体办法由国务院规定。很显然，这是一个授权立法条款，将规范收容教育的立法权授予了国务院。从收容教育的设立目的、决定机关和执行方式看，它与目前的劳动教养有很多的相似性，可以考虑将其纳入《矫治处分法》或《保安处分法》中予以统一规范，这样既能解决收容教育制度的合法性问题，也能对收容教育措施的采用进行严格的法律控制。

5. 强制医疗制度。中国《刑法》第 18 条第 1 款规定："精神病人在不能辨认或者不能控制自己行为的时候造成危害结果，经法定程序鉴定确认的，不负刑事责任，但是应当责令他的家属或者监护人严加看管和医疗；在必要的时候，由政府强制医疗。"该规定只是原则性的，一直未规定配套的实施细则，长期以来都是各省根据本地情况自行制定条例来具体实施。法律没有明确规定强制医疗的具体决定机关，从各省制定的条例看，大多规定由公安机关负责，并且存在收治标准不统一、收治程序不规范等问题，容易导致该制度在实践中被滥用，违反公约所规定的关于剥夺人身自由的

---

① 参见陈泽宪《强制性戒毒制度及其改革》，载陈泽宪主编：《刑事法前沿》第二卷，中国人民公安大学出版社 2005 年版，第 3 页以下。

合法性和禁止任意性原则。可以考虑在《矫治处分法》或《保安处分法》中对精神病人的强制医疗制度作出明确具体的规定，其中对《刑法》第17条中的"必要的时候"加以具体化，防止这一措施被任意使用，此外，还应将强制医疗的决定权归属于法院。

在保护公民人身自由与安全权利方面，在中国特别需要强调严格执法，依法办案，防止和减少非法拘禁的情况。同时，也有必要继续研究改革有关法律法规，包括刑事诉讼法有关逮捕和拘留的规定以及改革劳动教养和其他行政性的、教育性的限制和剥夺人身自由的措施。在对立法进行完善的过程中，应注意联合国人权公约的相关要求，促进中国立法与国际标准相协调。

Criminal Definition under Procedural Law

【Abstract】 In recent years, crime has been defined as a concept in procedural law by some scholars in China. The opinion confuses "the concept of crime" in substantive law and "the determination of crime" in judicial judgment, which results in logical confusion of understanding "crime". It is a kind of theoretical mistake to explain the principle of presumption of innocence by putting the meaning of procedural law into the concept of crime. The establishment of "the concept of crime in procedural law" beyond "the concept of crime in substantive law" deviates from the right understanding of the concept of crime. However, because of the close relationship between criminal substantive law and criminal procedural law, the influence of procedural law shouldn't be disregarded in defining the crime of substantive law. The international human rights law has its own concept of crime of combining formality and substance, which relates the legal safeguards in fair procedures that should be enjoyed by the accused. The education through labor of China falls into the category of "criminal punishment" in the international human rights law, so a person who is facing the education through labor should enjoy the right to a fair trial established by the article 14 of ICCPR. According to the article 9 of ICCPR, the person who is deprived of personal freedom because of non-criminal punishment also should enjoy certain procedural safeguards. The national laws should regulate the education through labor, the education through detention, the compulsory stop of drug taking, and the compulsory medical treatment in China concretely and definitely. The power of deciding the above measures should belong to the courts.

【Keywords】 Procedural law   Definition of crime   Right to a fair trial

美国的刑事司法:理论与实践

[美] 奥布雷·福克斯[*]

引　言

　　人们对于美国诉讼频繁的现象已经是见怪不怪了。全美有接近 100 万名律师。但是服务加州 4400 万人口的律师人数已超过服务人口 13 亿的中国了——加州有 159600 名律师，中国约有 120000 名。但同时，美国刑事司法制度所及范围相比其他国家显得庞大。美国的监禁人数在全球数一数二（每十万人有 738 人，比照中国每十万人只有 118 人）。少数较轻的罪行如吸毒和娼妓在美国，特别比照欧洲国家已经被去刑事化了。或许最令人惊叹的是，美国公民中，每三十一人中就有一人在接受某种刑事司法监管，包括缓刑、假释、监禁（分 jail 或 prison）。

　　这样依赖刑事司法制度是比较罕见的，因为美国根本没有统一的法律制度，州和县市对刑事罪行[①]可自由采用不同的政策和刑罚。不过不同的管辖区面临的挑战与解决这些挑战的方针却有共识。今天，法官和法院管理人忙于处理各种问题如毒瘾（城市中每四人被逮捕时会有三个人的药物检测呈阳性）、精神病（研究显示，某些城市中，十名被告人中有三人是严重

---

　　* Aubrey Fox，美国法院创新中心项目主任。
　　① 这是因为最高法院有权把与美国宪法有矛盾的州法律废除，所以在某种程度上达到统一性。

和长期精神病患者）及家庭暴力（20 世纪 90 年代全美的家暴案件增加了 75％）。这些问题使州立法院立案的案件暴增，在 2005 年达到历史最高的 1 亿宗。

为了应付排山倒海的刑事立案，美国的刑事司法制度采取了所谓“前门”和“后门”的法院优先分配制度。涉及“前门”的最重要手段以辩诉协议处理重犯的案件，不用审讯，省回大笔公费。由陪审团或法官审讯的案件在美国极为罕有：95％以上的刑事案件被告人没有到审讯阶段已认罪。这样对辩诉协议的依赖使美国普通法法律系统与其他大陆法系的国家不同，那些国家绝少使用辩诉协议。而在“后门”处，美国法院利用不同的判刑选择如缓刑、假释和社区服务来舒缓拥挤的监狱。再者，近年法院越来越多地与非政府组织合作，改善社区服务刑的适用，以缓解法院工作应接不暇诸如毒瘾和精神病等问题。

值得大家注意的是美国法律的理论和实践之间有别。重要的程序保护措施如律师权、验证证据权、无罪假定在美国存在，这些权利在美国立国时就有并演变至今，是刑事司法制度的中流砥柱。但同时，刑事司法在法庭上的日常运作与法律课本所教的大相径庭。

美国法院的日常运作对高速发展的国家如中国很有参考价值，这些国家正面临犯罪率上升，尤其在较轻的罪行方面上升的问题。因此，本文拟对美国普通法制度作一简介，对区分刑事和非刑事罪行加以解释，并探讨轻刑的改革等问题。

一　刑法的发展

如上文所述，美国的大部分罪行都被视为刑事案件，并由法院判决。对在中国而言“严重”和“刑事”罪行以及“非严重”和“较轻”罪行之间的重要区分在美国并不存在，至少可以说意义不一样。与中国不同，在美国严重罪行或“重罪”（felony）及不够严重或“轻罪”（misdemeanor）都是由法官审理，不过每种罪行的刑罚不同：“轻罪”（misdemeanor）的处罚为入狱最长一年，而"重罪"（felony）则无上限。研究分析美国法例的难度在于不同州和县市对 misdemeanor 和 felony 的定义不尽相同。

美国其中一种最普遍的轻罪（misdemeanor）是携有大麻。一般而言，这是 misdemeanor 罪行，不过有些管辖区也会把身藏大数量大麻的人定为 felony 罪。粗略估计，警方每年作出 70 万次携有大麻的逮捕令，等同毒品逮捕全数的 44%，超过四万人因携有大麻罪入狱（jail 或 prison）。不过近年已有多个州采取行动把携有少量大麻的行为去刑事化或设定专门法院对这类罪行进行处罚。例如，在麻省，携有一盎司以下大麻的处罚是罚金 250 美元。

美国法院的另一个独特之处是有关被告人被逮捕时的年龄。美国全国各州都为少年人特设少年法院。除了三个州以外，任何未满十八周岁被控罪的人都由少年法院审理，不过某些罪行则不适用。① 少年法院可追溯至 1899 年的芝加哥，并在此后的 25 年扩大至全国。少年法院基本的理念是少年人并不完全对其行为负责，因此法院应当给予不同的对待。一开始，少年法院的定位没有成人刑事法院那么正式，法官享有较大的自由裁量权，可向少年人发问和设计让他们改过的计划。到了 20 世纪 60 年代，少年法院被批评没有为少年人提供基本的宪法保障，如律师权和对质证人的权利。而且相比成人刑事法院，少年法院判刑往往很严苛。例如，在 1967 年的一个一直上诉到美国最高法院的著名的案例中，十五岁的 Gerald Gault 因打电话用脏话骚扰邻居而被判进少年劳教所六年。若他被捕时是成人的话，他的最高刑罚才是罚金 50 美元和监禁两个月。结果最高法院裁定该少年法院使用的非正式程序违宪，并下令其需严格依照成人刑事法院所行的程序保障。

虽然美国的刑罚程序规范性很强，包括不同行动者（法官、检察官、辩护律师）的角色以及被告人的权利。但日常操作却有所不同。如上文所说，最主要的分别是普遍使用辩诉协议了结刑事案件。被告人选择辩诉协议就得同意放弃审讯权，认罪以换取减刑。95% 的重罪案都以辩诉协议解决；轻罪的辩诉协议率就更高了。辩诉协议制度背后的基本假定是如果每

---

① 其余三个州把年龄定在十六周岁。

个案件都需要陪审团或法官审讯的话就会拖垮整个法院制度。辩诉协议（plea bargain）字面中的"bargain"就有讨价还价的意味：检察官（代表国家利益）和辩护律师（代表被告人）协商法院将判处的处罚。

很多人都批评辩诉协议的做法。有批评认为它对被告人构成压力，使他不得不牺牲宪法权利来认罪。这个情况在底层刑事罪行上最明显，因争取审讯的"过程"比接受法庭的"惩罚"更沉重。换句话说，被告人可能选择认罪、接受较轻的处罚以逃避审讯所花的时间和金钱。对辩诉协议的另一个批评是他让被告人的刑罚大大减轻。道理上，大部分辩诉协议施行的惩罚是低于最高可判处的刑罚。但说到底，这些批评都动摇不了辩诉协议的地位，就说明保持法院日常操作顺畅是何等重要的。

二 非监禁式刑罚

正如辩诉协议有助舒缓美国法院系统的压力，发展感化、假释和社区服务等的非监禁式刑罚对监狱也有类似影响。虽然美国的监禁率已非常高，但如果没有以社区为本的另类判刑处置的话，那数字会更高。

缓刑：根据政府统计，2006年底美国有超过400万人接受缓刑，而同时有超过200万人在囚。被判缓刑的人必须达到一些限定的条件，如不准吸毒或找到工作来换取不被监禁的对待。他们也必须定期向监察其服刑的缓刑官报告。1/4的案件被定罪的人的判刑结合监禁和缓刑。其余的人只被判接受缓刑。如有人"违反"其缓刑令（例如，当药物检测对毒品呈阳性或因其他控罪再被逮捕），那么他们就可以被收监或被处其他惩罚。事实上，2006年有18%的结束缓刑个案都是因违反缓刑条件而入狱。近60%接受缓刑的人能完成缓刑令。如少年法院，缓刑制度是在90年代末成立的，其后扩展至全美每一个州。本来，缓刑的目标主要是改造，这个理念是为罪犯提供有规律的服务和监管，以鼓励他们不再犯罪、认真过日子。但渐渐地缓刑的目标从改造转到危机管理，缓刑成为一种在社区内监管服刑的罪犯的合乎成本效益的方法。

假释：2006 年有 80 万人接受假释判刑。在 1/3 的案件中，行为良好的人会得到假释作奖励。其余的人因为所谓"法定假释"而自动获得假释。假释的效果通常比缓刑的结果差：只有 43% 的假释人士能完成假释判刑，而差不多同样百分比的人因再被逮捕或技术性违反（假释条件），如不守宵禁令或毒品检测呈阳性而重新入狱。

社区服务和社会服务：美国的法院越来越多地使用以社区为本的另类处置，如社区服务、戒毒治疗或与职业和工作有关的项目。自 90 年代初起，这些项目不断增加。而这些项目通常独立于法院运作，有时也会与缓刑部门合作。下文"轻罚的改革"部分会详细探讨。

三　被告人的权利

在美国，个人的律师权逐渐扩大。美国宪法第六修正案赋予每个人雇用律师的权利，不过没有提到政府应不应该为负担不起的人提供律师。1932 年，最高法院裁定所有死刑案件都必须有公共辩护人（即政府雇用的）。此权利进一步在 1963 年 Gideon v. Wainwright 案例中扩展到所有重罪案件。其后的法院判决裁定在任何案件中，如被告人有面临监禁的可能，那么他都应该有政府委派的律师。

各州政府成立了各自的公共辩护人服务系统。公共辩护人服务分为三大类，包括公共辩护人办公室、法院委派的私人律师和承包律师，有些州份使用混合模式。约一半州份使用雇用全职律师的公共辩护人办公室。有些机构是服务整个州的，如 Massachusetts Legal Assistance Corporation（麻省法律援助公司），纽约市有自己的公共辩护人办公室，名为 Legal Aid Society（法律援助协会），以及一些规模较小的公共辩护机构如 Bronx Defenders（布鲁克斯区辩护人）。在有些州和城市，法官委派时薪雇用的私人律师代表被告人。纽约市同时雇用公共辩护人和称为"18-B"的时薪私人律师。有些州份只使用法院委派的律师为贫苦的人提供法律服务。

四 轻罚的改革

过去 20 年法院对较低层次罪行的处理方法在创新。这些试验的出现主要是为了回应数目激增的较低层次罪行如毒瘾、精神病、卖淫、失业和家庭暴力。其中四个模式是[①]：

毒品法院：毒品法院目标是通过抓有毒瘾的罪犯、戒毒疗程和严格的司法监督三个环节来遏止毒瘾和逮捕交替出现的"旋转门"。毒品法院召集法官、检察官、辩护律师、戒毒治疗人员和法院职员联手执行（对有毒瘾的罪犯）法院命令。毒品法院也使用累进的奖励和制裁制度来帮助滥用药物者去达到—并保持—无毒人生。由于有证据显示毒品法院的确减少了滥用药物和再犯，因此，现在全美 50 个州有超过 1160 个毒品法院。

社区法院：社区法院是以尝试利用司法制度解决本地问题的睦邻为中心的法院。其形式有很多，全都着重创意性合作和解决问题。社区法院竭力在司法制度内外，与外部权利人如居民、企业家、教会和学校之间创立新的关系。然后，试验用新的和大胆的方法面对社会治安而不仅仅停留在处理罪案发生后的事后阶段。美国的首个社区法院是 1993 年在纽约市成立的 Midtown Community Court（市中心社区法院）。受到这家市中心社区法院模式的启发而在全美各地运作或筹备中的社区法院有超过三十个。社区法院在国际上也逐渐兴起。例如，在英国，随着利物浦和索尔福德（Salford）社区法院试验计划的成功，英国政府宣布计划建立十一个新的社区法院，全部在 2008 年中启用；南非现有十七个社区法院项目在运作；2007 年 3 月澳大利亚墨尔本的"Neighbourhood Justice Centre"（睦邻司法中心）正式启用；加拿大温哥华有一个社区法院项目已定于在 2008 年中启用。

精神健康法院：精神健康法院把以社区为依托的长期治疗套用在本来通常会被监禁的罪犯身上。精神健康法院依赖精神评估、个人化的疗程和

---

① 此处的描述源自 Center for Court Innovation 的网页 www.courtinnovation.org. 该网页含美国法律改革方面的丰富资料。

持续的司法监督，好使同时顾及罪犯的精神健康需要和社区内对社会治安的关注。目前全美有超过 150 个精神健康法院，并有更多地在筹备建立当中。

家庭暴力法院：专门家庭暴力法院建立的目的是为了提高被害人的安全感和加强被告人的当责性。纽约的第一个家庭暴力法院于 1996 年在布鲁克林成立，专门处理重罪级别的案件。它成为了纽约市近三十个家庭暴力法院的样板。今天，全美有超过三百个法院设有专门程序处理家庭暴力案件。

很有趣的一点是，发起以上种种专门化或所谓的"解决问题"的法院并不是由于外部的压力，而是由于法院系统中的法官和律师内行人，他们因厌倦"按本子办事"而发起。由首席法官 Judith S. Kaye 领导，纽约作为社区法院先锋走在法院改革运动的前沿，成功地在纽约州内 62 个县内开立毒品法院。

"解决问题法院"可分为两大类。一种是较普遍的"答辩后"的法院，参加者认罪并同意遵守具体的项目规定，如完成戒毒疗程。而在"答辩前"的法院，参加者完成法定命令才答辩。在后种情况下，参加者在成功完成法定命令后符合资格就可以换取减刑。这些法院的不同之处还包括对参加者结束服刑后的持续司法监督。法官利用服从命令的状况研讯而知道参加者的最新情况，并向他们实施累进制裁（如短期收监）和奖励（放松宵禁令）以鼓励他们服从监督条件。研究显示持续司法监督对提高（服刑后）效果很重要：全国性的研究显示，毒品法院为期一年的戒毒疗程参加者的存留率是 60%，而自愿接受戒毒的人士只有 30%。

"解决问题法院"的另一特色是其略为放松抗辩制的性质。例如，在毒品法院上，辩护律师、检察官和法官一般被称为治疗"团队"以表示他们的共同目标是帮助参加者回归远离毒品的人生。有些批评指毒品法院对被告人造成压力，使他们不得不认罪以换取戒毒治疗，而不服从有关戒毒治疗时得到的处罚会比被告人如果按照传统审理程序所得的处罚更严苛。不过对"解决问题法院"的支持者而言，他们坚持其构成的认罪压力不比传统制度的大，并指出研究显示，毒品法院的一个好处是把有毒瘾的罪犯的再犯率减低了三分之一。

随着"解决问题法院"的兴起，有些法院管理人展开试验，把其累积的经验运用在整个系统上。例如，在纽约布鲁克斯区，Bronx Community Solutions 的目标宏大，致力改变庞大和传统公共机构对低层次罪行的方针。这个计划从 2005 年 1 月起开始运作，已为低层次罪行的人提供近三万个有意义的社区服务和社会服务命令，其形式包括清洗涂鸦项目、清洁街道和公园、为完成戒毒疗程的毕业生提供有关工作和戒毒的有用服务。这计划并没有专注某一法官或小区，它与布鲁克斯县刑事科超过四十名法官合作。此项目有目共睹的成绩包括减少使用昂贵和无效的监禁判刑，遵从法院命令的比率增加了 40% 及为布鲁克斯区各社区投入超过等同 150 万美元的社区劳动服务。

五 非政府组织的角色

非政府组织在推动法院改革模式方面扮演重要的角色，受其影响的包括 National Center for State Courts（州法院全国中心）、National Association of Drug Court Professionals（毒品法院专业人员全国协会）和法院创新中心（The Center for Court Innovation）。这些机构做研究、找经费赞助、推广立法变革以及开办为推展改革议程的新项目。

The Center for Court Innovation（法院创新中心）：法院创新中心是 New York Unified Court System（纽约联合法院系统）和 Fund for the City of New York（纽约市基金）成立的公私合营项目。它是一个非营利性的智囊团，它与法院以及相关的刑事司法机构帮助受害人及公众提高对司法体系的信心。该中心结合行动和反思来激发全国和本地解决问题的创意。在纽约，中心的功能是作为法院制度的独立研究和发展部门，创立示范项目测试新的构思。纽约以外，中心把创新项目中得到的经验与人分享，帮助全球刑事司法业者展开他们自己的解决问题试验。法院创新中心源自一个司法解决问题的实验。纽约市中心社区法院在 1993 年成立，专门处理时代广场附近发生的低层次罪行。该市中心法院结合处罚和协助，判处罪犯做社区服务及

接受社会服务。这个项目成功使司法变得可见和富有意义，从而使法院策划人（在纽约首席法官的支持下）创办法院创新中心，使它成为纽约法院持续改革的推动器。该中心的使命很快就扩展至全美和全球的咨询工作。

结　论

美国法律研究有三大重点值得注意。首先，美国刑事司法制度所及范围庞大，特别在与其他国家比较时——每三十一人中就有一人在接受某种刑法监管这一点就足以证明。其次，被告人享有正式的权利，如有辩护律师的权利，随着司法制度发展而扩大。最后，司法制度的实际操作与其理论上该如何运作有很大的分别。法院系统对排山倒海的案件已应接不暇，辩诉协议制度的重要地位以及感化和假释这些非监禁刑罚的存在正反映这个情况。最近，法院发展出新的策略应付如毒瘾和精神病等问题，并努力减少再犯罪率和提高老百姓对司法的信心。

恢复性司法理念下的社区矫正

赵冬燕*

恢复性司法即是通过司法的手段恢复到社会关系的最初状态。众多学者追根溯源，在寻找恢复性司法的源头。① 毋庸讳言，恢复性司法是外来词，是借鉴西方社会成功经验的结果。联合国预防犯罪和刑事司法委员会第 11 届会议通过的《关于在刑事事项中采用恢复性司法方案的基本原则》的决议，为恢复性司法的正名提供了国际舆论导向。联合国经济及社会理事会《关于在刑事事项中采用恢复性司法方案的基本原则》指出："恢复性程序系指通常在调解人帮助下，受害人和罪犯及酌情包括受犯罪影响的任何其他个人或社区成员，共同积极参与解决由犯罪造成的问题的程序。"联合国预防犯罪和刑事司法委员会的《关于在刑事事项中采用恢复性司法方案的基本原则宣言要素的修改稿》指出："恢复性司法方案"是指采用恢复性程序并寻求实现恢复性结果的任何方案。"恢复性程序"是指通过犯罪人与被害人之间面对面的接触，并经过专业人士充当的中立的第三者的调解，促进当事方的沟通与交流，并确定犯罪发生后的解决方案。"恢复性结果"是指通过道歉、赔偿、社区服务、生活帮助等使被害人因犯罪所造成的物质精神损失得到补偿，使被害人因受犯罪影响的生活恢复常态，同时亦使

---

* 中国社会科学院法学研究所博士后研究人员。

① 大多数学者认为恢复性司法是 20 世纪 70 年代盛行于欧美国家的一种全新的刑事法治模式。也有学者认为早在中国民主革命时期，就已然存在恢复性司法的程序。

犯罪人通过积极的负责任的行为重新融入社区，并赢得被害人及其家庭和社区成员的谅解。①

从字面来理解，恢复是指通过一定手段使得事物回到从前的状态。"恢复"到哪里？恢复到犯罪前的社会秩序和状态？理论上可以，实践中不可能。犯罪是破坏社会关系的起因，经犯罪行为的破坏使得社会关系在某一点上出现了残损。越是生产社会化程度高的社会，犯罪行为对某一社会关系的破坏程度越大，由于任何一点与社会关系的众多方面相互牵连。无论如何，使得经犯罪行为破坏的社会关系回到原点，几乎是不可能的。司法的作用只能是在尽可能大的限度内将社会关系恢复到各方主体矛盾得以平衡的程度。因此，恢复的点并非是原点，而是恢复到和谐状态。和谐社会是追求不同利益主体之间的利益平衡，恢复性司法与建设和谐社会的理念相契合。恢复性司法在多元化矛盾纠纷解决机制中发挥着无法替代的作用。

无论如何，恢复性司法在构建中国特色和谐社会的历史背景下具有独特的含义。要实现犯罪人、被害人、国家之间的利益平衡，要构建和谐社区，要实现国家的长治久安，都要求以一种妥善的方式解决国家、被害人、犯罪人以及其他受犯罪影响的主体之间的矛盾平衡问题，同时，传统的行刑理念并没有阻止重新犯罪率的飞涨，因此终究要找到一种办法来缓解刑罚执行的困境。在非监禁性盛行的今天，与此潮流相向而又代表和谐关系的恢复性司法自然大行其道，成为当今社区矫正领域构建和谐教育矫正关系的重要热门话题。

一 恢复性司法理念下社区矫正的法理基础

（一）功利主义刑罚观

刑罚的目的，从古至今始终是报应与预防的博弈。基于对犯罪的报应，要求对犯罪人惩以与犯罪行为的危害性相当的制裁，以恢复正义；而出于

---

① 石先广：《司法新动向：恢复性司法在上海悄然兴起》，《中国司法》2006 年第 1 期。

功利的思考，刑罚的目的还要达到预防的目的。预防犯罪的结果是尽量减少犯罪，在此基础上尽量消除犯罪行为给犯罪人本人和其他潜在犯罪人以及社会上广大守法良民带来的消极影响，体现在社会关系上首要的就是恢复遭受犯罪行为侵害的社会关系。

刑罚从同态报应刑演进到等价报应刑，从报应发展为预防，直到教育刑、目的刑，这些刑罚发展的趋势表明，在刑罚执行领域越来越凸显服刑人员回归社会对社会带来的积极作用，惩罚、报应色彩则逐渐淡化。同时，恢复性司法追求的是一种社会效果，与犯罪人是否具有真诚悔罪的心理以及被害人能否彻底消除复仇的心理状态没有必然联系。恢复性司法是功利主义刑罚观在当代的现实反映。因为社会主体的多元化使得传统的报应主义刑罚观已经不能适应社会发展的需要，必须要在实现公正、正义的同时最大限度地关注某一社会关系领域中的成员或单位。同时，刑罚的功能性障碍也促使司法者在运用刑罚时不得不力图关注更多的社会群体，以使得刑罚的运用能更加人性化、社会化。恢复性司法强调对社会利益的重新分配，其理念下社区矫正正是多元化矛盾纠纷解决机制的一个重要组成部分。[①]

恢复性司法就是要使用恢复性的手段来达到恢复性的效果。重在效果，恢复性司法是基于功利主义的思考。恢复性司法要为和谐社会的构建服务，其理念下的社区矫正就必然要有其特定的理论根源和导向。这是至关重要的问题。因为只有确立了思想上的源头，才可能在实际操作中切实地解决好宽严相济的问题。

[①] 我们对刑罚作用的看法，不能只停留在法律适用的层面上。当刑罚作为解决社会矛盾的手段，它已经具有解决公共关系问题，即政治问题的功能。刑罚，不管是在最古老的时代，还是在现代，它都是社会管理者手中解决社会矛盾的最好的政治武器。尽管随着社会的发展，刑罚作为解决犯罪手段的作用和功能发生了某些变化，但是，刑罚作为解决社会矛盾的战略地位却始终没有变。从刑罚是解决社会矛盾的战略措施的观点中，可以得出两个结论：对减少犯罪来说，刑罚只有战术上的意义，不具有战略的意义。刑罚只是减少犯罪的战术，而不是战略。刑罚可以缓解社会矛盾，却很难起到减少犯罪的作用。刑罚的这种政治性质决定了：刑罚的设置不能不考虑公众的接受程度。参见王牧《论当代社会犯罪控制的战略意识》，载《社区矫正研究——2006 年北京国际论坛》，第 8 页。

（二）刑罚轻缓化

倡导轻刑，是国际行刑发展的趋势的结果。因此，轻刑化的刑罚发展趋势是社区矫正能够扎根中国的重要原因。

纵观各国刑罚发展的历史，在刑罚逐步走向轻缓的过程中，各国也不得不考虑到犯罪率高低的社会效果而在刑罚的轻重之间来回调整。社区矫正是刑罚轻缓化的表现，是传统的监禁刑主导向监禁刑与非监禁刑并进的重要改革和举措。但即便在社区矫正的过程中，也存在着安全与矫正的博弈的问题。重点关注社会安全，还是集中在罪犯的教育矫正问题上做文章，要求各个国家在不同的社会发展阶段中通过实践来不断检验，不断调整。

在进行轻刑化调整的世界各国，往往是在紧与缩之间来回调整。但总体而言，刑罚逐渐变得轻缓是必然的发展趋势。社区矫正作为一种非监禁刑的刑罚执行方式在中国已经成为一种不可阻挡的趋势在前进。

（三）多元化恢复性纠纷解决方式

在传统的国家主导型的刑罚执行理念下，犯罪行为首先被认定为对国家和统治阶级意志的侵害。"刑本位"的观念中，基于犯罪是孤立的个人反对统治阶级的斗争，国家与犯罪人之间的矛盾关系被强化，而被害人和社区的利益被无端地忽视了。但是在阶级统治的社会中，维护社会稳定的因素是多元的。由于矛盾主体是多方的，利益主体是多元的，和谐社会必然要强调不同矛盾主体之间的利益平衡。犯罪不单是对国家利益的侵害，遭受犯罪侵害的主体还包括被害人和社区，而后者恰恰是遭受犯罪侵害的直接主体。而恢复性司法理念下的社区矫正关注的是不同主体的矛盾平衡，是"以人为本"指导思想在工作中的现实体现。如果从"人本位"的角度来看，恢复性司法为指导的社区矫正能更好地实现矛盾主体的利益平衡和服刑人员回归社会的现实需求。

恢复性司法具有系统性，是贯穿于刑事立法、司法、执法各阶段的司法理念。纵向来看，恢复性司法理念下的社区矫正在定罪量刑阶段主要是在国家、被告人和被害人之间寻找多元的恢复性解决矛盾的途径，而在刑事执法阶段则主要是通过修补二次受损的社会关系来恢复和谐的状态。

社会关系第一次遭受侵害是在犯罪行为发生之时。经过司法机关的定罪量刑和执法活动，使得已经遭受侵害的社会关系得以暂时性恢复。而当服刑人员又要重新回归社会时，原本恢复常态的社会关系重又面临二次受损的危险。这里不得不考虑的是定罪量刑阶段的法治不发达国家中的裁判不公正性对服刑人产生的消极影响，被害人对服刑人员的复仇心理尚未完全消除或者其经济损失未得到全部或者部分的弥补的心理落差，社区对犯罪行为形成"一朝被蛇咬，十年怕井绳"的恐惧情绪，服刑人员不能被社会接受使得其"监狱人格"复燃等一系列因素。

最初的社会关系是常态的社会关系。而社区服刑人员二次走进社区前的社会关系是在罪犯缺位状态下的暂时恢复正常的社会关系。从罪犯接受社区矫正开始，原先的社会关系必然被冲破。原本已经恢复的社会关系随着矫正对象的重新出现而再次受到损害的威胁。被害人心理和财产损失尚未被弥补的复仇心理重又产生，而罪犯家属在罪犯渐进过程中对裁判和执法工作的不满情绪随着罪犯回归社会的临近而越发变得强烈。如何能够将这些潜在的危害社会和谐的状态重新恢复到平静的状态，既是社区矫正产生的社会根源，也是恢复性司法理念对社区矫正提出的新的要求。

二 恢复性司法理念下社区矫正的实践价值

（一）和谐社区的建设

在社区中尽量减少不和谐的因素，增加和谐的因素，是构建和谐社区的关键。社会要和谐，就要有促进和谐的手段来处理不同方面的社会矛盾。而在多种矛盾对象当中，受到国家专政手段制裁的服刑人员无疑要受到重点对待。在倡导教育矫正刑的今天，构建和谐就要尽量剖析社区矫正服刑人员的内外特征，妥善解决社区服刑人员在社区中面临的各方矛盾问题。大多数社区服刑人员都受过国家的刑罚制裁，甚至是长期的监禁（如某些假释罪犯、附加剥夺政治权利的罪犯等）。在接受矫正的过程中，即便排除在刑罚裁量和监禁行刑的过程中一些非公平正义的因素，刑罚的功能性障碍本身也使得服刑人员及其家属不可避免地对国家刑罚权的适用带有敌对或者抵触的情绪。同时，在社区中，原本得以平衡的社会关系重又回到不稳定的状态，人们认为重刑犯重新回到社会，有如"放虎归山"。由于定罪量刑和刑罚执行中的种种不尽如人意的地方，使得刑罚执行不能得到预定的效果，这样旨在恢复社会关系的恢复性司法理念下的社区矫正就大大发挥作用。"恢复性司法认为，犯罪发生以后，受到损害的不仅仅是被害人，而且还包括犯罪人和社区。因此，刑事司法的任务主要不是惩罚犯罪人，而是要全面恢复犯罪人、被害人和社区因犯罪而造成的损失，以试图达到一种'无害的正义'。'无害的正义'是恢复性司法追求的核心价值。"① 恢复就是指根据恢复性司法、执法的理念，在社区矫正的全过程中，立足于各方权益的保障，旨在通过各方主体的主动参与来恢复因犯罪而被破坏的社会秩序。体现社区的力量，是社区矫正的本质属性，要让服刑人员在社区服刑的过程中，通过社会力量的参与，逐渐实现再社会化的进程。恢复性司法指引下的社区矫正在和谐社区的构建中会起到举足轻重的作用。

（二）罪犯再社会化

和谐的社会关系首先表现为罪犯与被害人之间的和谐关系，其次是社区内的和谐关系，最后是国家、被害人和罪犯之间的和谐关系。罪犯的再社会化与构建上述社会关系是同步进行的。社区矫正工作的核心就是矫正对象的再社会化。再社会化的实现需要平息被害人复仇的心态、获得社区支持的生活背景、满足百姓的民愤情绪，同时弥补因犯罪行为对国家、社会带来的损失。

恢复性司法理念下的社区矫正所追求的效果要在罪犯再社会化的过程中实现上述社会关系的和谐。恢复性司法理念本身与罪犯再社会化异曲同工，对罪犯的教育矫正起促进的作用。尽管恢复性司法是刑罚人道化的具体表现，但恢复性司法理念下的社区矫正并非只是"软"手段。社区矫正

---

① 何显兵、郝昉：《恢复性司法理论与实践在中国的发展》，《犯罪与改造研究》2006 年第 12 期。

中，公益劳动体现的强制性和惩罚性能够使被害人持续的复仇心理得以满足，实现刑罚满足被害人复仇心理的功能。同时通过以社区为组织实施的社区矫正，能够使社区的安全稳定的社会状态得以维持，也使得社区内其他公民的合法权益得到维护，排除社区公民的担忧和恐惧心理，也能够使罪犯回归社会获得良好的社区基础，使强制性的刑罚执行和社区的和谐获得共赢。

有观点认为，隔离是监禁的目的，矫治是社区刑罚的根据，矫治和报应是中度刑罚的追求目标。在这三层刑罚结构中，报应和公平是各层刑罚的共同理念。事实上，惩罚与矫正本来就不是问题的两个极端，而是一个问题的两个方面。二者共存于刑罚执行的过程中，只是在不同时期立法者更侧重某一方面而已。在倡导"二元论"的刑罚体制的司法模式下，恢复性司法理念下的社区矫正手段显得尤为重要。

（三）刑罚经济性与非监禁刑的发展

对刑罚的经济性加以考虑，是当今世界各国社区矫正实践和立法的一个普遍的初衷。刑罚耗时、耗资，是建立在大量人力物力基础上的活动。为监禁而建造监狱，为惩罚、改造教育罪犯往往要耗费巨额费用。正是出于刑罚经济性的考虑，一些国家刑罚执行实践中出现了罪犯实际服刑时间缩短，一些长期徒刑形同虚设的问题，形成了刑罚惩罚威慑力下降的趋势。

监禁刑的高额费用和昂贵成本，迫使各国政府适度调整刑事政策。"有选择监禁"的刑事政策在西方国家的确立，正是它们在面临日趋严重的监狱拥挤以及代价昂贵的监禁成本的内在压力之下的明智之举。"有选择监禁"刑事政策推行的结果，一方面是监禁刑的使用势头得到遏制，另一方面是社区矫正异军突起，除了罚金、缓刑、假释等传统的非监禁刑措施外，新的制裁方法如劳动赔偿、社区服务等被大量地引进和适用。时至今日，美国、加拿大、英国、法国、澳大利亚、德国、新西兰、日本等西方发达国家和地区都已形成了以非监禁刑为中心的刑罚适用和执行模式。[1] "在复

---

① 周国强著：《社区矫正制度研究》，中国检察出版社 2006 年版，第 80 页。

合正义理念指导下的恢复性司法强调在分清是非曲直的基础上,以'向前看'的态度,对待犯罪人过去的犯罪行为,推行'轻刑化'、'非刑罚化'和'非监禁化',倡导社会化、社区性及公众参与。"①

社区矫正是具有中国特色的新生事物。作为刑罚执行的重要手段,社区矫正是非监禁刑刑罚执行方法,是对传统监禁行刑体系的延续和发展。对于监禁矫正来讲,非监禁矫正对矫正对象来说无疑是更为人道化的措施和方略。但无可辩驳的是,重新犯罪率的不断攀升不能不考虑执法手段的软硬程度问题。

三 结语

恢复性司法理念下社区矫正工作的核心是发挥犯罪人的主观能动性,使已被侵害的社会关系回归到完整的状态,重新达到和谐、稳定。由于恢复性司法理念下的社区矫正是一个立法、司法和执法过程的系统工程,就要求矫正理念要向前向后延伸,也就是说在整个刑事司法执法过程中都要体现矫正理念。

由于监狱的一切措施直接作用于罪犯,对于罪犯的回归社会具有直接的作用。因此,监狱工作要尽可能根据罪犯改造的情况采取减刑、假释的措施使得服刑人员走到社会行刑的环境中来。同时,司法、执法过程中有利于罪犯再社会化的做法要尽量采用。如量刑前调查,社区矫正服刑地以服刑人员的居住地为准,以户籍所在地为辅等。实践中还可采用其他一些有利于教育矫正的方法。国外的社区矫正措施中的监督方案,充分体现出恢复性司法的特征,有一定的借鉴意义。如社区服务是指法院要求犯罪人在社区从事一定时数的工作或服务,以对被害人和社区作出一定的补偿。工作范围包括收集垃圾、清理街道、养护公共设施、照顾幼儿和老人、协助医务人员等。社区服务除了可对被害人及其家属、社区作出补偿外,还

---

① 狄小华:《复合正义和刑事调解》,《政法论坛》2003 年第 3 期。

可以培养犯罪人的社会责任感，发展工作技能和兴趣，从而有助于犯罪人融入社会。罚金是指法院判处犯罪人向国家缴纳一定数额金钱的刑罚方法。抚慰金是指犯罪人向被害人或其家属支付的一定数额的金钱，以平复其犯罪给他们所造成的伤害。震撼观护是指将犯罪人移送监狱关押一段时间，让其体验监禁之痛苦，以收威慑其再犯之功效。①

从社区矫正自身而言，对于管制、缓刑、单处剥夺政治权利的服刑人员，由于生效的刑事判决已经体现了对服刑人员的否定性评价，可以通过公益劳动的方式实现其对社区的补偿和赔偿。社区矫正对于被判处长期自由刑获得假释的服刑人员而言，是实现再社会化的有效途径，应尽量恢复社会关系，避免服刑人员因再社会化的失败使得社会关系遭到重创（确保社会关系二次恢复的重新实现）。

在立法没有作出重大调整之前，中国当前的社区矫正要在安全与矫正之间适度调整。在借鉴国外经验的基础上，避免矫枉过正，在社区矫正过程中注重多方面力量的参与，在恢复性司法理念的宏观指导下实现罪犯再社会化和社会关系恢复之间的协调。为此，不能在矫正过程中片面追求罪犯再社会化的表面效果，过软的矫正手段只会使得罪犯过于依赖矫正机构的帮扶，使得矫正机构异化为社会救济部门。矫正教育的内容应向多样化的方向发展。"美国的社会公众也逐渐将罪犯的需求置于更为宽广的背景之中加以考察，认为矫正教育在实施过程中必须考虑罪犯的合理需求。而且，矫正教育项目的设计者也认为罪犯需求不仅仅局限于'知识'和'技能'的范畴。受此影响，矫正教育的内涵也更为丰富了：矫正教育的重点已从原先的主要关注知识准备和职业技能训练逐渐扩展至回归社会技能、亲子关系、分蘖控制、心理健康、劳动力和金融财政知识方面。"②

恢复性司法是一种对犯罪反应的理念。这种理念下的社区矫正要由国家机关协调引导，在社区与服刑人员之间形成一种和谐的社会关系，使服刑人员的再社会化能够尽快完成，也使得社区的新的社会关系冲突尽早得以解决。这需要公民意识的提高，恢复性司法理念的逐步渗透。

---

① 转引自周国强著《社区矫正制度研究》，中国检察出版社 2006 年版，第 14 页。
② 应方淦：《美国矫正教育政策的变化及其未来走向》，《犯罪与改造研究》2007 年第 6 期。

Community Correction under the
Concept of Restorative Justice

【Abstract】 The restorative justice has the distinctive meaning under the historical setting structuring harmonious society of Chinese characteristics. The benefit of the crime, the victim and the country can be balanced. The Community Correction under the idea of restorative justice plays a vital role in structuring the harmonious community, realizing the country's lasting good order, balancing the contradiction problem among the main bodies of the country, the victim, the crime as well as other people affected by the crime. The utilitarianism penalty ideas, the penalty melting off for gently resolving way as well as the diversifying dispute restoring nature is the basis of restorative justice; at the same time, Community Correction has a practice value guided by the idea of restorative justice. The core of the Community Correction is to be the re-socialization of the sentenced people. The re-socialization needs to put down the revenge psychology of the victim, gain the life background that the community supporting, satisfy the common people's wrath mood and make up the loss because of the criminal act to the country, the society. The Community Correction guided by restorative justice is key to structure harmonious community. As an important means of the penalty punishment, the Community Correction is an unimprisoning punishment method, and it is the development of the unimprison punishment system.

【Keywords】 Restorative justice   Community correction   Unimprison punishment system

附　　录

"犯罪定义与刑事法治"笔谈 *

编者按：2008 年 3 月 8—9 日，由中国社会科学院法学研究所、国际法研究中心举办的"犯罪定义与刑事法治"国际研讨会在北京召开。该研讨会是我国外交部与联合国人权高专办合作项目框架下的一个组成部分。来自全国人大常委会法制工作委员会、外交部、北京市检察院、北京市司法局、中国社会科学院国际合作局、联合国人权高专办、北京大学法学院、清华大学法学院、中国人民大学法学院、中央司法警官学院、中国社科院法学研究所和国际法中心等机构的 30 余位学者和专家出席了会议。与会学者和专家重点围绕着犯罪定义与刑法体系、正当程序、权利保障和刑事法制改革等主题分别从国际法和国内法的角度进行了探讨。我们约请其中的几位专家提供了笔谈稿，作为研讨会的部分成果呈现在这里，以期深化对犯罪定义与刑事法治问题的研讨，并促进我国刑事法制体系的完善。

---

　* 原载《法学研究》2008 年第 3 期。其中陈泽宪、屈学武、熊秋红、刘仁文的笔谈，因本书已收录他们更详尽的专论，故此省略。

犯罪范围的合理定义

陈兴良[*]

一个行为是被刑法定义为犯罪的，因此犯罪定义是指刑法所确定的犯罪范围，也就是通常所说的犯罪圈，这是一个刑事政策问题，也是刑事法治的一个基础性问题。

大陆法系和英美法系国家的刑法大多坚持罪分三类的原则，即把犯罪分为重罪、轻罪和违警罪。因此，在这些国家犯罪的范围是较为宽泛的。尤其是除刑法典规定的犯罪以外，还在附属刑法中规定了大量的犯罪，通常是法定犯。犯罪必须经过司法程序认定，尽管在程序设计上分成普通程序与简易程序等，但只有经过法院审判才能将一个人的行为认定为犯罪，这也是无罪推定原则的必然结论。

我国刑法中的犯罪范围，相对于上述国家而言是大为狭窄的。这主要体现在以下三个方面：（1）我国刑法中的犯罪存在定量因素，即《刑法》第13条关于犯罪概念的但书规定："情节显著轻微危害不大的，不认为是犯罪。"由此而将大量的轻微犯罪排除在犯罪范围之外，使犯罪圈大为收窄。（2）我国的治安管理处罚，尤其是行政处罚的范围较为宽泛。此外，我国还存在劳动教养制度，将那些不构成犯罪的违法行为纳入其中，由此形成对刑法的重要补充。（3）我国刑法采取一元的立法模式，追求建立一

---

* 北京大学法学院教授。

部统一的刑法典，摈弃了附属刑法的立法方式，将所有犯罪都规定在一部刑法之中。我国刑法的上述特点并非我国法律文化传统的承继，而是引进苏俄体制的结果。例如犯罪概念的但书规定被我国学者称为是我国刑事立法创新，但实际上完全是对苏俄刑法的照搬。例如 1958 年《苏联和各加盟共和国刑事立法纲要》第 7 条第 2 款和 1962 年《苏俄刑法典》第 7 条第 2 款都明文规定："形式上虽然符合本法典分则所规定的某种行为的要件，但是由于显著轻微而对社会并没有危害性的作为或不作为，都不认为是犯罪。"这种"不认为是犯罪"的行为，虽然不受刑罚处罚，但实际上受到治安处罚，在我国甚至受到劳动教养处罚，而在某些情况下劳动教养的处罚比刑罚处罚更为严厉。在刑法典之外，苏俄还有一部罗列详细的行政处罚法典，我国则有治安处罚法以及其他行政处罚规定。这些治安性与行政性的处罚，相当于西方国家刑法中的违警罚，虽无犯罪之名但实际上受到的处罚却涉及对公民的财产权与人身权的剥夺。

我国存在所谓社会治安的三级制裁体系：刑罚、劳动教养和治安处罚，与之对应的是：犯罪、轻微犯罪和治安违法。这样一种社会治安的三级制裁体系的安排，凸显出司法权与行政权之间在权力配置上的不合理性。只有范围较小的犯罪才进入司法程序，受司法机关的管辖，而大量的轻微犯罪与治安违法却属于行政机关处罚的对象。在此，司法权之小而行政权之大形成鲜明对照。通过司法程序的刑罚处罚，由于存在公检法三机关的制约以及获得律师辩护，因而被告人的诉讼权利依法受到保障。但治安性与行政性的处罚却是行政机关，尤其是公安机关在没有其他机关制约也没有赋予被处罚者以各种程序性权利的情况下独自决定适用的，因而虽有效率却有悖法治的基本要求。在这种情况下，我国的犯罪定义亟待调整，调整的基本思路是犯罪化：扩大犯罪范围，扩张司法权，逐渐取消社会治安的三级制裁体系，实现刑事制裁的一体化，即司法化。为此，可以考虑以下三个方面的改革：

一是取消犯罪概念的但书规定，实现形式上的犯罪化。如前所述，通过但书规定被排除在犯罪定义之外的行为，并非不受任何处罚，而是纳入治安处罚和劳动教养处罚的范围。在劳动教养处罚情况下，甚至比以犯罪论处受到刑罚处罚还要严厉，这种轻重失衡所显现的不合理性十分明显。而且，治安处罚和劳动教养处罚缺乏正当程序的保障，明显违反程序正义的基本理念。在这种情况下，取消犯罪概念的但书规定，将本来不认为是犯罪的行为纳入犯罪范围，实际上是扩大了司法保障的范围，这是一种形式上的犯罪化而非实质上的犯罪化。犯罪化是指某一本来是不作为犯罪处罚的行为通过一定的立法程序，将其作为犯罪加以处罚。从表面上看，犯罪化似乎是国家权力的扩张而公民权利的限缩。但对此不能一概而论，因为犯罪化可以分为实质上的犯罪化与形式上的犯罪化。只有实质上的犯罪化，才涉及通过限制公民个人的权利而扩张国家权力的问题，因为它把公民本来可以自由实施的行为犯罪化而予以禁止。而形式上的犯罪论是指将本来应当受到治安处罚或者劳动教养处罚的行为予以犯罪化，由于这种行为本来就是被法律所禁止，甚至在某些情况下受到比刑罚更重的处罚，因而并不涉及对公民个人权利的剥夺，它所涉及的是国家的司法权与行政权之间的此长彼消，使国家权力配置更为合理。我国刑法关于犯罪概念的但书规定，提高了刑事处罚的门槛，为行政处罚留下了广阔的空间，除反映了刑法内在结构上的失衡以外，还存在与国际刑事法制的不对接，因而造成一定的法律障碍。例如我国刑法关于侵犯知识产权犯罪，也同样存在刑事处罚的门槛。《刑法》第 217 条规定的侵犯著作权罪，司法解释规定违法所得 3 万元以上才构成犯罪，《刑法》第 218 条规定的销售侵权复制品罪，司法解释规定违法所得 10 万元才构成犯罪。实际上，未达到上述违法所得数额的侵犯知识产权行为并非不受法律处罚，而是留给行政机关处罚，行政机关的处罚也许一点也不比西方国家当作犯罪的处罚轻。但西方国家对此还是难以理解，即使我国通过司法解释降低了刑事处罚的门槛，还是难以接受，以至于个别国家起诉到世界贸易组织。这完全是一个法律制度的安排问题，我国目前这种法律制度安排确实存在一定弊端，例如在行政处罚与刑事处罚的衔接上就难免出现空白。笔者认为，取消犯罪概念的但书规定能够较为妥当地解决这个问题。当然，随着犯罪数量因素的取消，犯罪范围急剧扩张，尤其是大量轻微犯罪涌入司法程序，存在一个司法机关的承受能力问题以及司法资源的负荷能力问题，这些问题当然需要统筹解决。例如，在刑法中应当设置一些轻刑，尤其是罚金应当设置为主刑，广泛地适用于轻微犯罪。在刑事诉讼法中应当设置更为简易的程序，尽可能地节省司法资源。

二是治安违法行为犯罪化，从而实现治安处罚的司法化。我国的违反治安管理的行为，相当于西方国家刑法中的违警罪，其范围极其宽泛。我国将违反治安管理的行为排斥在犯罪范围之外，作为行政性的治安处罚的对象。由于我国的治安处罚涉及对公民的财产权利与人身权利的剥夺，这应当属于司法权限而非行政权所能处分，因此有必要予以犯罪化。应当指出，在目前的治安处罚法中，为与刑法衔接，违反治安管理行为中的相当一部分是情节轻微危害不大、不认为是犯罪的行为。如果取消犯罪概念的但书规定，这部分行为将被涵盖在刑法规定的犯罪之中。除此以外的违反治安管理的行为，大多是破坏社会治安、侵犯财产权利和人身权利的一般违法行为。对于这些治安违法行为，如果不纳入刑法典，笔者认为在重新整合的基础上可以考虑制定《治安犯罪法》，将违反治安管理的行为规定为治安犯，以区别于刑法规定的刑事犯。治安犯属于轻微犯罪，纳入司法程序以后，可以设立治安法院或者治安法庭，采取更为简易的司法程序进行审理。在这种情况下，劳动教养制度也就没有存在的必要性。

三是采用附属刑法的立法方式，将行政违法行为犯罪化，限制乃至于取消行政处罚权。治安管理处罚，在某种意义上说也是一种行政处罚，但它的处罚主体是公安机关，这里所说的行政处罚是指治安处罚以外的其他行政处罚。我国行政机关享有庞大的行政处罚权，虽然《行政处罚法》对此有所规制，但行政机关行使涉及对公民的财产权利和人身权利的剥夺权力，从根本上来说是不合乎法治精神的。为此，笔者认为应当将这些行政违法行为予以犯罪化，将其规定为行政犯，以区别于刑法典规定的刑事犯、《治安犯罪法》规定的治安犯。由于行政犯涉及面较为广泛，不可能在一部《行政犯罪法》中加以统一规定，因而可以采取附属刑法的立法方式，规定在相关的行政法规中，通过设置一定的司法程序予以审理。

以上改革，使犯罪范围大为扩大，但被处罚者的司法保障的程度也得到提高，我国的刑事法治水平也相应地提升，因而是我国刑法改革的必由之路。

犯罪定义与犯罪化

张明楷[*]

犯罪（罪）是刑法上的一个基本概念，却具有多重含义。其一，在多数场合，犯罪是指符合成立犯罪的全部条件的行为。其二，在许多场合，犯罪是指符合犯罪客观要件、侵害了法益的行为。因为犯罪的本质是法益侵害，而行为是否侵害法益，只需要进行客观判断。例如，无责任能力的精神病人杀害他人的行为，也可能被称为"犯罪"行为。《刑法》第 20 条第 3 款规定："对正在进行行凶、杀人、抢劫、强奸、绑架以及其他严重危及人身安全的暴力犯罪，采取防卫行为，造成不法侵害人伤亡的，不属于防卫过当，不负刑事责任。"由于正当行为不能向不正当行为让步，所以，对于无责任能力人的杀人、抢劫、强奸等严重危及人身安全的行为，必要时也可以进行正当防卫。这便表明，无责任能力人的杀人、抢劫、强奸等行为，属于《刑法》第 20 条规定的暴力"犯罪"。又如，《刑法》第 115 条第 1 款规定："放火、决水、爆炸以及投放毒害性、放射性、传染病病原体等物质或者以其他危险方法致人重伤、死亡或者使公私财产遭受重大损失的，处十年以上有期徒刑、无期徒刑或者死刑。"第 2 款规定："过失犯前款罪的，处三年以上七年以下有期徒刑；情节较轻的，处三年以下有期徒刑或者拘役。"显然，第 2 款所言"前款罪"，仅指符合第 1 款规定的客观

* 清华大学法学院教授。

要件的行为（实施了引起火灾、水灾等危害公共安全的行为，并造成了致人重伤、死亡或者致使公私财产遭受重大损失的结果）。其三，在少数场合，犯罪是指明显具有犯罪嫌疑的情形。例如，《刑法》第 310 条所规定的窝藏、包庇罪的对象是"犯罪的人"。其中的"犯罪的人"不仅包括已决犯、刑事被告人，而且包括明显具有犯罪嫌疑的人（不限于立案后的嫌疑人）。

犯罪并非刑法的特有概念，故不同学科会给犯罪作出不同定义。例如，犯罪学中的犯罪定义就不同于刑法学中的犯罪定义。由于刑法学的目的与任务不同于犯罪学，故不能将犯罪学的犯罪定义纳入刑法学中。刑事诉讼法学上应否有自己特殊的犯罪定义，是值得研究的问题。所谓刑事诉讼法学上的犯罪定义，大体是指根据刑事诉讼法第 12 条的规定，在无罪推定意义上对犯罪所下的定义，如"犯罪是指被人民法院依法判决有罪的行为"。但是，一方面，这并非法律意义上的犯罪定义（难以据此指导侦查、起诉、审判），而是说明只能由人民法院依法认定犯罪。英美刑事法理论长时期对犯罪定义争论不休，原因之一是未能区分犯罪定义与犯罪认定。另一方面，刑法学不可能采纳无罪推定意义上的"犯罪定义"。例如，《刑法》第 399 条第 1 款规定的徇私枉法罪的类型之一，是"对明知是有罪的人而故意包庇不使他受追诉"。某公安局派出所长徇私情故意不追究四名抢劫犯的刑事责任。检察院以徇私枉法罪将该派出所长起诉到某法院后，法院认定派出所长的行为不构成徇私枉法罪。理由是，根据《刑事诉讼法》第 12 条的规定，只有经过人民法院依法判决，才能确定行为人有罪。四名抢劫他人财物的人，未经人民法院依法判决有罪，因而不是"有罪的人"，故派出所长的行为不符合徇私枉法罪的构成要件。不难看出，法院之所以作出了如此不当的判决，是因为错误地适用了无罪推定意义上的"犯罪定义"。

我国刑法中的犯罪定义包含了质与量两个方面的要素，对犯罪定义的理解，直接关系到犯罪化与非犯罪化问题。首先应当明确的是，所谓的"犯罪化"，并不意味着将大量行为作为犯罪处理；在刑法上增设一个新罪，也属于犯罪化。同样，所谓的"非犯罪化"，也不意味着将现行法上的大量犯罪作无罪处理。事实上，西方国家在 20 世纪 60 年代前后所进行的非犯化，也只是将极少数"无被害人的犯罪"、"自己是被害人的犯罪"不再作为犯罪处理。再次，犯罪化与非犯罪化既可以表现在刑事立法上，也可以表现在刑事司法上。例如，我国刑法没有像西方国家那样将酒后驾驶规定为犯罪，但是，刑事司法完全可能将醉酒驾驶行为认定为以危险方法危害公共安全罪。这便对部分酒后驾驶行为实行了犯罪化（当然，以不违反罪刑法定原则为前提）。同样，司法解释降低某种犯罪的定罪数额起点，也意味着犯罪化。又如，刑法虽然将某种行为规定为犯罪，但司法机关可能基于某种理由，并不查处这类犯罪行为，从而使刑法对这种犯罪的规定成为象征性立法。最后，没有任何一个国家仅进行犯罪化或者仅进行非犯罪化。换言之，任何一个国家总是不断地进行犯罪化与非犯罪化。只不过在不同时期，侧重点不同。

我国《刑法》第 13 条的但书，以及刑法分则对构成要件的规定，表明刑法的处罚范围很窄。我国当前乃至相当长时期的侧重点仍然是犯罪化，而不是非犯罪化。

一方面，基于法益保护的立场，应当进行犯罪化。例如，我国宜在刑法典中增加旧中国与外国刑法典几乎普遍规定了的传统犯罪——背信罪、强制罪、暴行罪、胁迫罪、泄露他人秘密罪、侵夺不动产罪、公然猥亵罪、伪造私文书罪、使用伪造的文书罪、盗掘坟墓罪、毁坏尸体罪，等等。这些犯罪行为或许相对轻微，但侵害了值得由刑法保护的法益，成为构建和谐社会的严重障碍。同西方国家相比，我国的犯罪率似乎并不高，但国民的体感治安很差。其中的重要原因之一，是许多相对轻微的犯罪行为没有得到依法处理。

另一方面，基于人权保障的立场，也应当进行犯罪化。在我国，非常突出的问题是，一些行为不被法院宣告为犯罪，而是由行政机关认定为一般违法行为，但对其处罚却远远重于刑罚，而且缺乏正当程序保障。例如，对于不构成盗窃罪的盗窃行为，可以由公安机关决定实行劳动教养，剥夺一年至三年的人身自由，并可延长一年，而且没有任何程序保障。概言之，在国际社会均属于犯罪的一些行为，在我国仅适用劳动教养或者《治安管理处罚法》，我国的非犯罪化远远走在世界各国的前列。但是，这并不意味着刑法的进步，更不等于法治的进步。因为由行政机关直接处罚轻微犯罪，导致在实际效果上远甚于刑罚的行政制裁相当严重，将这种行政制裁不是交由法院，而是交由行政机关裁量，就违反保障程序公正的宪法精神。换言之，我们一直习惯于注重打击严重犯罪，但没有考虑对所谓"非严重犯罪行为"的处罚是否符合法治要求。而且，相当多的危害行为，也不一定由行政机关依照行政法处理，而是采取了其他一些非法律的途径，这便更加违反了法治原则。其实，只要留意就会发现，国民越来越依赖刑法，不断要求立法机关将一些危害行为规定为犯罪。学者们习惯于认为，试图用刑法解决一切社会问题并不妥当，进而对国民的立法呼吁持反对态度。笔者并不主张过度的犯罪化，但应肯定的是，与国民直接要求政府法外处罚行为人、国民以私刑处罚行为人相比，呼吁通过立法制裁危害行为，是国民法治观念增强的体现，是社会进步与社会成熟的表现。所以，废除劳动教养制度，制定《轻犯罪法》，将《治安管理处罚法》、劳动教养法规所规定的各种危害行为，纳入《轻犯罪法》中（较为严重的行为应纳入刑法典），并规定简易的审理程序，同时充分保障被告人的各项权利，使各种犯罪行为得到法院的依法审理，是建设社会主义法治国家的要求和必然。或许有人主张，应当继续保留劳动教养制度，但改由人民法院决定适用（或者将公安机关中决定劳动教养的人员改称为治安法官），从而避免更多的人被贴上"罪犯"的标签。但这样做的结局依然是，行政处罚重于刑事处罚，对非罪的处罚重于对犯罪的处罚，有损法律制裁体系的协调，违反比例原则；而且，一旦将轻微犯罪不作犯罪处理，行为人就不能充分行使刑事诉讼法对犯罪嫌疑人、刑事被告人所规定的各项权利，不利于保障行为人的人权。另一方面，现行的劳动教养制度实际上给行为人贴上了"罪犯"的标签。在制定《轻犯罪法》后，完全可以通过采取相应措施（如对轻犯罪人不得拘留和逮捕、轻犯罪不视为前科等）解决所谓"罪犯"标签问题。

犯罪化的思考

冯 军[*]

20 世纪五六十年代，受当时司法改革浪潮和个人主义以及法益保护思想的影响，欧美国家普遍兴起非犯罪化的思潮。[①] 由于历史原因，30 多年后，该思潮的余波才在我国荡漾，并迅速成为刑事法学界的热门议题，甚至影响了 1997 年刑法的修订。[②]但是，20 世纪末以来，世界上不少国家出现了新的刑事立法动向：为了应对犯罪的国际化、有组织化和社会风险日益增多等问题，采取了犯罪化、处罚早期化、严罚化等措施。[③] 与非犯罪化相比，这种国际范围内方兴未艾的犯罪化趋势，至今还未在我国产生强烈反响。面临我国刑法再修改的现今状况，需要我们认真思考一下犯罪化的问题。

所谓非犯罪化，是指将过去用刑罚加以惩罚的犯罪不再作为犯罪来对待。实质意义上的非犯罪化，有三种实现途径：第一种途径是立法上的非犯罪化，即通过立法废除某些罪名；第二种途径是司法上的非犯罪化，即

---

* 中国人民大学法学院教授。

① 参见［德］汉斯·海尔里希·耶施克《世界性刑法改革运动概要》，《法学译丛》1981 年第 1 期。

② 《中国法学》曾专门摘引文章指出："修改刑法要研究'非犯罪化'思潮"（参见《中国法学》1992 年第 2 期）。

③ 参见黎宏《日本近年来的刑事实体立法动向及其评价》，《中国刑事法杂志》2006 年第 6 期；冯军：《和谐社会与刑事立法》，《南昌大学学报》2007 年第 2 期。

通过司法不再将某些行为当作犯罪来处理；第三种途径是学理上的非犯罪化，即通过学理不再将某些行为解释为犯罪。但是，无论采取哪种途径，非犯罪化都必须坚持一项原则，即只能将那些不应该或者无须用刑罚加以惩罚的行为予以非犯罪化，如果某种行为应该或者需要用刑罚加以惩罚，那么，就绝不应该将其非犯罪化。就西方国家进行非犯罪化的实践而言，非犯罪化主要涉及两类行为。一类是所谓妨害风化行为，即成年人之间的同性恋行为、通奸行为、卖淫行为、兽奸行为、赌博行为等；另一类是所谓违反管理行为，即谎报姓名、不监管所饲养的危险动物、四处流浪、违法插队、乱丢污物等。

在非犯罪化的问题上，我国虽然也采取了某些值得肯定的做法，例如，适应市场经济的要求，在 1997 年的新刑法典中废除了关于投机倒把罪的规定，但是，也存在相当严重的偏差。一方面，我国对本来应该予以非犯罪化的行为进行着实质上的犯罪化。例如，对卖淫、赌博等典型的"无被害人的犯罪"进行着相当严厉的惩罚。另一方面，我国对本来应该予以犯罪化的行为进行着实质上的非犯罪化。首先，在立法上没有把相当多的应该或者需要用刑罚加以惩罚的行为规定为犯罪。例如，各国刑法几乎都规定了一般的恐吓罪，我国刑法虽然在抢劫罪、强奸罪、敲诈勒索罪、组织乞讨罪等中涉及胁迫行为，但是，没有规定一般的恐吓罪。其次，刑事实务通过对刑法规定进行限缩性司法解释，使相当多应该根据刑法加以惩罚的犯罪行为未能受到惩处。例如，最高人民法院在《关于审理交通肇事刑事案件具体应用法律若干问题的解释》中对《刑法》第 133 条的规定进行了限缩解释，导致违规驾驶致两人重伤、一人轻伤的行为不构成犯罪。再次，刑法理论通过对刑法规定进行限缩性学理解释，给不惩罚某些犯罪行为提供了理论依据。例如，刑法理论一般把"数额较大"解释为盗窃罪的成立要件，而不是解释为盗窃罪的既遂要件，又由于在我国很多地区都以 1000 元作为盗窃罪中数额较大的起点，导致一个盗窃了 999 元的行为一般既不能作为盗窃罪的既遂也不能作为盗窃罪的未遂而被追究刑事责任。

最近在我国呈流行之势的刑事和解制度，又有加剧非犯罪化的偏差之虞。由于采用了刑事和解制度，一些轻微犯罪就未被追究刑事责任，一些严重犯罪也仅受到了较轻的处罚。虽然刑事和解制度具有建立加害人与被害方的相互理解、降低诉讼成本等积极意义，但是，也可能导致处遇不公和权力滥用等消极后果。① 笔者认为，不能仅仅根据行为人赔偿了被害人的损失，就进行刑事和解。不是因为赔偿了被害人的损失，恢复或者弥补了法益，就必须进行刑事和解。而是只有赔偿行为表明行为人变得忠诚于法规范，责任减轻了，才能进行刑事和解。否则，"被杀人者反为妻子亲戚乞钱之资，甚可痛也。"②

虽然也存在需要从非犯罪化的视角对我国刑法的某些规定加以修改的余地，例如，需要大幅度地缩小预备犯的成立范围，③ 但是，为了克服我国在非犯罪化上所出现的偏差，今后的刑事立法、刑事司法和刑法理论都应该注重犯罪化的选择。选择犯罪化的道路，既有利于保护法益，也有利于保障人权。

在选择犯罪化时，除了考虑某种行为是否危害了社会和他人，是否存在道德、民法、行政法和程序法以及刑法本身的限制之外，还需要考虑国际范围内的犯罪化实践。有学者建议，我国刑法中应该规定灭绝种族罪、种族隔离罪、种族歧视罪、战争罪、侵略罪、反人道罪、酷刑罪、非法获取和使用核材料罪、奴隶制及与奴隶制相关的犯罪、劫持人质罪、侵害应受国际保护人员罪。④ 也有学者主张，"我国将来宜在刑法典增加背任罪、强制罪、业务上过失致死伤罪、制作虚假公文、证件罪，同时可以删除被这些传统犯罪涵摄的具体犯罪。此外，刑法还应当增设旧中国刑法典与国外刑法典几乎普遍规定了的传统犯罪，如暴行罪、胁迫罪、泄露他人秘密罪、侵夺不动产罪、公然猥亵罪、非法发行彩票罪、伪造私文书罪、使用伪造变造的文书罪、盗掘坟墓罪、毁坏尸体罪等，以维护刑法的稳定性与

---

① 参见陈庆安、王剑波《刑事和解制度的优劣势再解读》，《河南社会科学》2008 年第 1 期。

② 沈家本：《历代刑法考（二）》，中华书局 1985 年版，第 1028 页。

③ 参见刘仁文《刑事一体化下的经济分析》，中国人民公安大学出版社 2007 年版，第 83 页以下。

④ 参见卢建平《国际人权公约视角下的中国刑法改革建议》，《华东政法学院学报》2006 年第 5 期。

正义性"。① 这些都是值得立法者倾听的意见。

在犯罪化的选择上，司法实务和刑法理论要改变至今限缩犯罪成立范围的倾向。特别是在涉及交通安全、食品和药品安全的领域以及打击恐怖活动的领域，要对刑法的有关规定进行扩张解释。例如，根据《刑法》第141条的规定，"生产、销售假药，足以严重危害人体健康的，"构成生产、销售假药罪。对该条中的"假药"，不能仅仅解释为药品成分本身不安全的药品，而是应该扩张解释为也包括未标明安全的药品使用方法的药品。一种具有治疗青春痘效果的外涂药品，如果不标明正确的使用方法，以至于过量涂抹就会造成脸颊溃烂的，或者不标明"禁止内服"，以至于口服之后就会造成咽喉损坏的，仍然是假药。对该条中的"足以严重危害人体健康"，不能仅仅解释为药品本身所直接造成的人体损害，而是应该扩张解释为包括被当作药品使用时没能发挥所标明的治疗效果而间接造成的人体损害。有学者认为，以红糖为主要成分冒充感冒冲剂的，因为红糖对人体机能没有损害，不足以严重危害人体健康，所以，不成立生产、销售假药罪。② 但是，以红糖为主要成分，大量生产、销售虚假的感冒冲剂的，会导致感冒恶化，应当成立生产、销售假药罪。

在我国，选择犯罪化，主要是需要规定相当数量的轻罪。但是，选择犯罪化的目的，是通过严密法网来强化人们的规范意识，而不是用严厉的刑罚来处罚轻罪。应该根据轻罪的具体状况，规定各种能够有效预防轻罪的刑罚。在未来的刑罚典中，可以考虑增设善行保证、禁止执业、禁止驾驶、禁止使用、禁止进入、公益劳动、社区服务、周末拘禁等适合于轻罪的刑罚。在行为人不遵守法院关于禁止执业、禁止驾驶、禁止使用、禁止进入、公益劳动、社区服务、周末拘禁的规定时，可以根据《刑法》第313条的规定，以拒不执行判决罪惩罚行为人。

---

① 张明楷：《刑事立法的发展方向》，《中国法学》2006年第4期。

② 参见周道鸾、张军主编《刑法罪名精释》，人民法院出版社2007年版，第149页。

犯罪分层及其意义

卢建平[*]

    犯罪分层，指根据犯罪的严重程度将所有犯罪划分为不同层次的犯罪分类方法。对不同严重程度的犯罪进行分层处理的做法自古有之，但明确规定犯罪分层的立法却只有二百多年的历史。从法国旧制度时期的罪分两类继而到拿破仑刑法的罪分三类，这种制度化犯罪分层首先在欧陆国家继而在英美法系国家产生了辐射效应。至19世纪末，欧洲主要大陆国家都在其刑法典中明确规定了犯罪分层制度；至20世纪末，犯罪分层逐渐成为绝大多数国家刑法的通例。而中国刑法一直没有类似的制度设计，在法理上强调违法与犯罪、行政责任与刑事责任的区别，在刑法上一直强调犯罪的质的规定与量的把握，将犯罪门槛设得较高，并配置很重的刑罚。与国外的刑法相比，中国的刑法俨然就是一个重罪重刑的"小刑法"、重刑法。这样的立法体例固然能够收到集中有限资源以严厉打击严重犯罪的效果，但也带来了刑罚过于严厉、刑法干预严重滞后、行政权膨胀、司法保障不足等弊端。从学习借鉴国外经验、完善我国刑事立法、推进法治进步的角度，有必要了解国外犯罪分层的模式、标准，并将犯罪分层转化为刑法研究的一个"中国问题"。犯罪分层的意义不仅体现在刑事政策上，而且体现在刑法体系和刑法规范上。

---

* 北京师范大学刑事法律科学研究院教授。

　　所谓犯罪分层，指在刑事法上将所有犯罪按照严重程度区分为若干不同层次的表现形式。目前犯罪分层的模式包括以下几种：

　　1. 二分法模式，就是根据犯罪严重程度或刑罚轻重把所有刑法典规定的犯罪划分成两个层次，即重罪和轻罪或重罪和违警罪。二分法模式的国家比较多，主要有德国、奥地利、瑞士、意大利、挪威、泰国等国家。

　　2. 三分法模式，就是根据犯罪严重程度或刑罚轻重把所有刑法典规定的犯罪划分成三个层次，即重罪、轻罪和违警罪或重罪、较重罪和轻罪等。三分法是最典型的犯罪分层模式，其中最典型的三分法模式国家是法国。《法国刑法典》（1994 年 3 月 1 日开始实施）第 111—1 条规定："刑事犯罪，依其严重程度，分为重罪、轻罪和违警罪。"[①]

　　3. 四分法模式，就是根据刑罚轻重或犯罪严重程度把所有刑法典规定的犯罪划分成四个层次，如俄罗斯的轻罪、中等严重的犯罪、严重犯罪和特别严重的犯罪，越南的轻微犯罪、一般犯罪、严重犯罪和特别严重犯罪等。四分法模式的代表国家是俄罗斯。

　　4. 多层分法模式，指根据刑罚轻重或犯罪严重程度把所有刑法典规定的犯罪划分成五个或五个以上层次。多层分法模式的典型代表国家是美国。美国《模范刑法典》将犯罪划分为六个层次：一级重罪；二级重罪；三级重罪；轻罪；微罪；违警罪。其特点主要表现在：（1）在法定刑度上，层次之间划分细致。重罪和轻罪（和/或微罪）之间的界限，大致为 1 年的定期监禁刑。三个级别的重罪之间也存在一定的差别；轻罪和微罪之间，大致在 30 日定期监禁刑的线上存在界限；微罪和违警罪之间则存在比较明显的界限：根据规定，违警罪不处以监禁刑，只能处以罚金、没收等制裁。（2）在分层方法上，实行二次分层方法。第一次分层，将犯罪分为重罪、轻罪、微罪和违警罪；第二次分层将重罪分为一级重罪、二级重罪和三级重罪，法定刑幅度各不相同。

　　关于犯罪分层采用的标准，从当前各国的刑法规定来看，可以分成两种：一是根据刑罚的轻重，将不同的犯罪行为进行分层，称之为形式标准；

　　① 罗结珍译：《法国新刑法典》，中国法制出版社 2003 年版。

二是根据犯罪行为本身的严重程度或社会危害性质和程度，将所有犯罪行为进行分层，称之为实质标准（或实体标准、严重程度标准）。形式标准其实是立法者对犯罪行为严重性的先前判断通过刑罚表现出来，而实质标准实际上是一种直接的价值判断。

在我国，借鉴犯罪分层的方法，其意义是多方面的。

1. 刑事政策上的意义

当前我国正在认真贯彻实施宽严相济的刑事政策，以积极促进社会主义和谐社会的构建。宽严相济刑事政策的通常表述是"当宽则宽，该严则严；宽以济严，严以济宽；宽严有度，宽严审时。"[1] 但与西方国家"轻轻重重"的两极化刑事政策不同的是，我国宽严相济刑事政策的法律基础明显不足。迄今为止，我国对何谓重罪何谓轻罪，既没有从理论上进行认真科学的研究，也缺乏法律明确地区分重罪轻罪作为依据。以"严打"为例，若以"严惩"为严打的标准，那么除了全国人大常委会制定的"严惩严重破坏经济的罪犯的决定"、"严惩严重危害社会治安的犯罪分子的决定"以外，还有"严惩拐卖、绑架妇女儿童的犯罪分子的决定"和"严惩组织、运送他人偷越国边境犯罪的补充规定"，而这些犯罪无论是客观的社会危害，还是法律规定的刑罚，显然是不在同一个层次上的。犯罪轻重标准的法律依据缺失，不仅会导致"严打"方针的严重走样，而且也会使人们对宽严相济刑事政策的认识和执行产生偏差。解决之道在于：通过犯罪分层的立法化，坚持贯彻对严重犯罪实行严打的方针，提倡对轻微犯罪实行宽大政策；立法化以满足法治的形式化、稳定化需要，宽严相济以满足改善治安的政治需要。

犯罪分层的立法化不仅可以为宽严相济刑事政策提供法律基础和法理基础，而且也能够为严打方针设计新的出路。严打的缺陷，不仅在于严重犯罪的法律标准模糊，而且在于其运动式的特点。犯罪分层有助于确定严打的对象，进而克服严打的运动性特点，使严打转变为宽严相济刑事政策的重要内容。

---

[1] 马克昌：《宽严相济刑事政策刍议》，《人民检察》2006 年第 19 期。

实行犯罪分层，能够更好地在严重犯罪和轻微犯罪之间合理分配司法资源，集中大部分资源来对付危害社会生存根本条件的那些最严重的犯罪，而对轻微的犯罪行为采取更为宽松的政策和更为快捷的处理机制，从而以最少的刑罚资源投入达到最大的控制和预防犯罪的效果，使我国刑法的运行实现效益最大化。

同时，对不同层次的犯罪分配相应的资源，也有利于人权保障。从人权角度讲，越是严重的案件，人权被侵犯的可能性就越大，程度也可能越高，错判死刑就是最极端的例子。如果把大部分司法资源投入到严重犯罪的处理过程之中，而对轻微案件实行"从快从简"处理，把从轻微犯罪案件节省下来的资源投入到严重犯罪案件中，就能够切实提高严重犯罪案件的审判质量，从而更好地保障人权。

2. 刑事法律上的意义

在实体法上，犯罪分层的意义不仅是宏观的，也是微观的。宏观上，犯罪分层可以帮助我们重新界定犯罪概念，或者说统一犯罪概念，即用刑罚作为犯罪的质的规定，由此又需要对刑罚作出新的界定，泛指刑法所规定的任何限制或者剥夺公民、法人权利与自由的惩罚性（因而是给人带来精神或肉体痛苦的）措施；犯罪与刑罚重新界定以后，势必扩大犯罪圈，由此要求犯罪反应体系的复杂与多样化，即在进行犯罪分层以后，确立相应的刑罚阶梯。简言之，就是在统一犯罪的质的规定以后，对犯罪进行量化分级，确立犯罪分层战略（Strategy of Stratification）。而在微观上，犯罪分层的意义不仅反映在追诉时效和刑罚消灭时效上，而且也决定着过失犯罪与故意犯罪、犯罪预备、犯罪中止、犯罪未遂、共犯等不同犯罪形态的刑事责任。

因为刑罚是犯罪的法律后果，因此犯罪分层的意义绝不局限于定罪上，它也必然要体现在犯罪的反应体系和具体措施上。根据罪责刑相适应的原则，在降低犯罪门槛、扩大犯罪圈的同时，刑罚的严厉程度也要相应降低，要采用大量轻刑化、非监禁化甚至非刑罚的处理方法，由此使刑罚体系变得非常发达，而刑罚措施也更加丰富多样，自由刑、权利刑（资格刑、财产刑）广为应用。

犯罪分层的意义同样体现在司法组织和司法程序的设置上，要根据犯罪的轻重分别设定不同的处理机构和程序。如法国刑法刑事诉讼法就规定，重罪由重罪法院审理，预审是必经程序，必须采用陪审团制，对被告人的人格检查也是必须的；轻罪由轻罪法庭管辖，预审是任择性的，实行专业法官的合议制，被告人的人格检查也是任择性的；违警罪则由治安法庭负责，一般不经预审，审判也采用简易程序，无须进行人格检查。

简言之，由于犯罪分层实现了犯罪的对外统一和内部分级，将量大面广的微罪（法国称违警罪、德国称秩序犯等）纳入犯罪圈，从而将行政刑法纳入刑法体系，使刑法成为统一刑法（整体刑法或"大刑法"），符合了法制统一的要求，节约了立法资源，有助于提高法律的效率，树立法律的权威。更为重要的是，通过犯罪分层，将占犯罪总量绝大多数的轻微案件（例如我国的治安案件）纳入法制化的处理轨道，不仅有助于扩大法官参与社会治理的范围与权限，防止行政权的滥用，而且通过为相关当事人提供必要的司法保障（如独立、公平、公正、及时审判，辩护权等），有效地发挥刑法的人权保障功能。

论刑事诉讼程序意义上的"犯罪"定义

陈卫东*

在当代，各国立法和理论对于犯罪概念的表述多种多样。但大致归纳起来，可以分为形式概念、实质概念和混合概念三类。形式概念把犯罪定义为违反刑事法律并且应当受到刑罚处罚的行为，这种方式是从犯罪的法律特征上给犯罪下定义。犯罪的实质概念，不强调犯罪的法律特征，而是试图揭示犯罪现象的本质所在，目的是说明犯罪行为之所以被刑法规定为犯罪的根据和理由。混合概念是将犯罪的实质概念和形式概念合二为一，既指出犯罪的本质特征，又指出犯罪的法律特征的概念。我国采取的就是混合犯罪的概念，一般认为犯罪是指具有社会危害性、触犯刑法并应受到刑罚处罚的行为。加之我国《刑事诉讼法》第12条规定"未经人民法院依法判决，对任何人都不得确定有罪"，而我国定罪的标准又是犯罪事实清楚、证据确实充分，因此在我国对犯罪概念的研究大都限制在刑事实体法领域，认为只有法院有权认定犯罪，大部分对"犯罪"的研究是一种静态的实质意义上的考察。

但是，我们知道，刑事诉讼对犯罪的追究是不同主体在对犯罪事实认知基础上推动诉讼程序进行的结果，因而是一种动态的过程。也因此，各个诉讼主体在不同诉讼阶段都会有自己对"犯罪"的认定，进而通过诉讼

---

* 中国人民大学法学院教授。

行为推动刑事程序的产生和发展。由此看来，如果对"犯罪"的认识仅仅停留在静态的实体法中，就无法满足实际诉讼程序的需要，也不符合人们追诉犯罪的认识规律。因此，笔者认为对"犯罪"应以一种动态的视角在程序的意义上加以认识和理解才更符合现实需要。下面笔者将对这一问题进行具体的分析和阐述。

根据罪刑法定、无罪推定的原则要求，理论界一般认为只有法院经过正当程序，在犯罪事实清楚、证据确实充分的基础上才能认定"犯罪"的成立与存在，其他任何机关和个人在此之前都无权认定嫌疑人有罪，也即无权认定"犯罪"。他们认为对犯罪的认定会导致对被告人财产、自由等重大权利的剥夺，必须经过严格的程序和在法定的标准下才可以实现。法院之外的任何主体如果对"犯罪"加以认定必然导致权利的被侵犯和社会秩序的失衡。但是，笔者认为这种静态实体法意义上的犯罪观是不符合对犯罪的认知规律和实际需要的，至少是一种不全面的认识。

首先，这种对犯罪作静态实体法意义上考察的观点不符合认识规律。根据马克思主义认识论的观点，对一项事实的完整正确的认识是一种动态的过程，只有在占有大量丰富的材料的基础上，通过去粗取精、去伪存真，由表及里、由浅入深的考察方式才能完成。对犯罪的追诉和认定，作为一种事后的考察活动更是如此。通常在一项刑事案件发生时，人们能够发现的只有犯罪结果和一些零散的证据。根据这些材料侦查机关只能得出一种大致的犯罪发生的判断，这种判断必然是或然和不确定的。也正是因此，才需要侦查机关深入细致的调查和辩护人为了嫌疑人利益的辩护。如果我们将犯罪定义为有充分证据和事实基础上的严重侵犯社会秩序、触犯刑法和应受刑法处罚的行为，显然在法院最终确定嫌疑人有罪之前，没有一个主体可以得出如此肯定的结论和判断。如果坚持这种静态的实体犯罪概念，那么在有罪判决以前各主体的认识又是什么呢？如果没有对"犯罪"的判断，各主体又怎么开展诉讼行为呢？因此从认识论的角度来看，犯罪应该是一个动态的程序意义上的范畴，这样对犯罪的认识才符合发现犯罪的实际需要和逻辑构成。

其次，对犯罪的追诉本就是一个动态的过程，是不同诉讼主体在各自对犯罪认知的基础上推动诉讼程序进行的结果。没有他们在程序中对"犯罪"的认定，诉讼程序就无法进行，案件也就无法得出终局性的实体认定。公安机关只有在认定犯罪事实发生的基础上才能立案并进行相应的侦查活动；检察机关通过审查案卷材料和相关证据也要在认定构成犯罪的基础上作出提起公诉的决定；辩护人也会在自己对犯罪认识的基础上提出证明嫌疑人无罪、罪轻或者减轻、免除其刑事责任的材料和意见，开展辩护活动；法院更要在认定犯罪事实清楚、证据确实充分的前提下才能作出有罪或无罪的判决。由以上的分析能够看出，正是不同诉讼主体在对犯罪相关认定的基础上，才有了刑事诉讼程序的产生和发展，那种认为只有法院可以认定犯罪的观点只能使得程序无法进行，也必将为实践所摒弃。

再次，通过法律规定可以看出，我国立法对犯罪的规定是一种动态的程序意义上的认定。例如：我国《刑事诉讼法》第60条规定："对于有证据证明有犯罪事实，可能判处徒刑以上刑罚的犯罪嫌疑人、被告人，采取取保候审、监视居住等方法，尚不足以防止发生社会危险性，而有逮捕必要的，应即依法逮捕"。第61条规定："公安机关对于现行犯、重大嫌疑分子具有下列紧急情形之一的，即可进行拘留：（一）正在预备犯罪、实行犯罪或者犯罪后即时被发觉的；（二）被害人或者在场亲眼看见的人指认他犯罪的；（三）在身边或者住处发现有犯罪证据的；（四）犯罪后企图自杀、逃跑或者在逃的；……"通过这两条我们可以看出，我国刑事诉讼法实际上已经赋予了公安、检察机关在采取拘留、逮捕等强制措施时一定意义上认定"犯罪"的权力，而且此时的认定也不需要达到犯罪事实清楚、证据确实充分的要求，如果仅从静态实体法的犯罪定义来看这种"犯罪"的认定显然是有问题的，但从程序法上来讲又是必要和符合现实的。再比如，《刑事诉讼法》第77条规定："被害人由于被告人的犯罪行为而遭受物质损失的，在刑事诉讼过程中，有权提起附带民事诉讼"。所谓刑事诉讼过程中，是指刑事案件立案以后至第一审判决宣告之前，也就是说在侦查或审查起诉阶段侦查机关、检察机关即可接受附带民事诉讼的申请。而我们知道附带民事诉讼的前提条件就是被害人因为犯罪行为遭受了损失。在这里公安、检察机关如果可以接受附带民事诉讼的申请，也就必须判断有"犯罪"的存在。更为明显的例子是《刑事诉讼法》第142条第2款"对于犯罪情节轻微,依照刑法规定不需要判处刑罚或者免除刑罚的,人民检察院可以作出不起诉决定。"这种赋予检察机关的轻罪不起诉的权力,虽然有别于1979年刑诉法的定罪不起诉,而将嫌疑人视为无罪。但是从法条表述中不难看出,检察机关作出轻罪不起诉的前提必然是认定了"犯罪"的存在。而这种意义上的犯罪认定显然与传统法院认定的"犯罪"概念不同,可它确是必要的和有效的。这样的法律规定在刑诉法中还有很多,显然这种赋予法院之外诉讼主体认定犯罪的程序性意义是明显的,而如果仅仅从静态角度来看这些规定就是无法理解的了。

最后,静态的实质犯罪不符合诉讼理念的要求。传统观点认为认定犯罪必须要达到犯罪事实清楚、证据确实充分的要求,也就是西方所谓的"内心确信"或"排除合理怀疑"。但是,根据上面的论述我们知道公安机关在立案时为了推动诉讼的运行就要认定"犯罪"的存在。在此时证明犯罪事实存在的证据材料只是很少的一部分,不可能达到确实充分的条件,因此这里的"犯罪"与传统犯罪观是不一致的。同样的侦查机关在对犯罪嫌疑人采取强制措施时也须认定一定程度的"犯罪"的存在,但此时刑事诉讼法同样不要求达到事实清楚,证据充分。虽然我国刑事诉讼法对公安机关移送审查起诉、检察机关提起公诉、法院依法作出有罪判决均提出了犯罪事实清楚、证据确实充分的要求。但从现实来看,大量的补充侦查的存在便说明了在有罪判决作出前,这一证明标准时很难达到。从逻辑上来看,法院的有罪判决才是认定刑事责任意义上的"犯罪"的最终依据。在此之前任何诉讼主体都无权认定这种证明标准的犯罪的存在。与此相应的一个问题是,在西方各国一般都对移送审查起诉、提起公诉和有罪判决规定了不同的证明程度要求,像我国这样整齐划一的标准并不多见。因为在他们看来刑事诉讼是一个逐步认定犯罪的过程,法院才是最终决定嫌疑人有罪与否的裁判机关,在此之前没有必要要求公安、检察机关也达到定罪的证明标准,人为提高这一标准,不仅无法实现严格把关的目的,反而会因为过高的要求放纵对犯罪的追诉。由上面的论述可以得出,我国传统意义上的犯罪观显然是针对有罪判决提出的,而忽略了审前程序中对"犯罪"

的认定要求，这不能不说是一种缺陷。

综上所述，笔者认为我国传统的犯罪观念主要是从静态实质意义上进行考察，这种定义方式无论从实践还是理论上都无法满足刑事诉讼的要求。完整的犯罪观应当从动态的程序意义上进行考察，它包括不同诉讼主体在不同诉讼阶段的认识要求，而且在这一过程中"犯罪"的认定标准和证明条件是不相同的。只有在这种意义上来认识理解犯罪，才能真正认定犯罪的本质和符合现实的需要。在这里需要说明的一点是不同诉讼主体包括公安、检察、法院等机关均可认定"犯罪"并不是指各主体均有确定被告人有罪的权力。定罪权是刑事审判权的核心，人民法院作为我国唯一的审判机关，代表国家统一行使刑事审判权，不经人民法院依法判决，在法律上不得确定任何人为罪犯并承担刑事责任。笔者在这里讨论的"犯罪"定义主要是从程序上来考察，在不同诉讼阶段对嫌疑人的"犯罪"认定更多的是具有推动程序的作用，而不是对案件作出终局性的实体认定，也因此这种犯罪观并不与无罪推定原则相违背，因为后者的罪主要是从实质上来界定的。其实，从某种意义上说，我国传统对犯罪的定义作为一种静态实质意义上的考察方式，完全可以视为动态程序意义上犯罪定义的一个方面。因为前者作为法院认定的"犯罪"，只不过是笔者讨论的程序犯罪定义中的不同主体在诉讼中认定犯罪的一个阶段而已。

对犯罪的认识是刑事法律中的一项重要内容，传统的犯罪观固然可以揭示犯罪的本质和内涵，但相对于动态的刑事司法活动进程来说，这种观念就显得僵化和不符合现实需要。相对于以往实体法中对犯罪从形式和实质意义上定义的方式，程序中的犯罪定义更多的是侧重不同诉讼主体在不同诉讼阶段的犯罪认定活动，其实这也正是程序的本义和要求。因此，笔者认为我国刑事程序意义上的"犯罪"可以定义为不同诉讼主体在诉讼过程中，根据事实和法律对犯罪嫌疑人、被告人是否应当承担刑事责任的一种认定活动。对犯罪概念从此种动态的程序意义上进行探讨，针对不同主体在不同阶段进行分析，显然更有利于对犯罪的全面与深入的理解，笔者也相信这种犯罪观必将拓展我们对犯罪的认识视野。

监禁权专属原则与劳动教养的制度困境

张建伟 [*]

监禁权属于法院不可让渡于行政机关的权利，这就是监禁权专属原则，该原则是司法权独占性的必然要求。由于劳动教养制度明显具有背离监禁权专属于法院这一特性，长期以来存在制度的正当性危机。要解决这一制度的正当性问题，只能将监禁权收归法院，这意味着劳动教养制度必须被废止，或者进行制度转型，使它在监禁权收归法院后成为刑罚制度的一部分，这将扩大"犯罪"的范围，并使犯罪定义也随之改变。

现代国家权力配置和司法体制建构，要遵循符合现代法治精神和需要的一系列原则进行，司法独立是构成法治的基本要素和重要原则。司法权具有独占性，意味着司法权归属而且只归属于司法机关，即只有法院才能行使司法权，其他任何机关都不能行使这一权力。我国虽然没有实行与西方国家标准一致的司法独立原则，但我国宪法和刑事诉讼法都明确规定人民法院依法独立行使职权，这种独立性的重要表现之一是司法权独立于行政权。

不过，复杂的现代社会有时需要行政机关具有一定的司法性质的职权，因此司法权向行政权让渡的现象也是不可避免的。现在的行政机关有权判定特定案件中有无违法现象，有权依照程序处理违法者；有权允许某些人

* 清华大学法学院教授。

享受一般人所不能享受的特权，甚至有权罚款，决定金钱债务的判决。正式的行政程序更是法庭内的双方诉讼程序的仿制品，具有司法化的特点。

尽管如此，判处监禁刑罚之权是不能交由行政机关来行使的。警察机关和检察机关拥有侦查权和控诉权，如果它们再执掌与审判相同的权力的话，就会形成行政极权，对公民个人的人身自由产生重大威胁。严格地讲，行政机关行使的行政处罚权都具有司法性质，只是因为如果都由法院裁处则法院将被大量的行政领域的案件湮没，所以基于法院的容纳力和行政机关便宜处置的实际需要，行政机关才被允许行使这些与司法性质相同的权力。然而，哪些司法权力让渡给行政机关，不能不作谨慎的限制，对于人身自由的限制和剥夺，是不能让渡给行政机关的。行政机关如果有权对"违法犯罪"行为实施处罚，其处罚只能以经济制裁为限。事实上，行政机关不把这种违法行为视为犯罪，只作为轻微违法案件处理。也就是说，行政机关和法院都可以实施经济处罚，但监禁却只能由法院通过刑事诉讼程序定罪宣判后才能实施。

尽管劳动教养制度的性质被确认为是行政教育改造措施，我们不难发现，它实际上具有刑罚性质，从以下几个方面看，它无异于一种没有明白昭示的刑罚：（1）劳动教养以剥夺自由、强制劳动为内容；（2）劳动教养适用的对象主要是破坏社会治安秩序的违法人员；（3）劳动教养具有一定的惩戒性质。这种实质上是刑罚、名义上是行政手段的强制措施，只能由刑法加以规定并根据刑法和法院的生效判决加以实施，行政法规不能规定实质上属于以剥夺人身自由为内容的惩戒（或者云"强制教育"）措施，行政机关也不能拥有这种措施的决定权，否则就违背了司法权的独占性，形成行政机关兼领司法的前现代法制的现象。需要强调的是，对于是否属于刑事司法手段或者权力，应当根据它的实质而不是内容来确认，如果不是这样，那么只要换一个名称或者在形式上做些变化就可以规避宪法和既有法律对于政府权力的范围界定和程序限制，则这种界定和限制就变得没有意义，个人的自由权利和国家的法治也就岌岌可危了。

劳动教养的决定权是由省、自治区、直辖市和大中城市人民政府成立的劳动教养管理委员会执掌的。劳动教养委员会领导和管理劳动教养工作，审查批准收容劳动教养人员。公安机关设置劳动教养工作管理机构，负责组织实施对劳动教养人员的管理、教育和改造工作。实际上，劳动教养的对象都是违反治安管理处罚条例和刑法的人员，违反治安管理条例和刑法的案件都是由公安机关主管调查、侦查和处理的，所以劳动教养管理委员会虽有民政、劳动部门参与，但实际起作用的还是公安机关。劳动教养管理委员会也大多设在公安机关。劳动教养制度虽然确立了一定的制约机制，但总地看起来，它的权柄还是掌握在公安机关一家手中。在劳动教养案件的处理中，公安机关不仅充当了调查者、控诉者的角色，而且充当了裁判者的角色，这种追诉性质的职能与审判性质的职能集于一身的现象，是行政与司法混同的现象。

我国的劳动教养制度与西方国家实行的"保安处分"制度和苏联实行过的"医疗性和教育性强制方法"有相似之处，但颇值得注意的是，"保安处分"和"医疗性和教育性强制方法"一般都是在刑罚中加以规定的；另外，"保安处分"和"医疗性和教育性强制方法"都是由法院判处的。

由于监禁权的专属性具有维护公民人身自由权利的重要功能，而劳动教养制度有违这一原则，它和已经被废止的收容审查制度有着同一症结，那就是：它们都属于不经司法机关审查和决定而由行政机关自行决定较长期限内剥夺公民个人的人身自由的措施。要维护公民人身自由权利，就应当认真考虑废止劳动教养制度或者完成劳动教养制度的转型。

废止劳动教养制度，固然简单痛快，但若不扩大刑罚适用范围，将原来属于劳动教养对象的违法行为列入刑罚对象，则治安管理处罚法与刑法之间可能缺乏紧密衔接，出现一个空当，即一些具有社会危害性的行为适用治安管理处罚法则处罚过轻，适用刑法又不符合刑罚适用的条件，不利于处罚作奸犯科者，维护社会秩序。为此有必要将监禁权收归法院的同时，将刑罚适用的对象范围扩大，这就意味着要在监禁权专属于法院的原则下完成劳动教养制度的转型。这里的转型，实际上也是废止劳动教养制度，与单纯废止劳动教养制度不同的是，它要对刑罚适用的对象范围作出调整，实际上就是将原来属于劳动教养措施惩罚对象的范围刑罪化（或曰犯罪化）。

要完成劳动教养制度的上述变革，必须以劳动教养的决定权由行政机关转移给法院为前提，法院可以：（1）在基层法院设立治安法庭，或者另行设立治安法院，任命治安法官；（2）治安法官独任审理，采取书面审理方式或者参照刑事诉讼法规定的简易程序进行审理，作出决定。无论采取哪一方式，都应当听取当事人对于证据的意见，听取当事人的辩解；当事人委托律师或其他人进行辩护的，应当允许后者查阅案卷和证据，并听取他们的意见。另外，处罚期限应当缩短，合并处罚不超过一年。处罚场所可以规定为两种，一是在专门的场所进行劳动，接受教育；二是不在专门的场所进行劳动教育，而由法庭规定其在限定时间内从事某项公益劳动，公益劳动由民政部门或者劳动部门安排、公安派出所进行监督。处罚场所应与监狱相区别，在设备配置和管理制度上应当注重教育职能。例如，应当减弱其密闭性，允许被劳动教养人通过电话与其家属联络。另外，原有劳动教养制度中的合理做法应当予以保留，如允许被劳动教养的人节日和法定休息日回家休息，给予被劳动教养的人以合理的劳动报酬等，应当纳入新制度当中。

尤其重要的是，在将原来属于劳动教养措施惩罚对象的范围刑罪化的同时，应当将这些新的刑罚惩罚对象不作前科记录（有学者称之为"前科消灭制度"），这样做是承继了劳动教养制度将所惩罚的对象不当作罪犯对待的优点，有利于轻刑犯罪人的改过自新，体现刑罪化之后仍不失宽厚的精神。